LA CREACIÓN COMO CURA

Octavio Fernández Mouján

LA CREACIÓN
COMO CURA

Apertura del psicoanálisis
al paradigma holográfico

PAIDÓS
Buenos Aires
Barcelona
México

Cubierta de Gustavo Macri

1a. edición, 1994

Impreso en la Argentina - Printed in Argentina
Queda hecho el depósito que previene la ley 11.723

ISBN 950-12-4178-5

A mis maestros,
Mauricio Goldenberg
y Edmundo Roca,
con quienes aprendí a ser
un libre pensador

ÍNDICE

PREFACIO

Libros importantes son aquellos que hacen pensar al lector. Como lector privilegiado de este libro —privilegiado porque, habiendo recibido la invitación de escribir su prólogo, tuve el placer de leerlo *statu nascendi*, en pruebas de galera— su lectura me lanzó a pensar acerca de cómo pensaba y cómo pienso, tanto acerca de nuestra actividad profesional como acerca del mundo en general. Y este efecto de reflexividad en el lector, del que soy testimonio, de por sí solo justifica recomendar su lectura... si bien, querido lector, hay muchas otras razones que expanden esa recomendación: la claridad y la valentía de explorar las fronteras de los modelos, la textura humana de los casos clínicos, la presencia del autor-persona en el texto, la riqueza de las ideas.

Ni qué decir que no sé de física cuántica más allá de lo que un "lego culto" puede saber; mi versión de la física cuántica se reduce, a lo sumo, a entender —y a veces, practicar— que el legado de la física cuántica en el pensamiento científico en general es la renuncia a los absolutos, el pasaje de los objetos —las formas, las cosas— a los procesos, a la relativización de la noción de determinismo, al aumento de la tolerancia a la ambigüedad. Pero cuando leo la frase anterior, cuando me percato (aun en mi propia versión poco rigurosa) de cuán poderoso ha sido el efecto de los modelos propuestos por la física cuántica en mi manera de ver el mundo, no puedo menos que admirarme acerca de la maleabilidad y adaptabilidad de la mente humana: ¡cuántos cambios, y cuán radicales! Su efecto pareciera ser a la vez un aumento en la rigurosidad de las formulaciones y una desrigidización de las mismas, una combinación de mayor claridad y de abandono de la ortodoxia. Tal vez esta simultaneidad de aparentes opuestos constituya de por sí una expresión del famoso pasaje cuántico de las formulaciones "esto o aquello" a las formulaciones "esto y aquello", modelado por este libro. La presencia en este libro de un equilibrio lúcido entre rigurosidad e imaginación de por sí solo justifica recomendar su lectura... si bien hay muchas otras razones...

Esa copresencia de aparentes opuestos, ese esfuerzo tenaz de establecer síntesis dialécticas acompañadas de la decisión tozuda de lanzarse cada vez a un nuevo salto en la espiral de sus ideas y sus modelos, parece ser una signatura de la evolución de Octavio Fernández Mouján, a quien conocí hace ya más de treinta años y con quien compartí muchos momentos de nuestra labor pionera en el Servicio de Psicopatología del Policlínico de Lanús, que organicé y dirigí desde su fundación, a fines del 56. En ese entonces, nuestros modelos eran modelos-en-acción. Algunos de ellos fueron formulados a posteriori por miembros de nuestro equipo: Baremblit, Fernández Mouján, Galli, Kesselman, Aurora Pérez, Ricón, Sluzki, Stein —y en el curso de los años, tantos otros—, y muchos quedaron sin formular, como una suerte de herencia pragmática. Parte de esta herencia, da pena reconocer, fue destruida como efecto directo e indirecto de la represión del gobierno militar en los años 70. Pero buena parte de ella sigue dando sus frutos, ya que su capital consistió no sólo en prácticas de acción sino en prácticas que permitían establecer y confirmar una relación con los modelos conceptuales que no es sumisa sino crítica, que no es subyugada sino responsable, una reiteración cotidiana que los modelos están a *nuestro* servicio, y no viceversa. Este libro es una prueba de esa manera de establecer una relación con el conocimiento, lo que de por sí solo justifica recomendar su lectura... si bien hay muchas otras razones...

¡Feliz lectura, querido lector! Escucha no sólo la letra sino la música que contiene este libro interesante, serio, inteligente, creativo; tómalo no sólo como una propuesta evolutiva y de síntesis acerca de los modelos específicos discutidos en este libro —el psicoanálisis y la física cuántica— sino también como una representación acerca de la relación que cada uno de nosotros puede establecer con nuestros paradigmas, y tu placer será el doble y los efectos de esta lectura aún más dese tabilizantes, lo que no es poco pedir.

Y para ti, Octavio, además de mis calurosas felicitaciones por este libro —y tus valiosos libros anteriores—, mi agradecimiento por los muchos años de acción conjunta, y mi placer de ser testigo de tu inagotable creatividad y de tu sólida disposición a explorar nuevas fronteras y, en el proceso, trascenderlas.

MAURICIO GOLDENBERG
Caracas, enero de 1994

PALABRAS A MODO DE PRÓLOGO
PARA UN LECTOR PROFANO

¿Por qué en vez de negarte con vana negación, no pruebas
avanzar y tomar rumbo a lo no conocido de tu alma?...
¡Hombre de poca fe! ¿qué sabes tú lo que hay acaso dentro
de ti mismo...?

JOSÉ ENRIQUE RODÓ
Motivos de Proteo, XVI

Sabido es que vivimos inmersos en una sociedad que idolatra los bienes de consumo. Los ideales, lenta pero inexorablemente, se agotan hasta casi su extinción. Ceden ante los embates del pragmatismo, del exitismo, del utilitarismo. El hombre, embelesado por la imagen efímera de estas falsas quimeras, tiende a identificarse con ellas y, por consiguiente, a precipitarse en la alienación. Así, pues, un sistema montado sobre estos "fundamentos" implica un rasgo de fragilidad alarmante, pues para subsistir como tal necesita que se consuman sus objetos como ideales.

La sociedad actual, gobernada a medias por el pragmatismo y la razón operativa, ha olvidado al conocimiento por el conocimiento mismo. Se ha despojado del amor desinteresado en aras de la tutela despiadada del éxito. Ya Eliot, en sus famosos versos, nos recordaba que hemos perdido toda nuestra sabiduría en pos de la información a secas. Pero no sólo hemos perdido la sabiduría; también hemos dejado de lado la dimensión sagrada del hombre en tanto hombre, en tanto ser pensante. Algunas religiones que en los albores de la historia respondían a un llamado del misterio, de lo desconocido, actualmente obran

17

como dogmas ortodoxos y se precipitan, en apurado tropel, al callejón sin salida de las sectas. El hombre, con todo su esplendor creativo lentamente se abisma en el olvido, en el fragor materialista, en el ocio displicente o en el dejarse estar.

Nuestra intención como psicoanalista fue dar una respuesta firme y humana a esta situación. El objetivo se centró principalmente en buscar aquellos objetos de satisfacción que calmen al *yo*, e introyectar los objetos ideales externos que le permitan sublimar y socializarse con éxito, a fin de compensar el desamparo humano y la andanada materialista.

Este libro es un soplo en el torbellino objetivista. Es una respuesta en contra del determinismo científico, en contra de todo aquello que es cuantificable y medible. En contra de un mundo regido por leyes infalibles, o como respuesta a él. Es una obra de adiós al universo newtoniano. Una despedida a las ciencias sociales, que impregnadas de pospositivismo han buscado explicar el todo que nos rodea con principios inconmovibles e irrefutables.

En buena medida, somos herederos de un pensamiento de Bertrand Russell: somos los hijos del impulso-amor, contrario al impulso-poder de la técnica, que busca la manipulación gubernamental del conocimiento. Nuestro arte de operar es un símil de las brasas que palpitan en el artista, en el místico, en el poeta.

Ni el psicoanálisis ni la psiquiatría actuales han escapado de este sombrío destino. Las prácticas clínica y preventiva se mueven en el mundo de la física determinista. Han dejado de lado a la intuición, el azar, el caos, el indeterminismo, el relativismo, el mundo mítico del hombre. En definitiva, no han abandonado la totalidad como causa y efecto. El todo, pues, sólo es "razonablemente" explicado dentro del ámbito de la razón.

Nuestro libro es una imagen de este espejo. A partir

del modelo de crisis vital —una experiencia que podríamos llamar límite, ciñéndonos al concepto de Jaspers— el hombre se precipita en su propio abismo. Y es allí, huérfano de todo anclaje racional, carente de todo sostén lógico, donde lo negativo de la crisis, la ausencia de todo pensamiento causal, la nada hecha negativa, se transforma y emerge de lo negativo mismo. Y esta circunstancia, enraizada en lo paradójico de nuestra situación, es la que crea, desde un ámbito casi irracional, la necesidad de salir, de eyectarse fuera de la crisis. De este modo, lo aparentemente negativo, el fundamento mismo de la crisis, sería el elemento indeterminista, relativo, que nos permite superar y trascender la crisis vital. Una crisis vital que sólo se supera mediante un esfuerzo de creación, mediante el acto creativo de dar vida positiva y humana al motivo inherente de la crisis.

La sociedad actual nos obliga a elegir entidades opuestas. Lo bello y lo feo, lo bueno y lo malo, lo ético y lo amoral. Todos ellos, opuestos que tienden a arrojarnos en una sola dirección: nos obligan a elegir el uno en detrimento del otro. Y he aquí la falacia del mundo moderno. No se trata de una selección de opuestos; por el contrario, entre los opuestos, la vida plena debe abocarse a construir una senda que trace su camino en el centro de las oposiciones, pues no existe sólo la tensión entre los opuestos. El oficio de vivir debe centrarse en la construcción de un espacio ético de creación. Una creación que sea fundamentalmente un diálogo entre el yo y el tú. Un acto creativo, pues, que singularice participativamente la unción de la alteridad.

Nuestra misión consiste en tomar a la angustia, el desamparo y el desarraigo humanos para brindarles un marco creativo, una fuente creadora, una base de superación constante. La sociedad actual olvida al ser, lo expulsa de su morada. Hemos perdido el anhelo de ser.

El asombro y el misterio son palabras vacías que nos recuerdan, como ecos quedos, las bocas palpitantes de los hombres pasados. Debemos, sobre todo, dejar de morir. Es menester que recuperemos nuestra capacidad de asombro, nuestro embargo ante el misterio, nuestro ultrajado anhelo de ser; en fin, la riqueza infinita de la intimidad. Todo ello sólo se puede lograr gracias a las respuestas creativas; saber responder desde la creatividad significa, entre otras cosas, intentar perdonarnos para reconciliarnos, integrar la totalidad, tratar de no dividirnos, buscar el encuentro que anhela ser contra el desarraigo, acudir a la energía original que mora en nuestro interior y en la naturaleza toda, saber que los opuestos nos desafían a transitar entre ellos, lograr edificar nuestras vidas y la de todos los seres que nos rodean a partir de lo posible y, fundamentalmente, sentir antes que razonar.

El psicoanálisis y la psiquiatría tienen mucho por aprender a partir de estas situaciones. Los elementos aparentemente racionales, relativistas, indeterministas, inesperados, azarosos, caóticos, paradójicos, intuitivos son el germen de futuras terapias. Ellos nutren las respuestas creativas y proveen una dimensión que hasta ahora ha permanecido oculta o menospreciada en nuestro corpus profesional. Es necesario recordar que Freud descubrió un nuevo mundo al elaborar la teoría del inconsciente; no obstante, su lectura se enmarca dentro de la física clásica de su época. Es decir, que Freud estructuró la teoría psicoanalítica en el contexto newtoniano, determinista. Un universo que ahora clama por una relectura indeterminista y discontinua. En una palabra, la ortodoxia de un sistema —que en nuestro caso bien puede llamarse freudiano, lacaniano, etcétera—, sólo puede alimentarse a partir de actos heterodoxos.

Si todo intento de relectura de una disciplina parte de la heterodoxia, si el asombro ante lo misterioso que nos embarga es la fuente de todo pensamiento libertario, si la vida misma es como un relámpago que brilla durante unos segundos aparentemente sin sentido para luego desaparecer en la nada y en la oscuridad de los siglos, nuestra misión social, nuestro deber de ser realmente terapeutas, consiste en apelar, sin reticencia alguna, a todos los medios creativos que moran en el hombre. Y es en este sentido, y sólo en este sentido, que esta obra pretende ir más allá, allende lo estrictamente racional.

Hablamos, pues, lector, de un intento —casi desesperado— de recuperar la dimensión perdida de lo sagrado, lo desconocido y el misterio del hombre ante la nada.

Los nombres se despegan de las cosas
y ruedan sueltos por el suelo.
Las cosas se despegan del mundo
y ruedan sueltas por el aire.
El mundo se despega de su eje
y rueda suelto en el vacío.

Sueños abominables
o entrada al infinito.

Desde el umbral no se distingue.

ROBERTO JUARROZ

Desde la experiencia de vida, que incluye especialmente mi tarea clínica, vengo desarrollando un modelo teórico que en este libro integro mucho más. Invito al lector a atravesar "el umbral" como intento de "entrada al infinito".

OCTAVIO FERNÁNDEZ MOUJÁN
Noviembre de 1993

21

1. SÍNTESIS DEL MODELO DE CRISIS VITAL

Para abordar la creatividad dentro del campo de la cura —y de la salud mental en particular—, es necesario ubicarse en la dirección del modelo "abierto" que hemos desarrollado desde hace ya quince años.

Para no abusar de las repeticiones, trazaremos una breve síntesis del modelo de crisis vital descrito en mi libro anterior (1987).

Toda situación crítica en la vida, ya sea evolutiva (ciclos vitales), accidental (hechos significativos traumáticos o afortunados) o límite, presenta la opción de enfrentarla y asumirla o de no hacerlo. Nuestra tendencia social es evitar las crisis, como tendemos a evitar cualquier situación de peligro que cuestione lo establecido. La ilusión de que al controlar los objetos físicos (cosas) o psicológicos (representaciones) estamos controlando la realidad es un producto de las ideologías dominantes de la modernidad, que percibieron a las cosas como *si existiesen por sí mismas*; de este modo, el hombre las domina al nombrarlas o conocerlas. La contracara de esta situación es que las formas de las cosas de la realidad son diseñadas por la significación que el lenguaje humano les confiere. Las cosas *no existen por sí mismas* sino por los lenguajes con que las describimos. La ciencia y la filosofía, al alimentar tal ilusión, confieren a las "cosas" y "objetos" una atracción especial.[1] Esto permite establecer un "rodeo" a las crisis, reforzando la idea de que las cosas son por algún fundamento que es menester desentrañar y que existen leyes que regulan estructuras o sistemas fundamentales por los cuales se explican los sucesos. Esta idea cumple un papel tranquilizador.

La ideología de la modernidad alcanzó un éxito significativo, porque logró un amplio dominio sobre la realidad gracias a la tecnología, la explotación de la tierra y la ciencia objetiva. Y también logró mantener un equilibrio psicológico con "el saber explicar" y con la razón última de por qué las cosas son como son.

El costo de este éxito fue enorme. Nos alejó cada vez más de la realidad viva, cambiante, inestable, del campo de posibilidades y de libertad creadora. El vivir cada vez más esta ilusión tan seductora (de que lo percibido y representado "son la realidad") nos fue determinando tras nuestras propias construcciones antropocéntricas[2] tomando más distancia de la realidad en sí misma.

El hombre ha desarrollado una coraza defensiva a través de la ciencia y la filosofía, que Nietzsche y Heidegger denuncian, cuestionando todo "fundamento" metafísico o científico. Es por esto que el término "crisis" se constituyó como un peligro para el yo, al cual hay que evitar soslayando el miedo a lo nuevo indeterminado.

La relación sujeto-objeto se sustentó sobre un sujeto que da estabilidad porque domina o cree dominar el objeto, o viceversa, ya sea con el conocimiento científico o el mundo representacional del lenguaje y las formaciones

[1] J. Baudrillard (1986) lo llama "seducción".
[2] Diferenciamos "antropocéntrico" de "antropológico", entendiendo este último término como la comprensión del hombre en un contexto cultural vivo y totalizador. La identidad antropocéntrica es el yo; la identidad antropológica es "grupal", totalizadora, trascendente.

ideológicas. La psicología imperante no salió de estos parámetros; confirió a la relación del yo con los objetos un nexo libidinal fuerte, que al perderse produce una crisis, como angustia de castración o de pérdida de esa relación tranquilizadora con objetos externos y/o internos. El concepto de duelo[3] en psicoanálisis viene a ocupar el lugar de crisis, y sus desarrollos posteriores como crisis narcisista.

E. Erickson, quien estudió particularmente el concepto de crisis, se ha referido siempre a la crisis de identidad del yo. Identidad construida con la ilusión de que la imagen que nos representa y representa el mundo exterior tiene un poder tranquilizador hasta que se precipita nuestra desilusión. Estructura dinámica que el yo construye y la realidad cuestiona permanentemente. La crisis narcisista, que tantas explicaciones nos ha dado de lo que acontece en la elaboración de los duelos y procesos de socialización[4] es quizá lo que nos proporciona un más firme fundamento teórico para explicar la elaboración de la dinámica por la fascinación que el objeto ejerce sobre el yo.[5]

El modelo de crisis vital —sin negar este abordaje de la crisis como angustia de pérdida, a la que el narcisismo del yo es tan sensible— trata de encarar la crisis como *momento de peligro* que simultáneamente es una *oportunidad* para liberarse de lo establecido, únicamente posible si somos capaces de cuestionar los fundamentos. Entonces se trata de dudar más allá de lo

---

[3] Duelo como pérdida de relación con los objetos internos o externos, vividos como amenaza a la estabilidad y dolor por lo perdido.

[4] Cuando la ilusión narcisista (identificación del yo con un objeto ideal) deja de ser un estadio hacia la madurez social o la elaboración de un duelo, se convierte en una fijación ilusoria alienante.

[5] Hoy día esta fascinación ha llegado a extremos alienantes en ciertas ideologías, como el exitismo, el consumismo y toda forma de adicción.

establecido conscientemente, aun de las estructuras dinámicas fijas o bases empíricas, y de este modo poder desenmascarar el "ser" de las cosas, ocultas tras la máscara de la relación tranquilizante del yo con los objetos.

No es lo mismo preguntarse "¿Quién soy?" que preguntarse "¿Qué tengo?". El primer interrogante apunta a la crisis de identidad del ser, el último a la crisis de identidad del yo (o narcisista) con su mundo identificatorio y relacional.

La identidad del yo se va realizando en el curso de la historia personal, y proporciona un sentimiento de unidad, mismidad y continuidad con todos los hechos significativos (conscientes o no). Estos sucesos tienen un correlato en la fantasía, que ayuda a explicar ilusoriamente todos los enigmas de la realidad personal. Esta forma elaborativa de la relación con las cosas y de dominio de la realidad se convierte en una forma de ser, la cual se encuentra determinada por estas representaciones dinámicas (estructuras de un sistema) o fijada por la represión o la rigidez ideológica social.

Cuando tenemos una crisis, buscamos en estas estructuras fijas o dinámicas, inconscientes, el fundamento para explicar el porqué de lo que sucede.

Hablar de crisis vital es problematizarse por todo fundamento estructural. Vale decir, ni lo que pienso ni lo que percibo "es". Nada es previo: ni el inconsciente estructurado como lenguaje, ni la realidad percibida y diseñada conscientemente. No se trata sólo de una crisis que el yo elabora ante una pérdida o amenaza objetal, sino de transformar este peligro en la oportunidad de liberarnos de toda estructuración determinante, ya sea metafísica, pulsional o del lenguaje. Liberarse no significa negarlas ni soslayarlas, sino romper con la ilusión de que con "los objetos" manejamos la realidad y negamos el miedo a lo desconocido. Con frecuencia se confunde la ilusión, como medio necesario, con el fin.

Una crisis vital no es una crisis narcisista, un duelo ni una crisis social pues no supone la pérdida de ninguna relación objetal sino la pérdida de todo objeto, al suspender o debilitar al yo como sujeto de la relación con la realidad.

Supone principalmente soslayar todo fundamento estructural y de principios [6] que nos determine dentro de una realidad histórica lineal. La oportunidad radica en lograr vivenciar el ser de las cosas; es decir, sentir y pensar (imaginación creativa) a partir de un acontecimiento que hace historia, no determinado por el suceso histórico o evolución estructural.

Oportunidad —insistimos— de liberarse de toda explicación y pensar creativamente a partir del "darse" con las cosas independientes de determinismos y de todo sujeto antropocéntrico descodificador. En coparticipación con las cosas, como partes en función de un todo dador de "identidad grupal". El sujeto de un lenguaje que descodifica y domina se suspende y cesa, y tiene vigencia el "sujeto existencial", que registra en medio de un vacío de estructuras objetales fundantes. Una experiencia holográfica, verdadero germen de la *poiesis* interpretativa que a través de la imaginación creativa da cuenta del acontecer.

Este "desenmascararse" es el proceso de desidentificación [7] que el yo realiza cuando logra "suspender" sus relaciones, y por lo tanto su vigencia integradora y de con-

6 Tradicionalmente se buscaban leyes, principios, axiomas, estructuras, causas objetivas, etcétera, que permitían construir *organizaciones crecientes* en cada disciplina. Con el modelo de crisis vital nos colocamos en la línea de la *desorganización creciente*, que integra a todas las disciplinas en un origen común o acontecimiento.

7 Todo yo supone un otro o "ello" (como lo denomina Buber). Pero ante el tú, el yo deja de tener relaciones o identificaciones.

trol. Liberado de todo determinismo (propio o ajeno) pierde su identidad de tal (yo) para vivenciar otra "identidad grupal": [8] "nosotros" con la naturaleza y el cosmos, que permite la manifestación del "ser" "abierto" en permanente aparición ("siendo"). No está definido por el pasado sino que adviene de un tiempo y un espacio vitales, desde el futuro (Heidegger, 1946).

Cuando hablamos de crisis vital, estamos señalando una experiencia sólo "vivenciada" y sentida como "identidad grupal", que nos desidentifica de todo fundamento, descentrándonos como sujetos en relación con objetos, para convertirnos en sujetos de experiencia participativa. Crisis vital, más allá de la objetal, primero vivenciada para luego ser percibida ilusoriamente (cuando vuelvan los objetos). Crisis que nos pone en contacto con la vida en sus manifestaciones originarias, donde podemos preguntar por "el ser": ¿quién soy? Soy ante todo parte de un todo cultural vivo, [9] de un grupo o familia que me da identidad (sentimiento de participación) y con quien creo un mundo. Ni dado ni representado, sino generado en la crisis vital, cuando asumimos "la oportunidad" que nos da el acontecimiento.

EL PRIMER AÑO DE VIDA
COMO MODELO LÓGICO DE CRISIS VITAL

Dejaremos para más adelante la ardua tarea que implica enfrentar y asumir una crisis para hacerla vital.

---

[8] "Grupo" no en el sentido psicosocial, sino como campo de fuerzas culturales fuera del espacio-tiempo medible, y que además confiere sentido.

[9] Cultura viva no es la científica, sino la vivida con todas las cosas fuera del tiempo-espacio medibles. Este punto se desarrollará más adelante.

Ahora se trata de definir la crisis vital como modelo lógico que da cuenta de la experiencia vivida, para luego estudiarla como modelo teórico.

La crisis es una "oportunidad" para revivir un momento originario vital. No la infancia cronológica, como sería la crisis que se vive en la regresión terapéutica psicoanalítica, ni la regresión sistémica, que acepta al terapeuta como "manipulador" confiable de nuestras estructuras establecidas y enfermantes. Este momento originario se repite en cualquier circunstancia crítica de la vida, pero se da por antonomasia en el nacimiento, cuando el psiquismo fetal registrador de experiencias deja su estructura intrauterina para lanzarse (actitud activa) a su primer viaje significativo, es decir, para salir a poner "formas" a la in-formación hasta ahora recibida.

El bebé recién nacido no tiene nociones de afuera-adentro. No hay límite en su cuerpo inmaduro, donde la mielinización neuronal aún no llegó a la superficie (a los tres meses estaría en condiciones de registrar la diferencia entre interno y externo).

La pregunta que nos planteamos es la siguiente: dado que no existe un yo-otro, ¿quién sostiene el sentimiento de identidad si no hay relación?; si no es el yo, ¿quién se manifiesta en el inicio?, ¿quién soy?, ¿como quién me vivencio durante estos tres primeros meses?, ¿cuál es la dinámica en esta primera etapa?

Ya en 1979, en nuestro libro *La identidad y lo mítico*, inspirado en la fenomenología, planteamos la importancia de diferenciar el cuerpo vivido del cuerpo objeto de la anatomía y la percepción del yo. El cuerpo vivo o corporeidad no tiene las mismas fronteras del anatómico, sino que se extiende míticamente a través de un "sentir" [*feeling*] hacia una "identidad grupal". Un "mí" o "sí mismo", como sujeto de experiencia singularizado dentro de un campo participativo.

"Cuerpo vivo" es el del bebé recién nacido que en sus primeros tres meses se registra singularmente en unidad con la madre, símbolo del grupo familiar y la cultura. Esta manifestación del momento originario se realiza a través de un cuerpo que registra y sabe míticamente (silenciosa y holísticamente), sin ninguna diferenciación mente-cuerpo, que luego el pensamiento cartesiano disoció y jerarquizó a favor de la mente. [10]

Este "cuerpo vivo" experimentador y "sabio" va aportando un preconocimiento de donde se nutre la imaginación creativa que pondrá formas a lo vivenciado. Primeras intuiciones, "la voz" de los místicos, la inspiración poética, "el ver" de don Juan (en Castaneda) o lo que desarrollé en el libro *Crisis vital* como símbolo vivo: aquel que da cuenta del "todo" vivido a través de la parte. Nada está oculto, la parte contiene al todo y el todo a la parte (holograma). [11]

Este "conocimiento silencioso" [12] se interesa por el "sentir" identidad, pero como parte diferenciada y partícipe de un todo o "grupo familiar". Dentro del modelo lógico, que es para nosotros el primer año de vida, la primera experiencia no es de un yo que percibe parcialmente la realidad sino de un sujeto de experiencia que coparticipa de un "grupo" o "nosotros" dador de identidad. El cuerpo y la mente forman una unidad participativa [13] con la familia, la naturaleza y el cosmos ("cultura viva"). En

[10] "Detrás de tus pensamientos y sentimientos, hermano mío, se encuentra un soberano poderoso, un sabio desconocido, llámese sí mismo. En tu cuerpo habita, es tu cuerpo. Hay más razón en tu cuerpo que entre la mejor sabiduría" (Nietzsche, 1983).

[11] Es importante diferenciarlo del símbolo lingüístico o representacional; donde lo que no está aparece a través de su representación. En el símbolo vivo la parte da cuenta del "todo" presente.

[12] Así llama Carlos Castaneda a su último libro.

[13] Participar: "devenir en el otro sin dejar de ser uno" (Aristóteles).

este trasfondo, dice Edmundo Roca, "el hombre es juego, no el Deseo, ni el habla. Fondo puer-il cubierto y oculto por el pasado y aburrido inconsciente infantil". Dentro de un momento lógico como éste es donde el hombre "crea un mundo", origina imágenes que lo hacen transmisor (portador) de un poder vital que funda todo conocer. Como "vector" insinúa un "sendero" posible desde el sentimiento de identidad. En otros términos, lo que interesa en lo originario no es un objeto de satisfacción o de verdad que nos tranquilice, sino estar abiertos a este "poder" [14] que nos da identidad de ser auténticos "resonando" con el entorno. Resonar o "simpatizar" con una madre símbolo de la realidad cultural viva que dé identidad y donde surge un vector orientador en medio de lo desconocido. Niño recién nacido que se comporta como "hombre" saludable, libre, sin prejuicios ni determinismo alguno, manifestándose en plenitud y armonía con la cultura. "Sólo Dioniso es inocente y sano (*puer*) —señala E. Roca comentando a Nietzsche— sepultado en la espesa capa de escombros seudoculturales".

Desde este momento lógico, que llamamos "identidad grupal" o "contexto de creación", el bebé se orienta por lo vivido como pura información, encontrando un sentido y creando holísticamente su mundo. Cuando llega al tercer mes, puede diferenciar el afuera del adentro —segundo momento lógico de la crisis vital— y empieza a vislumbrar o percibir parcialmente (M. Klein) un mundo externo objetal sobre el cual ilusoriamente despliega sus fantasías, las que orientarán las pulsiones tras la satisfacción en la descarga. Para evitar las frustraciones, el yo inci-

---

[14] Es el poder de la libertad sin determinaciones, que los antiguos llamaron "destino" (invisible pero operante); Nietzsche llamó "Dioniso" o "inocencia del devenir"; Heidegger, "acontecimiento" (Ereignis); Heráclito, "logos"; D. H. Lawrence, "vida". En el modelo de crisis vital lo denomino "poder de creación".

piente transcurre dentro de una estructura narcisista, y convertirá al mundo objetal en su imagen idealizada, suponiendo externo todo lo negativo.

En este momento del primer año de vida el cuerpo originario empieza a objetivarse como esquema corporal, posible por cierto grado de identificación a partir de las sensopercepciones puntuales sobre las cuales el bebé construye su mundo de fantasías (cuanto más parciales son el dato o el objeto es mayor la posibilidad fantasmática). La diferenciación entre cuerpo vivo y anatómico coincide con la diferenciación identidad grupal e identidad del yo, mundo vivido y mundo representacional (escasamente percibida), experiencia de satisfacción y experiencia de participación (en esta última anhelamos el ser, no deseamos objetos).

Este proceso de individuación y separación se sustenta por el proceso simultáneo que la madre va realizando como sujeto identificatorio que "violentará" el mundo fantasmático del bebé. Lentamente se crea un sistema de relaciones idealizadas que van posibilitando una protegida y paulatina discriminación que conduce a la autonomía del yo y la objetivación de la realidad, evitando frustraciones y desilusiones intolerables. Estas relaciones se hacen cada vez más convencionales, es decir menos narcisistas y más psicosociales. Este proceso de "narcisación" tiene su desenlace en la estructura edípica que supone la apertura a un "tercer objeto" que nos abre a todos los demás (tercer momento lógico de la crisis vital), rompiendo con la ilusión de completud egocéntrica vincular que hace creer al bebé que está "ajustado" (adaptado) a la realidad. El yo narcisista como sujeto se debilita, y se fortalece el yo sujeto de las relaciones. Éstas son cada vez más sociales y tienden a la frustración; gratifican y orientan desplazamientos sublimatorios (proceso de socialización).

Tanto el psicoanálisis como las corrientes actuales de la psicología clínica han pasado por alto la importancia de comprender este proceso narcisista y edípico de las relaciones objetales que mantiene el yo, dentro de contextos que brindan mayor libertad en la elaboración y construcción del mundo.

Hoy nos aliena la caída de la fijeza narcisista en las más variadas formas de relaciones adictivas o en las conflictivas llamadas edípicas. Éstas nos desgastan en la competitividad, el miedo, la culpa y las autolimitaciones. No se las ha comprendido a la luz de la oportunidad que significa la asunción de las crisis vitales para su correcta resolución. Es menester, pues, definir la fuerza operacional que el modelo tiene en la clínica.

El modelo lógico nos plantea "un momento" en que el hombre se encuentra liberado de toda "alienación" identificatoria al suspender el yo (percepción-conciencia), y por lo tanto, toda posibilidad de relación objetal. Se constituye en sujeto participativo de un momento originario o contexto de creación. Éste forma parte de una totalidad que lo trasciende como individuo, pero que sin embargo singulariza un sentimiento de identidad desde un "grupo" familiar, o campo de la cultura viva.

Ese momento, que hemos descrito como de "apertura" a un campo originario, no nos remite a ningún fundamento estructural, ya que funciona como campo de fuerza previa a toda forma (información). El "poder" de este campo participativo es la capacidad de generar más energías y nuevas formas (creación). La vida humana como valor participativo permite al ser humano trascenderse en sí mismo dentro de este contexto sin objetos. El hombre es el único ente que anhela más de sí mismo, no agotándose en el objeto de satisfacción; es un ente que transita en la búsqueda inagotable del sentimiento de identidad. Constituye un campo vital que no funciona como una cadena de significantes que determinan o pulsionan tras los objetos (que en este campo no hay), sino que obra como un conjunto participativo donde "juegan" los significantes no determinados, esperando a un sujeto abierto que en libertad les dé forma.

El coro griego funcionaba como "voz" (no palabra) surgida del conjunto como vector vital creador (no deseo), que más tarde el personaje insertará en escena. Un mundo imaginario creativo que enriquece al universo determinado.

La crisis vital propone alcanzar ese nivel previo al lenguaje y al deseo, es decir a lo determinado y motivado. Nos ubica fuera del espacio observado para sumergirnos en un tiempo-vida que adviene y espera nuestro compromiso vivencial (mente y cuerpo confundidos) como "ser" abierto (o sujeto participativo) capaz de crear.

Poder operar desde este nivel mítico de la realidad es algo más que lo que M. Klein pudo aportar al estudiar el primer año de vida, cuando —según ella— todo es imagen organizada en fantasías. [15] M. Klein se mueve dentro de un espacio donde acontecen los procesos en la búsqueda del objeto, cuya finalidad es calmar las ansiedades tanto de pérdida como de persecución. En definitiva, un proceso evolutivo determinado por lo pulsional y por el desarrollo de un yo en permanente interacción.

El yo —como el lenguaje— se mueve en un espacio donde transcurre una historia lineal evolutiva determinada. Es importante destacar que tanto Freud con su hipótesis sobre las protofantasías como Jung con los

---

[15] Lacan no desarrolla el primer año de vida. Su famoso "estadio del espejo" se describe pasando el año. Allí se inicia la estructuración de la cadena de significantes, es decir, la construcción del inconsciente.

arquetipos trabajaron dentro de un espacio ampliado, y ninguno de ellos llegó a definir este momento indeterminado en el cual el tiempo adviene a un sujeto abierto a un campo participativo que le confiere identidad;[16] para ambos el tiempo siempre está determinado por el espacio.

Winnicott se interesó principalmente por este "espacio" que denominó "transicional". Y aunque vislumbró el nivel cultural subyacente, no dejó de privilegiar la relación que el sujeto (yo) mantiene en su proceso de duelo con los objetos. Lo importante es trascender la relación sujeto-objeto a través del espacio "entre" como fuente de fenómenos transicionales, que no son otra cosa que relaciones de objeto manipulables por el yo, que tienden a hacerse más maduras; aún más, ayudan a serlo so pena de caer en el fetichismo. En ningún momento Winnicott habla de participación, es decir de un espacio no delimitado donde todos están incluidos, sin observador. Un sujeto abierto a las "partículas" no percibidas, solamente vivenciadas. El móvil es la libido, la energía sexual que busca objetos para la descarga o la identificación. En definitiva, Winnicott no reconoce otra fuerza movilizadora, como el poder creativo o de la vida que fluye hacia nuevas formas. Por lo tanto, según este autor la cultura y el arte —como corolario del espacio "entre"— no son la cultura viva del modelo de crisis vital, sino la cultura como civilización separada tanto de la naturaleza como del cosmos y el futuro. Al igual que las demás cosas, obra como un espacio que mide el tiempo (pasado y presente). No se aparta del inconsciente freudiano, que ignora el tiempo pero jamás ignora el espacio localizable.

Lo operacional consiste, al abordar terapéuticamente el modelo, en alcanzar una fuerza o poder vital que tras-

---

[16] "Primero somos 'grupo' ('nosotros') luego somos yo" (Fernández Mouján, 1987).

ciende e incluye lo pulsional y el lenguaje. Una fuerza tal que nos empuja a superarnos más allá de lo establecido y determinado, sabiendo que la identidad es un sentimiento inagotable que no se calma en la satisfacción o en el saber de que siempre algún objeto nos faltará, sino más bien en la búsqueda de ser con los otros en libertad (más allá del yo identificatorio o identificante). Extendemos la cura más allá del lenguaje o el hacer consciente lo inconsciente reprimido; de este modo, planteamos alcanzar los momentos de libertad y creación que nos transforman.

Insisto en la operatividad de recuperar el primer año de vida como modelo de toda crisis vital. Esta recuperación consiste en alcanzar el nivel mítico o "espacio vivo" no geométrico, un espacio que se siente como "mío", propio y singular, desde el cual estoy capacitado (por participar de su poder vital) para crear nuevas formas en el mundo. Esta situación aporta un elemento que es importante tener en cuenta, más allá de la indagación de lo reprimido y la provocación de cambios en las estructuras sistémicas repetitivas; ese elemento es la libertad de crear y generar acontecimientos que modifiquen lo establecido más allá de todo suceso lineal, evolutivo.

La co-participación de campos de energía o poder con "identidad grupal" nos constituye con fuerza suficiente para poder desapegarnos de lo conocido y producir elementos inéditos en nuestras relaciones yoicas.

El conocimiento de uno mismo no termina en la historia oculta (que es importante) y su resignificación (que es más importante aún), sino en la "conciencia acrecentada" [17] que como "ser" tenemos cuando nos "abrimos" al constante emerger de un mundo donde la vida fluye y el

---

[17] Término que Don Juan le enseña a Castaneda para referirse a la captación de poderes que nos conectan con realidades invisibles a la percepción-conciencia.

hombre tiene la oportunidad de trascenderse. Un hombre que anhela más de sí mismo, no tanto de los objetos que lo satisfagan. No son tan importantes el control, la posición ni la seguridad de las relaciones, sino la búsqueda de un sentimiento de identidad en resonancia con el destino de todos. [18]

Es por ello, a nuestro entender, que las crisis vitales más allá de sí son accidentales o evolutivas; constituyen acontecimientos que podemos provocar en cualquier circunstancia de la vida. La decisión de abrirnos a la cultura viva conlleva una ardua tarea que la razón y los sistemas sociales imperantes dificultaron ya que éstos, ante todo, buscan el dominio y la estabilidad. La vida es inquietante como el devenir; sabe que todo fluye cuando no "dominamos". La tarea del yo, pues, consistirá en ajustarse a la realidad interna y externa desde la libre autosuperación.

DE LA PRÁCTICA A LA TEORÍA DE CRISIS VITAL

Todo acto creador necesita transitar por una crisis vital. El primer momento de esta crisis consiste en cuestionar lo que se piensa o percibe, en refutar todo lo conocido hasta ahora, a la manera de duda existencial. A posteriori, en una segunda instancia, se plantea la posibilidad de tolerar un campo sin objetos donde no podamos identificarnos. Es entonces cuando estamos en condiciones de abrirnos al acontecimiento. Una vez que éste se produce (tercer momento), la razón inicia el desarrollo

---

[18] Como puede verse, las implicancias políticas y sociales sobre los sistemas imperantes son enormes. Los medios masivos de comunicación, las leyes del mercado, las presiones ideológicas, el consumo y todos los medios alienantes de la sociedad actual pierden poder de dominio.

de hipótesis teóricas que la ciencia o la vida cotidiana irán formalizando (cuarto momento).

S. Suawit señala que Haendel tuvo una vida privada angustiosa; aun siendo un hombre famoso y de buena posición económica se abismó en un profundo descreimiento de todo, a tal punto que se refugió en el alcohol y la melancolía. Finalmente una noche tomó la decisión de suicidarse, pues un vacío lo inundaba hasta la desesperación. *Y cuando no tenía ya nada más que perder*, escuchó una melodía que venía del "agujero negro" de su alma. Esa melodía era el *Aleluya* a partir de la cual compuso esa misma noche —sin interrupción alguna— su descollante *Mesías*. A partir de esta experiencia, Haendel transformó su vida, y se proyectó como un músico en la plenitud de su creación.

La teoría de crisis vital se desarrolla en varias etapas. A manera de síntesis, la ubicaremos dentro de los ciclos vitales. Teóricamente diferenciamos un primer momento de malestar, conflicto o crisis que hace dudar de lo establecido, como si la estructura imperante interna y/o externa hubiera caducado, es decir, terminado su ciclo. Esta duda existencial (no metódica ni obsesiva) lleva al yo a un continuo proceso de desidentificación de todo objeto que lo sostenía integrado al sistema. Se arriba a un punto de "debilitamiento" tal que deja de funcionar como sujeto en relación. Es por ello que pierde toda máscara identificatoria, así como la influencia del medio externo: el yo suspendido da lugar a otra experiencia cualitativamente diferente, ya sea porque dudo de lo que pienso y observo o porque he dejado de creer en el mundo percibido hasta ahora, y en consecuencia el pensamiento entra en confusión o desesperación, embargado por el miedo a lo desconocido. Es entonces cuando se produce "el salto" (segundo momento) de lo psicosocial a la cultura viva registrada desde un cuerpo vivo que capta holísticamente un campo con poderes creativos que trasciende lo pulsional sexual, las estructuras del lenguaje o cualquier otro determinismo que privilegia la relación pasado-presente. Es por ello que nos hallamos instalados en ese "espacio vital" totalizador, donde el tiempo futuro coparticipa ("todo tiene que ver con todo").

Ante la irremediable pérdida del sentimiento de identidad del yo surge otra identidad subyacente "grupal" en donde participo del poder de la vida en su constante creación. Emerge, pues, una experiencia originaria o contexto de creación donde captamos nuevas formas a través de la imaginación creativa (no representacional). Una imagen simbólica viva que da cuenta del sentido de la experiencia, más allá de toda la causa originaria de los hechos, por más instintiva que sea. No es un contexto de descubrimiento que desoculta la causa de los hechos, sino que consiste en un contexto de creación que capta el sentido más allá de todo determinismo, rescatando el valor que simboliza la vida en su devenir, contexto que nunca se circunscribe a un objeto identificable sino que lo trasciende, permitiendo expresar esos valores de la cultura de una manera distinta e independiente de aquello que ha sido establecido biológica, psicológica o socialmente.

La imagen creativa que da sentido orienta una nueva forma de "ver" la realidad; permite reconfigurar las estructuras que nos determinaron, permitiendo al yo sentirse protagonista.

Cuando Haendel perdió el sentido de la vida como valor, ésta se transformó en un puro objeto manipulable, en una degradación que lo precipitó en el alcohol como forma de no entrar en la crisis vital. Ya nada lo consolaba, y decidió suicidarse degradando el valor vida a un hecho meramente psicobiológico. Libre de todo lastre, penetra en un campo participativo donde el yo renuncia al objeto, y de este modo se produce el acontecimiento. La imagen creativa del *Aleluya* surge desde "el poder" de la vida (valor simbólico que trasciende los objetos), al cual Haendel, como sujeto abierto, descubre bajo una aparición auditiva que le confiere sentido a su vida (no es deseo ni búsqueda de satisfacción). Una vida que se reestructurará a partir de la creación. El *Mesías* se gestó, pues, en el resultado de una hipótesis inicial: la melodía del *Aleluya* apareció holoauditivamente (un tono incluía a toda la melodía, y la melodía a toda la obra), para luego desarrollarse con el apoyo de la técnica en su realización como objeto social y psicológico.

La teoría de Crisis Vital plantea que en ese inconsciente cultural se encuentran los "valores" que van dando sentido y orientación a la configuración de las estructuras psicosociales. Es por ello que este inconsciente trasciende cualquier determinismo pulsional o estructural del lenguaje.

La vía de la cura trasciende la sublimación, no la rechaza sino que en forma independiente la influye. Este *segundo momento* teórico de la crisis vital tiene en cuenta una energía que no es biológica ni física. Se trata del "poder" de la vida para crear imágenes con sentido que reorientan las estructuras caducas a la espera de un nuevo ciclo.

Teóricamente he formulado el *tercer momento* como ilusorio. Es cuando el yo ha captado la nueva imagen con sentido iniciando el proceso de objetivación y socialización. La estructura narcisista es la más adecuada para este proceso, al comienzo hipotético. Lo importante consiste en que paulatinamente el yo recupera sus objetos identificatorios ilusoriamente sin aferramiento, dado que el devenir de la pulsión sexual, que siempre busca la descarga en la satisfacción sublimatoria (más socializada), está orientado por el vector dador de sentido. Entonces la idealización del yo (propia de la sublimación) a objetos más "maduros" se halla garantizada por el sentido de la búsqueda de valores, que convierte a este objeto en mero portador de la fuerza vital que busca objetivarse, encarnarse más allá del devenir pulsional.

Finalmente, el *cuarto y último momento* teórico consiste en un cambio estructural del proceso de objetivación y socialización. Se pasa de una estructura narcisista que identifica al yo con un objeto ideal sublimado a otra estructura de relación de objeto más edípica, en donde el ideal es compartido por los demás. Es así como deja de ser ilusorio (creer que los objetos de la realidad se adecuan a ese ideal del yo), a través de una desilusión paulatina hasta alcanzar a compartirlo con terceros (los otros), lo que lo convalida científica y/o socialmente. Es el yo, en definitiva, que se adecua a un objeto ideal convencional. En este punto es importante conservar la fuerza del nuevo sentido en el acto creador, pues será garantía de que sigue vigente el proceso sublimatorio cuando ese ideal social sea un mero portador del valor subyacente; si es así, jamás podrá fijarlo en una estructura cerrada, so pena de que niegue la dimensión "valor".

La teoría de crisis vital prevé la continuación del ciclo vital hasta que el ideal se fije en algún objeto psicosocial sublimado. Esta fijación (que frecuentemente es sostenida en nombre de la estabilidad) disminuye la fuerza vital en los sistemas humanos, haciendo que el yo esté cada vez más determinado a objetos que lo alienan, es decir, esclavizándolo a lo pulsional y a las estructuras sociales o individuales que detienen el crecimiento en libertad.

Es por ello que la captación de esos valores que dan sentido a la experiencia finalmente nos libera de los objetos de satisfacción. Pero no porque nos aparte de ellos sino para configurar nuevas estructuras que brinden estabilidad sin quitar capacidad creativa al sistema. Cuando esto acontece significa que las estructuras se han convertido en fin, y no en "transmisores de la vida". Un ciclo vital se cierra cuando una nueva crisis vital nos enfrenta ante el ser abierto, para que nuevamente manifieste su libertad creativa.

2. MOMENTO CRUCIAL DE LA CRISIS VITAL

Hemos visto en el capítulo anterior que el modelo de crisis vital tiene cuatro momentos lógicos, cuya cronología puede variar según las circunstancias de la vida, tanto accidentales como evolutivas o de la "vida cotidiana". En primer término centraremos nuestra atención en el segundo momento, el cual opera como eje central de la totalidad del modelo. Hacia él desemboca todo el proceso de "derrumbe" de las configuraciones en estado crítico, y a partir de él surge la nueva orientación que transformará las estructuras en otras nuevas, más aptas para el desarrollo de la identidad.

A ese segundo momento le hemos dado diferentes nombres, que se encuentran en correspondencia con las ideas teóricas con las que hemos ido comparando e integrando el modelo, las cuales han puesto en duda la concepción de espacio y tiempo de la física mecánica. Esta disciplina explica la realidad material como un espacio absoluto donde se realizan todos los fenómenos físicos que la geometría tridimensional permite ubicar y medir. Los objetos efectúan sus movimientos, choques y transformaciones en un tiempo también absoluto que fluye independiente desde el pasado. La energía que generan esos movimientos tiende a la degradación por el trabajo que realiza, es decir, la pérdida gradual de calor. Descubrir las leyes que determinan las causas de los movimientos fue la tarea de la ciencia hasta nuestros días.

Sabido es que la psicología se ha nutrido de los descubrimientos del psicoanálisis, y que tanto éste como aquélla se han basado en ese modelo de espacio, tiempo y energía que mueve a los objetos. De ahí han derivado conceptos como los de pulsión, represión, conflicto y sublimación, que utilizamos para comprender los procesos inconscientes y hallar explicación a los síntomas.

Es oportuno señalar que el espacio y el tiempo del psicoanálisis y la psicología en general, a nuestro entender, derivan de un modelo mecánico, en el que existe una pulsión que busca la descarga en un objeto. Esta descarga genera un trabajo en la psique al retrasar, desplazar y reprimir su fuerza según el tipo de carga que las fantasías diferencian.

Existe un determinismo pulsional, objetal, y de la fantasmática (protofantasías). Éste se desarrolla en el inconsciente y su función será permitir al yo dar rodeos e indagar la realidad dentro del espacio y tiempo mecánicos, en el que existen leyes que los determinan. De este modo es posible explicar las causas y prevenir los desenlaces de los trastornos psíquicos.

EL SEGUNDO MOMENTO: LA PARTICIPACIÓN

En el modelo de crisis vital el enfoque mecánico tiene validez tanto en el primer momento como en los dos últimos. El segundo, al cual vamos a referirnos ahora, se aparta de los parámetros clásicos del psicoanálisis. Antes de entrar en él son necesarias algunas consideraciones.

Ya hemos dicho que, cuando se viven situaciones críticas, caduca la estructura con la que el yo se relaciona y desarrolla su identidad, y, por lo tanto, se torna arduo mantener relaciones saludables si no es en detrimento de compromisos sintomáticos y de sobreadaptación.

El problema radica en el modo como el yo se desprende de las relaciones objetales que hasta ahora estructuraron los vínculos, le dieron seguridad y le confirieron un cierto monto de satisfacción. Los procesos identificatorios tienen un carácter defensivo, y cuanto más rígidos son más compleja se torna la liberación de la libido fijada en el objeto. Las identificaciones narcisistas que el yo realiza, cuando tienen un carácter defensivo por el monto de ansiedad que genera un cambio, resultan muy difíciles de romper. Todos tenemos este tipo de identificaciones que son las que en mayor medida frenan la entrada en este segundo momento del proceso de "crisis vital". La estabilidad es sostenida por nuestra forma de razonamiento. Ésta busca una lógica que diferencie y ligue según una coherencia ideal, para un yo sobreadaptado. Es una forma común de garantizar objetividad y verdad y de evitar la confusión natural que traería una cuota de incertidumbre acerca de lo que hasta entonces era válido.

Cuando la duda racional se hace "existencial" (primer momento), comienza la crisis de nuestras estructuras narcisistas más rígidas, dado que se cuestionan nuestros prejuicios, que actuaban como elementos tranquilizantes. Frecuentemente desconfiamos del otro, intelectualizamos, polarizamos, evitamos, desplazamos, acusamos o realizamos diferentes mecanismos yoicos que postergan o evitan la duda existencial. No obstante, cuando la asumimos, el yo suspende sus mecanismos de duda racional y se sumerge en un momento desequilibrante. Decimos que se ha desidentificado, [1] es decir se ha liberado de sus

---

[1] Término desarrollado en el capítulo II (Fernández Mouján, 1978).

vínculos conocidos. Enfrenta lo desconocido, que incluye lo oculto reprimido que lo amenazaba para entrar en *lo posible*.

Esta angustia ante lo desconocido se tolera cuando es vivida como existencial (Fernández Mouján, 1992), saliendo del enfoque tradicional de causa y efecto. Un complejo conflictivo reprimido que causa un síntoma es expresión de un compromiso establecido para no sentir la angustia (tanto de pérdida como persecutoria) que amenaza al yo. Lo desconocido no es sólo lo oculto; es también el misterio de la impensable e inagotable realidad: lo real.

Es importante diferenciar entre, por un lado, la angustia frente a un "objeto", reprimido o no, que coloca al yo a la defensiva y, por otro, la angustia existencial del yo frente a lo real, aquello no percibido, ni objetivable ni representabe, esto es, sólo vivido. Es existencial porque capta la inmediatez de la experiencia vivida cuando ya no es posible objetivación alguna. Un inconsciente cargado de historia y vida que informa.

Para dar este salto de lo oculto a lo desconocido, de la relación con los objetos a la vivencia (*erlebnis*) que nos hace partícipes de lo vital, es necesario "suspender el yo", como lo propone Husserl, "suspender las vivencias racionales", lo que implica suspender toda relación del yo con los objetos, tanto físicos como psicológicos (representación). La percepción-conciencia se abre a un nuevo campo: la participación vivencial. La conciencia, de este modo, se amplía.

SIMILITUDES CON EL MODELO DE LA FÍSICA CUÁNTICA

La descripción de la experiencia que relatamos apunta a alcalzar el segundo momento del modelo de crisis vital, momento en el que salimos de un espacio con objetos relacionados (física, mecánica, psicoanálisis tradicional) —que sirven de "variables locales" causantes del movimiento o conducta— para entrar en campos *donde la participación es casi instantánea.* Como veremos más adelante, esto está íntimamente conectado con la nueva física cuántica, sistema holístico donde las partículas no son otra cosa que patrones de energía en permanente intercambio, sin límites espaciotemporales, es decir, fuera del tiempo y espacio medibles, sólo participables.

Este modelo que supone la suspensión del yo requiere de un sustento psicológico más allá del yo. Un sujeto de experiencia que registre lo vivido holísticamente según el código analógico del cerebro derecho.

Sujeto de experiencia de un continuo que vive todo como semejante proporcionalmente, como un gran sistema abierto que nos da "identidad grupal". La nueva "lógica de lo difuso" se basa en esta experiencia, en la cual las fronteras son tenues. Todo tiene que ver con todo, en un campo imaginario-activo que orienta el interés por la vida "antes" (orden lógico) que la necesidad de descarga. Las diferencias, oposiciones y similitudes surgen luego, cuando aparecen los objetos con los que el yo se relaciona y razona lógicamente.

PARADOJAS Y EXPERIENCIA VIVA

En la vida cotidiana hay hechos que nos enfrentan con estos momentos sin espacio (sobresaltos, silencios, extrañezas, sorpresas, riesgos, etcétera), donde sólo existen vivencias. Y la presencia de un vector que orienta libremente hacia nuevas metas intuidas desde ese sujeto de experiencia que llamamos persona ("centro de actos captadores de valores", según palabras de Max Scheller, 1972). Esas experiencias son las paradojas en las que la razón no encuentra explicación o representación que dé cuenta de ellas. Nos deja "sin palabras", como suspendidos sin tiempo ni espacio. Tal desconcierto absurdo, cuando es asumido, nos pone en contacto con este momento fuera del espacio-tiempo controlable, y simultáneamente, con la persona que busca el sentido que integre la totalidad. No se trata, pues, de un yo que diferencia para explicar y hacer equivalentes el mensaje vivido y la representación como objeto.

Esta experiencia aporta una información genuina y sin desprejuicios, originada en este nuevo campo de fuerzas donde la energía aún no ha encontrado formas.

Hasta ahora se ha desarrollado el acceso al momento crucial que toda crisis supone, una vez que nos hemos desprendido de las viejas estructuras con las cuales el yo estaba familiarizado.

Los psicólogos, psicoanalistas y psiquiatras se hallan hoy frecuentemente ante un síndrome denominado "ataque de pánico", descrito como una crisis de angustia incontrolable con fuerte repercusión somática y ansiedad de muerte o de locura. Esta situación no es más que una crisis narcisista que aparece en momentos de cambio, resistida inconscientemente, en mujeres con fuerte identificación con un objeto ideal; "diosas" que siempre han "sostenido" a los demás. Es así como la autosuficiencia las llevó a ser adictas a calmantes, personas y medicamentos contra el estrés. Su incapacidad para entrar en crisis vital las impulsa a esos ataques de pánico, los cuales van cediendo en la medida en que se las conecta tanto con el desamparo (que casi todas tienen como escena reprimida y amenazante) como con la falta de reconocimiento de aquello que las ha llevado a convertirse en lo que son; vale decir, aquello que las obligó a disfrazarse del "objeto diosa", y que frente a su pérdida les ocasiona una fuerte depresión. [2]

Las "diosas" se transforman, pues, en la droga que las libera de esa angustia despersonalizante por el desamparo objetal. La posibilidad de llevarlas al momento participativo de la crisis vital y calmarlas se debe a que el yo suspendido, con esta representación amenazante, se desprende de la relación. Y por ello pueden vivenciar —una y otra vez— la experiencia de una identidad grupal participativa, a partir del reconocimiento de que todos somos seres desamparados, y que gracias a "la falta" nos ponemos en contacto con nuestra identidad personal. Esta identidad se encuentra libremente orientada a crear un mundo que compensa el desamparo, desde un sistema abierto y en permanente transformación (angustia existencial).

CAOS VITAL E IMAGINACIÓN

La crisis vital propone un "caos vital" como momento indeterminado en el cual no hay objetos de identificación sino un sujeto de experiencia que desde la participación vivencia un campo germinal en el que se aumenta la masa de fuerzas, vectores, energía y posibilidades creativas. Es lógico que cuando se pierden los objetos se libere la libido fijada y no se repita el síntoma, que ha restringido tanto la masa de energía disponible como la fijada y determinística.

El pánico surge a partir de un yo en relación con un objeto-representación que amenaza con el desamparo desde la infancia. Al suspenderse el yo se flexibilizan las

[2] Para ayudarlas a superar la crisis, por lo general se las medica simultáneamente con la psicoterapia.

representaciones. Esta situación lleva a vivir la falta del objeto como liberadora de toda pretensión de percibir y de controlar con la razón la realidad interna y externa.

Podemos decir, pues, que el espacio controlado por el yo desaparece, y surge un tiempo que fluye; éste, al no ser percibido, crea una nueva angustia existencial ante lo desconocido. En definitiva, una situación pletórica de posibilidades hacia nuevas formas. A esto hemos llamado imaginación creativa.

Hemos observado experiencias similares cuando trabajamos con grupos terapéuticos, en el momento en que la experiencia grupal y la experiencia del yo se integran en una identidad grupal. Existe una angustia de desamparo objetal, hasta que cada uno puede dudar de su propio punto de vista y transformar esa angustia en vivencias de participación. Éstas se orientan hacia nuevas representaciones grupales, las que explican globalmente lo sucedido y donde cada uno puede sacar sus propias conclusiones.

Tanto para la psicología dinámica como para el psicoanálisis, es de vital importancia operar desde un campo donde los procesos de identificación son ampliados por los procesos de participación, de modo tal que los incluyan y orienten con posterioridad. Por eso es menester definir qué entendemos por participación.

El tiempo es continuidad, el pasado ya no existe y es necesario representarlo en un espacio y un tiempo cronológico que nos permita medir, explicar y manipular su dimensión. Ese pasado permanece como representación cargada afectivamente e incide en la conducta como si perdurara a través de objetos. De esta manera el yo cada vez se aleja más de la realidad, ya que sus explicaciones y sus afectos hablan de lo creído antes que de lo vivido.

Los mecanismos identificatorios nos han dado la posibilidad de explicar de qué manera estas representaciones actúan, creando "complejos", "conflictos", y toda clase de influencias en las conductas sublimatorias y sintomáticas. Cuando el yo está muy apegado o fijado a sus objetos, la movilidad se da dentro de un espacio centrado por el objeto. Éste obra como tranquilizante porque controla lo temido. La conciencia, así restringida, está al servicio de las acciones tranquilizadoras, como el consumo, la violencia, los síntomas o cualquiera otra conducta repetitiva estructuralmente. Por lo tanto, cambia el objeto pero no se altera el tipo de manipulación espacial que disimula la estrechez de conciencia, aumentando, por otra parte, el número de objetos dentro del espacio.

DESIDENTIFICACIÓN Y PARTICIPACIÓN

La importancia del concepto de participación radica en que cuando el yo se suspende, se desidentifica de todo objeto en un "ahora". Si no existen objetos percibibles, el espacio se contrae y el tiempo se dilata. Las partículas no son objetos identificables y tienen, como en la física cuántica, velocidades próximas a la que alcanza la luz. Son vivenciables a semejanza de la vida, que consiste en un continuo fluir, estas partículas son vivenciables mediante la integración en el tiempo, ya que no son susceptibles de medición, es decir, identificables: sólo son medibles estadísticamente.

La desidentificación surge de la suspensión del yo. Esto provoca la salida del espacio poblado de objetos y la entrada en un espacio-tiempo míticos. Allí las redes de significación aumentan de tal manera que todo tiene que ver con todo y el símbolo lingüístico pierde vigencia, ya que apunta al pasado. Mito significa "mudo", donde lo participado es vivenciado, pero no es fijado o identificado en ninguna representación. En el mito el espacio es domi-

51

nado por el tiempo; se contrae de tal manera que sólo se privilegia en el instante de la formulación.

Para la física cuántica actual, el tiempo entre partículas se aproxima a la velocidad de la luz; de ahí que se dilate, y la conciencia de la experiencia sea holística, no limitada. Se potencializa al máximo la energía disponible a nuevas formas, lo que es captado por el símbolo vivo, cuya imagen da cuenta de todo lo vivenciado.

La participación es el mecanismo que reemplaza a la identificación de los objetos, y nos libera de la percepción-conciencia limitada a un espacio. La conciencia, al no limitarse a la percepción objetal, se amplía y nos integra orgánicamente a participar de lo vital a través de la vivencia (no de la percepción).

Nos encontramos, pues, en un campo de tiempo dilatado con el espacio métrico, suspendido como en el acto contemplativo, donde la quietud de los objetos se correlaciona directamente con la aceleración de partículas de energía disponibles para integrar nuevas formas. Campo morfogenético donde no hay causas, explicaciones ni sucesos; sólo la posibilidad de un acontecimiento creador.

Retomando el ejemplo del desamparo, diremos que éste se encuentra suspendido en este campo. Pues la identidad del yo, al ser amenazada con la desintegración, se amplía por la conciencia de una identidad grupal. Identidad en la cual, como personas, participamos de un campo sostenido por la cohesión que dan los valores de la cultura.

MÁS ALLÁ DE LOS OBJETOS: LOS VALORES

Es conocida en psicoanálisis la cohesión (o ligamen libidinal) que dan las identificaciones al yo. Éstas pueden variar; sin embargo, las de carácter narcisista son las más fijas cuando son sólo defensivas. ¿Qué nos da identidad (coherencia) si nos desprendemos de los objetos y de todo espacio-tiempo medible con el que el yo puede reconocerse en un continuo temporal, y en las relaciones con los otros? Los valores juegan un papel de cohesión por participación; no son identificables, dado que no se los puede percibir, sólo se vivencia el poder que generan a través de la imaginación creativa (fuerza de ligadura). La confusión en psicoanálisis se originó al creer que los ideales provenían del exterior, cuando en realidad eran objetos que el yo proyectaba en la red de objetos sociales que más tarde regresaban por identificación, idealizados.

Al profundizar la teoría de la crisis vital, se llega a la conclusión de que su momento culminante es cuando el yo logra desidentificarse de todo objeto ("suspendido") y alcanza el estado participativo desde un sujeto que libremente vivencia la experiencia sin fronteras, al lograr una identidad grupal donde el espacio medible desaparece. Vivenciar esta experiencia nos permite intuir un tiempo de adviento, que no viene de un pasado sino de una fuerza vital generada desde un inconsciente cultural que informa una conciencia ampliada. Luego, al ceder este momento culminante, reaparece el yo orientado por el símbolo vivo que da cuenta de lo vivido.

Los valores son definidos por Nietzsche como símbolos inapropiables de la vida que al pertenecer a la cultura viva van cambiando dentro del enorme entretejido biológico, social, psicológico y científico.

Para la psicología fundada en la física mecánica todo tiende hacia la descarga, nos proyectamos hacia la muerte y realizamos rodeos más o menos satisfactorios. Es por ello que la angustia tiene un sentido tan catastrófico para el yo que trata de fijarse en un espacio objetivado y controlado. El reconocimiento de la experiencia de este momento —donde el espacio se restringe y el tiempo se dilata por la aceleración de la energía liberada en partículas— nos hace partícipes de los valores vitales que están en el inconsciente de toda cultura viva e indeterminada.

Una crisis vital supone entonces el pasaje por este momento mítico donde el hombre se transforma en creador ante el futuro y en liberador de su pasado.

3. NUEVOS PARADIGMAS DE LA CIENCIA

Para ver un mundo en un grano
de arena y un cielo en una flor silvestre
sostén el infinito en la palma de tu mano
y la eternidad en una hora.

W. BLAKE

Al principiar este capítulo con la intuición poética de William Blake es posible incursionar en temas que nos estaban vedados, a no ser que repitiéramos como loros lo que un "científico" o un "filósofo" ya reconocido había dicho: tendríamos que ser grandes comentaristas o intérpretes de lo obvio. Por cierto, no es ésta nuestra intención, sino *poder encontrarnos* con otras disciplinas y teorías en un campo lo suficientemente amplio. En donde las "verdades" son dichas desde la experiencia misma; es decir, en un ámbito "vacío" de todo prejuicio, en el cual se presente lo posible. "Nombrar" algo no será, pues, repetir cómo las cosas se nos aparecen para comunicarnos sus aspectos (sujeto-hablante), sino situarnos desde una cultura viva en la que coparticipamos su identidad y "vida". Nombrar es nombrarse uno mismo, como algo único, personal, que se integre en el círculo de nuestro enriquecimiento, donde todo tiene resonancia con la totalidad. Nombrar, entonces, es nombrarse y nombrarnos; consiste en entrar en un sistema de mayor complejidad que se expande y se afirma en paradigmas que tendrán sus desarrollos.

Mientras somos sujetos de experiencia, tanto la función hablante como la oyente se unen en la poética, dadora de sentido histórico a los hechos, que como acontecimientos, son singulares e irrepetibles. Lo vivido es "silencioso" y busca un significante que nombre esa experiencia, que no es otra cosa que experiencia sentida.

William Blake nos invita a ser capaces de pensar fuera de lo convencional. En aras de enriquecer nuevos paradigmas, los cuales, en definitiva, brindan una nueva libertad no conocida a nuestro pensamiento. Estos paradigmas son entes vivos y que deben ser "nombrados" desde un sistema abierto que se autorregule y expanda, más allá de los convencionalismos. Sin embargo, Blake no plantea que sea fácil; él nos propone "sostener" un tiempo y un espacio no ubicable ni medible, es decir, la posibilidad de dudar de la existencia percibida por el yo, para así generar la posibilidad de observarnos como parte de un todo. Y desde ese universo, observar poéticamente sus partes, a través de la imaginación.

Otro pensamiento relacionado con el de Blake es el que plantea Niels Bohr, un científico de la física cuántica, quien señala que "toda especulación original que no aparezca como absurda a primera vista tiene pocas posibilidades de resultar cierta". Es decir, que el supuesto absurdo de la figura poética "ver el mundo en un grano de arena" actualmente es un pensamiento científico germinal.

En consecuencia, se nos plantean varias alternativas complementarias que delimitan nuestra reflexión en el campo científico. Éstas son, en forma de pares yuxtapuestos, las siguientes: participación subjetiva e interacción objetiva; de la parte al todo y del todo a cada una de las partes; las estructuras deterministas y las indeterminadas; el observador-observado; el espacio-tiempo absoluto y el relativo, el espacio-tiempo medible y no medible; lo absurdo y lo lógico; lo racional (el orden) y lo irracional (el desorden), etcétera. Todos ellos plantean paradojas que abren espacios vacíos, indispensables para dar un salto hacia un nuevo modelo en la ciencia.

Winnicott, en su libro *Realidad y juego*, plantea "que se acepte una paradoja, que se tolere y se admita que no sea resuelta". Esto significa, en pocas palabras, que es menester abrir un espacio para el juego. No el juego medible, competitivo, sino aquel que realizamos sin ninguna utilidad, cargado de connotaciones sentidas.

El juego afina nuestros sentidos, nos brinda la capacidad de registrar e intuir el contenido antes de precisar el significado. Ernesto Sabato señala que "primero sé si un poema o un libro me gusta, luego indago por qué". Así pues, antes de utilizar la importancia de los opuestos que me permiten diferenciar, hablar significativamente y explicar, es necesario vivenciar el espacio vivo ("entre") cargado de poder, fuerza y energía potencial capaz de crear.

En primera instancia analizaremos cómo el problema de la verificación no es importante para el desarrollo de un paradigma y cómo el paradigma puede saltar, cambiándonos "la óptica" con que mirábamos la realidad. Kuhn señala el modo de observar la realidad estudiada con una serie de ejemplos en los cuales hubo verificación y no obstante la teoría sirvió para un cambio. Este cambio de mentalidad se presentó en muchos científicos, que en vez de utilizar la metáfora de la lente (teoría) para observar la realidad, emplearon la metáfora de atravesar el espejo, en el que la realidad vislumbrada se cambiaba de tal manera que lo antes observado se transformaba.[1] El propio Kuhn (1988) utiliza metafóricamente la siguiente figura: "lo que era pato se transformó en conejo".

[1] Estamos hablando del espejo de *Alicia en el País de las Maravillas*.

Lentamente, comenzó a darse importancia al *espacio* que existe entre el sujeto observador y objeto observado, espacio de una interacción que modifica, en última instancia, a ambos. No es que se niegue la importancia de los objetos ni la de un sujeto, sino que ambos se proyectan en la relación especular que "refleja" lo que pensamos o lo que percibimos (identificación proyectiva o introyectiva) y entran en un campo que tiene autonomía y vida propia autorregulada, autotransformadora y en continua expansión.

A esto denominamos *paradigma*: un espacio en la marcha de la historia de la ciencia, que recibe datos que interactúan con otros, pero que también consiste en un campo generador de in-formación. Espacio cuyo objeto es explicar el asombro ante ciertos cambios y, por ende, la resistencia que implica el aceptarlos. Esta resistencia, en definitiva, prefiere ajustar la teoría al viejo paradigma, aunque en la práctica carezca de utilidad y los experimentos perciban otra realidad. Lo importante, pues, es no abandonar la realidad que durante años se imaginó, actuando en consecuencia. En el mismo sentido, puede suceder lo opuesto, lo cual implica la adaptación de la teoría conocida —y coherente— en concordancia con el viejo paradigma, a uno nuevo (siempre y cuando éste sea aceptado por la mayoría). Pero esta situación significa, sin duda alguna, el no permanecer fuera del consenso, y sigue conservando, por lo tanto, la misma visión de la realidad, aunque se piense lo contrario. El costo que se paga no es más que una gran disociación entre práctica y teoría, con poca influencia acentuada de la primera, avalando una vez más nuestra pereza mental de cuestionar los prejuicios.

Es por ello que para delimitar el importante salto paradigmático de la física actual es necesario trazar un bosquejo de lo que se denomina la física mecánica clásica o newtoniana, la cual aún en algunos niveles posee una significativa vigencia.

La física clásica observa al espacio como un absoluto[2] donde se encuentran localizados los objetos, los que son otros entes de materia sólida e inanimada, movida por fuerzas que provocan choques y movimientos originando calor y trabajo. Las interacciones realizadas dentro de este espacio son lineales y su conocimiento sólo se concibe a partir del estudio de las causas y de las mediciones de los fenómenos, para prevenir algunas consecuencias regulares de éstos.

La energía que mueve estas fuerzas siempre es continua (lineal) y transcurre dentro de un tiempo también absoluto, dependiente del espacio e independiente de los objetos.

Dentro de esta coordenada espacio-tiempo se suceden todos los fenómenos observables, cuya acción está determinada por leyes que se formularon con el progreso de la ciencia. Entre éstas se encuentran las dos leyes de la termodinámica, que fundamentan las nociones de transformación de energía.

Antoine Laurent de Lavoisier postuló la primera ley al afirmar que la energía no se crea, sólo se transforma de cinética en mecánica, y la suma de ambas es una constante. La segunda ley la formuló Rudolf Clausius, quien planteó que cuando la energía mecánica "choca" se transforma en calor (agitación molecular), este calor no se transforma totalmente en energía mecánica: algo de ella se pierde (entropía), deja de ser constante y sufre una degradación hacia la pérdida de la diferenciación, lo cual implica la uniformidad, y en consecuencia la muerte.

Si bien hemos planteado sencillamente ambos principios, es importante reflexionar con claridad acerca de

2 En niveles de grandes cantidades de partículas.

59

este viejo paradigma. En definitiva, ambos postulan una objetividad medible y comparable, explicando sus causas y previniendo sus efectos. Las variables son locales y están regidas por leyes que la investigación va descubriendo. La energía que fluye es continua y provoca efectos dentro de parámetros absolutos, el tiempo y el espacio, que permiten hacer mediciones y dibujar estructuras determinantes.

Nos encontramos, por un lado, ante un modelo fuertemente determinado por leyes, estructuras, pulsiones, lenguajes, códigos genéticos, etcétera; por otro, el hombre trabaja con la finalidad de retrasar el camino de la degradación entrópica. Este trabajo incluye el pensamiento racional, que hace posible un accionar coherente y ordenador. Muchos de los que trabajamos con la palabra nos resistimos a ver el lenguaje como una expresión pasiva del hablante. En otros términos, hemos puesto en duda que el lenguaje y la lógica racional determinen nuestra visión de la realidad. Sin embargo, esta duda con respecto al determinismo y el objetivismo implica en sí misma el subjetivismo: si rechazamos la imparcialidad absoluta, surge la siguiente pregunta: ¿cómo enfrentamos la contradicción entre sujeto-objeto?

Albert Einstein duda del objetivismo de la física mecánica, y convierte en relativos el tiempo y el espacio. Demuestra que diferentes observadores a distintas velocidades ven realidades disímiles. A velocidades próximas a la de la luz el ritmo del tiempo se alarga, expandiéndose (lentificándose), y el espacio se acorta, contrayéndose longitudinalmente en dirección al movimiento. El tiempo y el espacio, en tanto valores absolutos y fijos, desaparecen. Si medimos la longitud de una circunferencia a la cual sometemos a una alta velocidad, observaremos que se acorta, conservándose el diámetro; esto implica que el plano de la circunferencia se curva. Para Einstein el sistema espacio-tiempo depende de la velocidad, y como cada uno de nosotros posee su sistema para ver el mundo (tenemos ritmos diferentes), no hay observador imparcial. Es decir que el espacio y el tiempo no sólo relativizan la realidad sino que además están unidos en un mismo sistema en el que se incluye al observador.

La genética señala que la reacción del gen con su ambiente produce su propio ritmo (matriz cultural); lo mismo plantea la fisiología al comprobar la multiplicidad de ritmos en cada uno de los genes. La teoría de la relatividad duda del carácter absoluto de la física mecánica clásica; une el espacio y el tiempo al cambiar la velocidad y descubre el sistema como ámbito en el que tiene que incluirse el observador. De este modo, cambia la objetividad que nos determinaba para encontrar signos que permitan leer la realidad. La nueva lectura, pues, será relativa en cada observador, y a su vez cada observador sabrá que su lectura subjetiva también es relativa respecto de la de los demás.

Sin embargo, Einstein insiste en que todos los observadores deducirán las mismas leyes que explican los fenómenos de la naturaleza. Las leyes son invariables y nos determinan; no dependen del movimiento de los observadores. Así pues, se conserva un universo objetivo y real detrás de la teoría de la relatividad. Einstein siempre sostuvo que la materia y la energía son inseparables. El hecho de que tanto sea materia como energía depende del marco de referencia; en resumen, ambas son equivalentes. La famosa fórmula $E = mc^2$ (energía igual a masa por velocidad de la luz al cuadrado) postuló esta manera de pensar.

¿Qué quiere decir que no se pueden separar? Creemos que en este punto consistió la limitación de la teoría de la relatividad, que siempre sostuvo la idea de que hay materia diferenciable que entra en relación causando efectos. Las causas están ocultas pero continuamente hay conexiones entre eventos y señales, que respetan las leyes de separación y dinámica espacial.

La existencia de conexiones no localizadas, que es imposible predecir de manera precisa, es algo que Einstein nunca pudo aceptar. La famosa frase que se le adjudica en su encuentro con Bohr, en 1920, "Dios no juega a los dados", enfatiza su postura en contra del papel fundamental de la probabilidad y el azar. Einstein sólo "separa" el espacio-tiempo; es decir que la masa percibida es relativa, pero no indeterminada.

Antes de continuar con el otro salto paradigmático, representado por la física cuántica, es oportuno hacer un breve comentario para integrar el lenguaje, la psicología y el modelo de crisis vital.

DINAMISMOS "MECÁNICOS" EN PSICOLOGÍA

Habíamos señalado cómo el paradigma de la física mecánica dividió de tal manera el espacio y el tiempo, que el espacio tenía un especial privilegio en el pensamiento y en la lógica racional. Es por ello que había principios absolutos que nos determinaban, y leyes que explicaban las causas de los fenómenos. Por otro lado, existen distintas técnicas que nos permiten percibir objetos, difíciles de ser observados naturalmente. La descripción de los objetos es fundamental para localizar todas las variables y poder medirlas. La psicología, tanto sistémica como psicoanalítica, se basó principalmente en este modelo, pues siempre ha privilegiado el espacio como campo en el cual los "objetos" (representaciones, roles, cosas y personas) funcionan como variables dentro de un sistema, llámese éste aparato psíquico, sistema, grupo o vínculo. En definitiva, son todas ellas estructuras en las que se hace hincapié en el espacio en detrimento del tiempo, que sólo aporta un "ahora" mensurable en los sistémicos y un "antes transferido a un ahora" en psicoanálisis. Es decir que el espacio mide el tiempo, y además es el que especifica los límites para que la "energía potencial" que genera el movimiento y los cambios sufra lo menos posible el desgaste entrópico.

Freud (en *Más allá del principio de placer*) clarifica esta situación cuando habla de los *rodeos* que las fantasías y el psiquismo en general realizan para prolongar la vida, que tiende a la descarga y al equilibrio uniforme y desemboca en la muerte. Tanto los sistémicos como el psicoanálisis extraen su modelo de la biología (Bateson, 1976), pero relativizan mucho más el pasado, centrando la conflictiva en un "ahora" delimitado por la estructura sistémica.

Todo el sistema puede expandirse con el menor gasto y la mayor satisfacción, gracias al trabajo que realiza la energía. No obstante, consiste en otra forma más grupal de dar un rodeo al proceso entrópico. [3]

En consecuencia, se trata de modelos muy influidos por la mecánica, donde el equilibrio entre una búsqueda de descarga de la masa de energía o libido y la búsqueda de una prolongación de la vida produce "el calor" (energía cinética) cuyo camino más probable es el enfriamiento.

Por lo tanto, la dinámica es mecánica en el psiquismo individual o sistémico, una descarga de choques que generan conflictos, divisiones y represiones para limitarla y aumentar las transacciones generadoras de placer. Este límite es una forma del yo, o del sistema, que tiende a tomar una posición rígida, para defenderse del miedo que conlleva toda realidad desconocida.

---

[3] Entiéndase entrópico —por ahora— con el criterio de la física mecánica, como tendencia a la degradación y la uniformidad.

Es un modelo sobre el cual se construyó una lectura a costa de limitar lo neutral y espontáneo. El corte entre naturaleza y cultura se basa justamente en poder "imitar" las diferencias objetales en el espacio de la naturaleza. Estas diferencias fundan un código abstracto por oposición y semejanza, que nos distancian de lo vivido. De este modo, es posible nombrarlo desde un sistema de representaciones con autonomía, pero determinado por el *acuerdo* de los miembros de la comunidad lingüística. El significante (código) es un signo que nos remite a un significado acordado; consiste en un lugar dentro del lenguaje que tendrá significado según el sitio que ocupe (qué hay adelante, qué hay atrás, a qué se opone y qué excluye, y sobre todo, a qué ausente se refiere). Al nombrar "árbol", en primera instancia lo diferenciamos de los demás objetos, pero sobre todo lo separamos del contexto vivo (es decir, dejamos de contemplarlo); luego de esta abstracción, en un segundo momento, lo relacionamos en un código, donde a través del significante simbólico encontraremos el significado.

Este pacto o acuerdo lingüístico [4] no existe en la voluntad de los hombres; sin embargo, sin este acuerdo no hay sociedad. Si no existiera tal acuerdo el concepto de psiquismo en psicoanálisis sería imposible, pues requiere un mundo fantasmal de objetos representacionales que permiten a la razón pensar lógicamente o provocar ciertos síntomas.

Es un esfuerzo que se ha llevado a cabo, tanto en el ámbito de los sistémicos como en el del psicoanálisis, para mantener la objetividad científica de los hechos y, en

---

[4] Por ejemplo, en poesía no existe tal acuerdo sobre el código: "En poesía el signo deja de significar" (O. Paz), "Mira el signo sutil que los dedos del viento hacen al agitar el tallo que se inclina" (R. Darío).

especial, para poder explicar la causa de los trastornos y predecir su solución. Algunos hasta pronostican en qué momento se van a producir. Estaríamos plenamente dentro del modelo de la física mecánica.

LA RELATIVIDAD EN PSICOLOGÍA

Tratemos ahora de señalar la transformación que el paradigma de la relatividad provocó en la psicología, y en especial en cierto sector de ella menos aferrado a la concepción de sus teorías.

La teoría de la relatividad se proyectó a los umbrales mismos del paradigma actual de la física moderna, y si bien no se extralimitó, fue suficiente para generar la duda acerca de la hegemonía del espacio, situación esta que resultó poco "tranquilizadora". Es decir, no tuvo como finalidad desprenderse de los objetos ni situar el tiempo y el espacio en una igualdad y unión intrínsecas. Para esta teoría, "el límite" sigue siendo algo que evitará la tendencia a la confusión entre las partes, las cuales se medirán de otra manera. Como *todavía el tiempo no se liberó*, se encuentra adherido a la masa de energía cuyo calor (energía cinética) se expande hacia un "frío uniforme". De este modo, la mente humana [5] —un continuo estable— capta como vértigo el tiempo que extrae cierta dosis de determinismo, pero obliga a realizar conexiones entre los hechos. Las altas velocidades próximas a la luz amplían (extienden) el ritmo del tiempo y menguan el espacio. Sin embargo, se respetan las mismas leyes que reconocen objetos separados e interactuantes, causando diferentes efectos. La percepción de los efectos de variables ocultas no es un obstáculo para realizar predicciones. Siempre

[5] Modo de organizar formas medibles (E. Roca).

65

existe una realidad velada con sus elementos separados. No hay "totalidad" física interconectada, la única posible para Einstein sería Dios.

Los sistémicos se sienten sumamente avalados por este enfoque en el que se prevén estructuras latentes y se arman sistemas que se autorregulan y se expanden. Es posible averiguar las leyes de su dinámica modificando o perturbando el sistema, al incluir en él a un observador (el terapeuta). Siempre se presentan causas y efectos, y también se manifiestan los cambios y su posible predicción. Lo importante consiste en saber determinar las "lecturas" de las estructuras latentes, las que en definitiva liberan energías potenciales para encontrar nuevas formas.

La teoría de la relatividad física permite a los sistémicos proseguir con sus mediciones, aun a altas velocidades. Esta situación plantea la posibilidad de continuar "calculando" las causas de determinados efectos, y de hacer predicciones controlables en un tiempo-espacio. Además permite "dibujar" un espacio "curvo" que tiende a cerrarse en un sistema, el cual se volverá a abrir en un horizonte ecológico. La intervención del observador, dentro de un campo determinado, relativiza el dato según desde qué punto se realiza la observación (su ritmo propio), pues transforma lo observado. La cibernética señala que "lo percibido prescribe", y esta afirmación profundiza e integra el paradigma relativista.

Algo similar acontece en el psicoanálisis. Para él lo latente es fundamental; existen variables no observables, pero no por eso nos encontramos impedidos de percibir sus efectos a través de "las producciones del inconsciente". Éstas nos aclaran las estructuras o complejos rígidos que inmovilizan la energía, impidiendo la cura y el crecimiento. Tampoco importa que el tiempo se haya acelerado; más bien favorece el hecho de comprender que su "dilatación" permite integrar, más allá de la transferencia, un "aquí y ahora como entonces". Un nuevo espacio-tiempo, donde hechos del pasado son resignificados para liberar los traumas enquistados en compromisos sintomáticos.

La teoría de la relatividad, pues, no separa la masa de la energía; esta situación permite conservar la idea de que no existe una interconexión casi simultánea de eventos entre partículas (que permitirá superar la noción de espacio que localiza).

El psicoanálisis, sin grandes sobresaltos, se ha desarrollado dentro de este paradigma. La noción de espacio es fundamental; para el inconsciente sólo se ignora el tiempo, nunca el espacio. Por eso es algo puramente material, donde hay objetos que chocan (conflictos), que se reprimen, que buscan rodeos y compromisos. De este modo, todo está sometido a las leyes de causa y efecto. Diríamos que estos modelos entran en un paradigma determinista en el que las variables ocultas —si bien extendidas y dinamizadas— conservan la posibilidad de medir y de calcular.

La palabra surge de una lectura científica, es decir dentro de un código de representaciones lingüísticas que presentan un orden racional a lo percibido por la conciencia en alguna de sus formas.

La libertad se juega en las múltiples combinaciones que una lectura formalizada es capaz de hacer por intermedio del lenguaje. Nos encontramos siempre atrapados por las leyes del lenguaje, de la matemática, de la lógica y de la naturaleza. Es por ello que consideramos que esta lectura no es creativa en sentido pleno, porque aún es determinista el paradigma con el que se comprende la realidad. Esto no significa que el determinismo no exista, sino que niega un campo creativo donde es posible no ser hablado por ningún lenguaje. El hombre, desde su vena creadora, es quien da vida al lenguaje formal.

El lingüista Whorf trató de superar este "pacto misterioso" de las leyes de la lengua, y explayó la visión relativista al campo de la lingüística, superando así —y no negando— sus leyes o reglas de juego. Whorf puntualizó que "todas las lenguas están animadas por algo así como un ritmo universal que no es distinto del de la música y que, asimismo, refleja las matemáticas" (O. Paz, 1982).

Posiblemente intuía que la ciencia descubriría un mundo entretejido, un universo en una pura interacción sin el espacio limitado en donde la primacía del tiempo permitiría un permanente movimiento en la búsqueda de nuevas configuraciones.

Este lingüista señala la necesidad de "ver los signos lingüísticos como formas y arquetipos", y no traducir el texto (formas de la naturaleza, configuraciones inconscientes, etcétera) oculto por el texto lingüístico como si se tratara de un discurso. E insiste con que hay que "ver cómo los sonidos elementales se conjugan a la manera de los cristales en la química". Encontrar en una disciplina como la lingüística tales comentarios que sólo hemos escuchado a los poetas y los místicos debería ser natural, pero es necesario observar que hoy existen merced al salto paradigmático de la ciencia, y fundamentalmente al mérito de la física cuántica.

Una situación semejante es la que planteamos en el modelo de crisis vital. Cuando nos encontramos en el contexto de creación no percibimos objetos, sino que participamos de un campo de in-formación cuya vivencia capta holográficamente una imagen o símbolo vivos de lo experimentado. Se logra así una nueva forma con sentido. Esta forma no implica una traducción de lo oculto, sino la captación inmediata de lo real. Una realidad que busca identidad, que se afana por poseer una nueva forma; es decir, la necesidad creativa de cristalizar una estructura distinta de la existente. La captación es como un *vector* que orienta el proceso "de cristalización". Ni transcripción ni traducción: la captación es un acto que surge de lo indeterminado y por eso es genuinamente creadora, una fuente vivificadora de nuevo sentido. "Cuando nos alejamos de la inmediatez de la experiencia vivida como sujeto de experiencia nos constituimos en sujeto de lenguaje y ponemos nombre a lo experimentado" (Fernández Mouján, 1987).

LA NUEVA VISIÓN DE LA FÍSICA CUÁNTICA

Ahora estamos en condiciones de abordar el comentario del último cambio paradigmático de la física cuántica.

Boltzman, en 1890, señaló una prodigiosa paradoja: había arribado a la conclusión de que los dos principios de la termodinámica estaban en contradicción. El primer principio sostiene que cualquier fenómeno se puede revertir, es decir que "nada se pierde, todo se transforma" (Lavoisier). El segundo principio afirma lo contrario: todo fenómeno es irreversible; el pasaje de la energía estática a la cinética produce calor, y éste es utilizado como energía mecánica (choque). Este calor tiende hacia lo más probable: se enfría (entropía). La primera ley mantiene constante la energía; para la segunda, en cambio, ésta se pierde irreversiblemente.

En la física mecánica, a nivel molecular, no se observaba esta contradicción, pues se consideraban la energía potencial y la cinética en relación inversa. Esa constante se perdía al agregarse la energía mecánica. Pero al estudiarse la molécula y el átomo se descubre que la energía potencial es la cinética, y que consiste en un continuo movimiento (calor) presente en niveles subatómicos (cuanto más pequeña es la partícula, más rápidamente

69

gira y más calor genera). Boltzman reflexiona que si fuera así habría más calor en el nivel macroscópico, un calentamiento imposible de aceptar. Duda entonces de la reversibilidad de la primera ley, y plantea la irreversibilidad de los fenómenos físicos. La entropía es el recorrido de los átomos cuando asumen un estado más desordenado, en donde se libera calor. Para Boltzman, pues, la entropía es como un parámetro de desorden que se encuentra en proporción con el orden, y juntos forman una constante de "equilibrio molecular".

Sigmund Freud intuyó esta situación cuando señaló que la pulsión busca su equilibrio en la descarga, es decir en "el enfriamiento", y que la vida consiste en un rodeo hacia este destino.

Ante esta posibilidad, Boltzman sostiene que esa irreversibilidad entrópica es el tiempo. Un tiempo que como una "flecha" nos separa y aleja de los objetos materiales.[6]

Max Planck acepta el reto de Boltzman, y da un paso decisivo en la nueva física cuántica. Descubre (a pesar de ser el defensor de la física mecánica) que la energía no es un proceso continuo, y a consecuencia de ello no aumenta proporcionalmente en el plano macroscópico. La energía está "atrapada" en paquetes continuos de energía-acción (frecuencia de onda por segundo) que denominó "cuanto". Esta energía aparece como ondas (térmica y luminosa) y partículas, es decir, en forma diferenciada.

Planck señala que la acción (movimiento) no es otra cosa que energía multiplicada por tiempo, y separa aquello que Einstein no llegó a concretar: la materia de la energía. La materia se reduce a una formación estadística de la energía; es decir, una materia ligada más al espacio que mide el tiempo. Esto ocasionó el derrumbe de la física que sostenía el espacio material como fuente

6 La expresión "flecha del tiempo" fue acuñada por Eddinton.

continua de energía. Si la energía no fluye continuamente no es un medio homogéneo material, es la vida definida como diferencia y discontinuidad. *Las fronteras entre la vida y la muerte se flexibilizan; "el equilibrio molecular" no es homogéneo y constante (la muerte). Hay discontinuidad y esta vida encontrada en "la uniforme" materia abre un nuevo paradigma.*

Niels Bohr continúa la labor de Max Planck, y descubre más discontinuidades. Los electrones de un átomo circulan en órbitas para no perder energía. Lo asombroso de la descripción del interior del átomo es que los electrones pasan de una órbita a otra de forma discontinua e imposible de prever. De este modo Bohr descubre la "libertad" de las partículas.

Las dudas aumentan con Heisenberg, quien postula el "principio de incertidumbre" como fundamento de la información limitada que es capaz de brindar la nueva materia. Se puede especificar cuál es la posición de una partícula, pero no es posible ubicar su dirección y velocidad en el mismo momento. La situación inversa también es válida. Más que una percepción exacta de las partículas, *se les reconoce una zona de incertidumbre*, o tolerancia al error. Esta zona de tolerancia es el "cuanto" de Max Planck.

En conclusión, la energía no fluye como un proceso continuo sino en paquetes o "cuantos". Las ondas electromagnéticas no constituyen la única forma de aparición de la energía; existen además "cuantos" de luz o "fotones". Éstos son partículas que viajan a velocidad semejante a la de la luz, donde la materia pierde su capacidad de objeto o elemento físico elemental. Los fenómenos vitales no ocurren en determinado tiempo y espacio, son azarosos y "tienden a ocurrir" de manera sólo probabilística. Se arriba al fin de las leyes causales de fenómenos y se nos presenta otra materia de "partículas" imperceptibles de energía, las que se interconectan casi simultáneamente por la alta velocidad con que giran y circulan. Se vislumbra una unidad básica del universo, donde el observador está incluido vívidamente como parte de esa energía vital; un mundo que se caracteriza por su movimiento indeterminado, libre y azaroso. Cuanto más pequeño es el espacio en donde se mueve, más rápido es el movimiento giratorio. Es por ello que se percibe como esfera sólida (efecto hélice), cuyas ondas permanentes marcan la distancia entre las órbitas y la polarización con un núcleo, que se constituye en centro estable y fuente de energía (masa). La apertura del núcleo es otro paso en esta historia hacia la capa germinal a la que estamos tratando de llegar.

Todo aquello que depende de una variable es necesariamente azaroso, y sólo lo imaginario creativo puede abordarlo con plenitud. Este hecho lleva a Niels Bohr —amante de la poesía— a afirmar, en su discurso de entrega del premio Nobel de Física, que "cuando se trata de átomos el lenguaje sólo se puede emplear como en poesía. Al poeta le interesa no tanto la descripción de los hechos cuanto la creación de imágenes" (Bronowsky, 1979).

Tal como lo observaba Whorf, "en lingüística el sonido es distribuido por la lengua". Ahora también es posible afirmar que en la física moderna la energía se distribuye en "cuantos", a consecuencia de la estructuración de la "nueva materia" sin objetos y de las partículas interconectadas en un todo. Denominamos a esta capa con los vocablos siguientes: germinal, identidad grupal, contexto de creación o cultura viva.

Albert Einstein alcanzó el umbral de este nuevo paradigma, pero no pudo romper con el continuismo de la energía y su determinismo. Pensaba que lo subyacente se fundamentaba en leyes que controlaban las variables entre las partículas. Éstas, para él, no representaban un todo interconectado o indeterminado. En definitiva, Einstein relativiza al observador, pero tiende a recuperarlo corrigiendo las medidas con la velocidad ($E=mc^2$).

Los sucesos particulares no obedecen a leyes exactas; sólo un gran número de ellos se ajusta a leyes precisas, que son las que formula la física clásica.

En las grandes cantidades, el criterio cuántico coincide con el de la física anterior. Es una física concebida como de medidas sólo estadísticas. En lo singular (pocas partículas) se da cierto indeterminismo, tanto más acusado cuanto menor sea el número de partículas.

HACIA MODELOS INTEGRADORES

Continuando con este bosquejo del nuevo paradigma que plantea la física moderna, resulta oportuno puntualizar dos problemas que nos permiten seguir avanzando a partir de modelos integradores y creativos.

En un primer momento trataremos de la nueva significancia que aporta este paradigma al concepto de creatividad, al colocar el tiempo como factor decisivo en la comprensión de la problemática planteada por la entropía. Luego veremos el apasionante enfoque de unidad en el cual se mueve el universo.

No sólo Planck, Bohr y Heisenberg, entre otros, intentaron una respuesta al desafío de la entropía mencionada por Clausius y Boltzman. También desde el campo de la biología, Teilhard de Chardin, Darwin y Wallace señalaron nuevas ideas que cuestionaban la desorganización entrópica. Son ellos quienes sostuvieron por vez primera *la emergencia de la alta organización de las formas vivas.* Así, pues, frente a la tendencia universal de la complejidad de la vida resulta plausible la siguiente pregunta: ¿es necesario ampliar hacia otros órdenes de la vida las leyes de la termodinámica?

Schrodinger, a partir de su experimento hipotético del gato encerrado en una caja que contenía una cápsula de cianuro, formuló una paradoja que acaparó la atención del mundo científico. Junto a la cápsula había un dispositivo cuya posibilidad de ser activado era de 50:50. Al activárselo se rompía la cápsula de cianuro y el gato moría. En caso contrario, el animal lograba sobrevivir a la experiencia. La suerte final del gato sólo se revelaba al abrir la caja. A juicio de Wigner, "la mecánica cuántica es de difícil aplicación a los seres vivos, donde la coincidencia es un factor decisivo". En otros términos, las funciones ondulatorias reversibles sufren un colapso de irreversibilidad cuando se añade el factor "coincidencia". El observador, en última instancia, determina aquello que observa. La decisión del gato no se puede saber a ciencia cierta; posee una libertad similar a la del electrón. El factor ondulatorio de las partículas en un espacio estabilizador y medible probabilísticamente se encuentra en contraste a consecuencia de lo inestable y azaroso del tiempo. Al abrir la caja se presentan dos probabilidades: gato vivo o gato muerto. Entre estos dos tiempos la teoría cuántica no ofrece explicación.

Prigogine descubrió que no sólo las formas vivas actúan alejadas del "equilibrio molecular" (Boltzman), sino que también existe una energía fluctuante que genera formas espontáneas en disciplinas tales como la química y la física.

David Bohm insiste en que las habituales distinciones científicas entre vida y no vida son meras abstracciones. Prigogine afirma algo similar y denomina "orden mediante la fluctuación" a las estructuras alejadas del equilibrio. Las fluctuaciones se amplifican hasta descomponerse y ramificarse: este fenómeno no es otra cosa que *la disipación*. Luego surgirá un nuevo orden más complejo. El "río que fluye" de Heráclito; "el vórtice" de la totalidad de Bohm. Ambas reflexiones son estructuras alejadas del equilibrio convencional. Se mantiene su flujo mientras lo demás nace y muere. Este vórtice de Bohm y la estructura disipativa de Prigogine, en resumen, rompen con la termodinámica del sistema cerrado, abriendo la posibilidad a la entrada de energía mientras se genera entropía. Estructura paradójica, que sólo sobrevive si está abierta y en permanente expansión.

Los seres humanos vivimos una existencia irreversible: nuestra mirada apunta hacia la muerte. Para "la estructura disipativa" o "el vórtice" a nivel microscópico de partículas subatómicas, el tiempo es reversible aunque no repetible. El universo microscópico reversible observado *condiciona* al universo macroscópico irreversible del observador, y *es condicionado* por él. Lo reversible de la física clásica —en su primera ley de termodinámica, en contradicción con el segundo principio que postula lo irreversible— llevó a Boltzman a su famosa paradoja que actualmente posee una solución más plausible al derrumbarse la ley matemática de probabilidad de las partículas.

Prigogine y Bohm colocan el concepto de irreversibilidad a un mismo nivel que el de reversibilidad como ley natural. Hay soluciones lineales o en escalera, pero además existen otras no lineales surgidas a raíz de un cambio que inesperadamente brinda una solución nueva. Es como la gota que desborda el vaso. Thom llamó a esto "teoría de la catástrofe". De esta manera nos hallamos sumergidos en un mundo imprevisible, matemáticamente posible por las ecuaciones no lineales.

Al afirmar que es necesario resquebrajar las simetrías para que realmente ocurra algo, Prigogine se apoya, en definitiva, en la teoría de la "ruptura de la simetría" de las fórmulas matemáticas y de la geometría clásica. Sostiene que la verdadera naturaleza del tiempo es irreversible porque las estructuras disipativas rompen la simetría del tiempo reversible que observamos. Hay dos tiempos: el de la mecánica reversible y medible, y un tiempo vital —nuestro tiempo— irreversible de las estructuras disipativas.

Junto con Bohm, Prigogine nos presenta *el universo como devenir;* algunos filósofos, especialmente Martin Heidegger, habían desarrollado esta perspectiva con anterioridad. Una estructura disipativa no emerge del tiempo, *es tiempo*; la persona no está en el tiempo, *es* el tiempo. Prigogine abraza y conjuga, de este modo, todas las ciencias y realidades a través del tiempo.

Desde el campo de la biología, Maturana y Varela plantean una situación semejante al descubrir la autopoyesis de los sistemas vivientes. La autonomía de cada parte depende de su interdependencia con las circundantes (sistema); es decir que hay sistemas cerrados, autónomos, en constante intercambio con otros sistemas.

Jantsch relacionó las estructuras autopoyéticas con las disipativas. Lo que acontece con estas últimas en su momento crítico es un acto creativo, un principio de indeterminación macroscópico, equivalente al microscopio de Heisenberg.

El astrofísico Jantsch, pues, extiende este permanente reciclaje a un universo viviente en coevolución, cuestionando la teoría evolutiva darwiniana y neodarwiniana: "La vida ya no parece un fenómeno que se despliega en el universo; el universo mismo se vuelve cada vez más vivo".

Nos encontramos, inevitablemente, ante un mundo físico en el cual la masa no es sustancia sino forma de energía. Se han abolido las partículas elementales. Al estudiarse en detalle el núcleo del átomo, se descubrió una nueva fuerza que poseía un alto poder de destrucción cuando sus partes colisionaban a altas temperaturas. Pero, al mismo tiempo, se generaban nuevas partículas con el coeficiente de energía liberado (Dirac). En consecuencia, es posible sostener que la creación es directamente proporcional a la mayor destrucción de lo anterior y del consecuente coeficiente energía.

Podemos preguntarnos nuevamente si a altas temperaturas las partículas alcanzan velocidades equivalentes a la de la luz. Si es así estamos ante un universo microscópico subyacente, donde el tiempo termina por liberarse del límite del espacio. Al dilatarse de este modo, se transforma en lo único capaz de limitar, pues el espacio se ha contraído de tal forma que pierde sustancia. Se plantea, pues, una pregunta de real importancia: ¿cómo podemos dar cuenta de estos fenómenos a través del lenguaje?

PASOS EN LA INTEGRACIÓN PSICOLÓGICA CON EL NUEVO PARADIGMA DE LA CIENCIA: PARTICIPACIÓN E IMAGINACIÓN CREATIVA

Una de las finalidades de la teoría de crisis vital es el desarrollo del concepto de *símbolo vivo e imaginación creativa*, en aras de poder captar intuitivamente estos fenómenos vivenciados en la cultura. Un símbolo vivo como participativo, con identidad grupal, que incluye la estructura "funcional" de las disipativas. De ahí que lo llamemos "*contexto de creación*". Más adelante, en el capítulo sobre creación, abordaremos este tema. Por el momento retomamos los conceptos de Whorf, y fundamentalmente su teoría del origen de la lengua.

Whorf halló un elemento común a todos los idiomas; es decir, el conjunto de los sistemas en relación con una totalidad en movimiento. Preconizó la existencia de lo que llamó un "ritmo universal de la lengua". *Naturaleza y lenguaje se interrelacionan y generan imágenes, que, como figuras verbales, hablan de un universo.* No se trata entonces de una lectura que aspira únicamente a comprender —diría Octavio Paz—, sino de *contemplar la experiencia en sí, donde "ver" y "entender" se conjungan como "vivencias"*.

El objetivo no consiste en leer textos escondidos bajo otras escrituras, en una especie de búsqueda de palimpsestos, sino en "contemplar" para captar el sentido más allá del significado. Encontrar aquello que nos manifiesta la coincidencia entre el símbolo y lo vivido. Una forma que *no significa sino que es lo experimentado antes del pensamiento*. Los significados en su relación signo-objeto se "disipan", dejando sólo formas o partículas que han tomado la in-formación de la inmediatez de la experiencia. La ilusión del significado y la "cadena de significantes" obstaculizaban, en último término, el arribo a la capa germinal o contexto de creación. Un contexto en el cual la combinación de todos los elementos lingüísticos produce un sentido global, más allá del significado. En síntesis, el espacio mítico en donde captamos el sentido sensorialmente, en el cual no es posible su traducción "salvo a través de la intraducible poesía y arte" (O. Paz).

Lo impensable puede ser vivido y cobijado en el silencio contemplativo, cuya finalidad radicará en señalar vectores; es decir, impregnar de sentido al universo del lenguaje venidero. Mientras tanto sólo subyace la opción de callar mientras se "sabe", mientras estamos en "el vórtice" (Bohm), en la bifurcación de la estructura disipativa (Prigogine), en el momento participativo de la crisis vital.

Es posible afirmar, desde nuestro punto de vista, que el nuevo paradigma de la física se identifica a partir del señero cambio que produjo la idea de "campos", en los que "todo tiene que ver con todo" (Bohm) y en donde "ellos mismos son formados por las cosas que están formando" (Sheldrake).

Tanto los psicoanalistas y lógicos como los lingüistas

y científicos en general concebían que ante la ausencia surgía el símbolo que la representa. Signo u objeto cuyas leyes en su sistema estructural explican los sucesos, o al menos permiten un pensamiento racional regido por los principios de la lógica. Es decir, siempre existió una resistencia a considerar el inconsciente como una realidad inagotable; más bien "lo ausente" es una nueva presencia fantasmática dentro de un código que le da coherencia y leyes explicativas. La apertura a un campo holístico indeterminado y en permanente cambio no era aceptada entonces, y aún no lo es.

Lo ausente, en nuestro nuevo paradigma, no constituye un vacío que se pueda reemplazar. Posee una densidad propia; es aquello "desconocido" a lo que en el modelo de crisis vital le otorgamos el *status* de campo de posibilidades, un cúmulo de alternativas inagotables como el misterio. No consiste en algo cuyo fin sea amenazarnos con lo reprimido; ante todo se manifiesta en un inconsciente o cultura viva que constantemente nos da in-formación. Lo ausente es un campo dinámico holístico con capacidad de autogenerarse.

En el momento de vacío o silencio, lo explícito da lugar a lo implícito, de manera tal que lo particular incluye una vivencia holística del campo.

David Bohm nos brinda tres analogías para explicar este campo de la ciencia, indiviso y totalizador. La primera analogía, el *holograma*, es un fenómeno fotográfico producido por los rayos láser que descodifican todos los *patrones de interferencia* de la materia y la energía; éstos aparecen en una pantalla tridimensional, donde cada parte contiene cualquier imagen, por pequeña que sea. La analogía holográfica nos muestra un universo ordenado holísticamente; es decir que "todo refleja todo lo demás: un verdadero universo como espejo".

La segunda analogía que presenta Bohm es la experiencia de la gota de tinta que se vierte dentro de un cilindro giratorio de glicerina. Al volcar la gota y girar rápidamente el cilindro, ésta se transforma en un hilo, para luego desaparecer en la masa viscosa. Posteriormente, al girar el cilindro en sentido contrario, reaparece el hilo de tinta que reconstruye la gota original. En resumen: de lo explicado perceptualmente a lo implicado, y de aquí nuevamente al mundo explícito. Los niveles implícitos constituyen los fundamentos subyacentes que en los niveles explícitos se despliegan (holomovimiento) en un espacio-tiempo tridimensional. Bohm, como Bergson [7] y Prigogine, distingue dos movimientos y dos tiempos: uno explicable, medible, lineal, y otro implicado, todo presente al mismo tiempo.

La tercera analogía de Bohm se conoce como "pecera multidimensional": consiste en una pecera que contiene varias pantallas de televisión que enfocan a un pez en distintos ángulos; las imágenes son diferentes pero pertenecen al mismo objeto. "Un universo de incontables dimensiones que encarnan su carácter integral". Esta realidad es una totalidad que incluye campos y partículas, que se caracterizan por poseer un movimiento permanente de plegamiento y despliegue. Tanto el tiempo como el espacio son proyecciones de una realidad total superior. Son subtotales que se despliegan como las partículas.

Todo se encuentra palpitante y vivo; existen subtotales animados e inanimados, de conciencia e inconsciencia, de materia y mente. Las paradojas se resuelven de este modo. La conciencia básica es holográfica y se registra en el cerebro como tal (Pribram).

Es por ello que este enfoque no nos resulta extraño

---

[7] Bergson diferencia el tiempo medible del tiempo "duración", que es un tiempo vital. Se diferencia del de Prigogine en que va del pasado al futuro; aquél viene del futuro.

aplicado a la idea de "identidad grupal" como nivel implicado, que al desplegarse toma la forma explícita de identidad del yo. Son grados de conciencia entremezclados con la materia viva, cuya totalidad es descodificada por la intuición de un orden implicado. En el modelo de crisis vital, llamamos a esto *capacidad de imaginación creativa*.

Se sobreentiende, además, que este enfoque totalizador de lo implicado tiene influencias éticas. Cumple el papel de impedir que el objetivismo científico tenga leyes independientes de la cultura y de los valores que ella implica. Bohm criticó permanentemente a los físicos que apoyaron las investigaciones de la bomba atómica, pues los fines y los medios aparecen para él íntimamente relacionados.

Los trabajos de Sheldrake sobre los campos morfogenéticos no hacen más que ampliar estas reflexiones.

A modo de introducción es oportuno retomar la polémica entre Einstein y Bohr.

Junto con Rosen y Podolsky, Einstein ideó una investigación para apoyar la escasez de fundamentos de la teoría cuántica, en la cual probaba que dos partículas correlacionadas, al separarse, perdían contacto, porque cuando un observador localizaba a una, no afectaba simultáneamente a la otra. Esto fortalecía la idea de que hay variables locales que tienen leyes que aún desconocemos. Además reafirmaba la idea de que no existen señales capaces de alcanzar la velocidad de la luz, ya que sólo se le aproximan y pueden ser medidas.

Bell, años después, probó todo lo contrario: "Los pares de fotones permanecen correlacionados por mucho que se agrande la polarización". Esto brindó un nuevo empuje a la física cuántica y fortaleció la idea de que "el cuanto de acción es indivisible" (Bohr), y de que hay señales tanto o más rápidas que la luz, imposibles de medir pero sí capaces de ser imaginadas creativamente.

81

Esta situación nos permite ubicarnos nuevamente en un campo fuera del tiempo-espacio métrico, en un orden implicado o campo de partículas donde todo tiene que ver con todo en permanente movimiento y creación. En este campo la velocidad (calentamiento) es equivalente a la de la luz, lo que hace la interinfluencia sin espacio. El tiempo se ha dilatado de tal forma que la acción de la energía es indivisible y constituye lo que Sheldrake denomina un campo morfogenético. La energía se trasmite en un espacio vivo (no métrico) y produce un efecto de resonancia mórfica dentro del campo constituido. A esta unidad Sheldrake la llamó "germen mórfico", un germen que servirá de guía y de incentivo para otros. El huevo es un campo mórfico que inicia el despliegue de un organismo. El éxito de determinados trasplantes puede servir para que también otros puedan tener éxito. Para Sheldrake, la conducta aprendida se transmitía sólo por intermedio del aprendizaje. Su teoría suma dos factores fundamentales: la herencia genética y el campo morfogenético, y su formulación desbarata la reducción causa-efecto, ampliando la transformación a través del todo (el campo).

Sheldrake advirtió además que a los químicos les llamaba la atención la facilidad con que se producían las sucesivas cristalizaciones de una sustancia, en condiciones de laboratorio, máxime cuando la primera cristalización había sido más lenta. Una posible explicación estaba dada por la presencia de contaminación. Sin embargo, se observó que a gran distancia también era posible lograrlo. Sheldrake arriba a la siguiente explicación del fenómeno: una vez constituido el campo morfogenético, existe una "guía" para la formación de los nuevos cristales.

Las experiencias con ratones, monos y seres humanos se fueron multiplicando, y todas arrojaban la misma observación: se aceleraba el aprendizaje una vez que se lograba "el germen mórfico". Esto apoya las afirmaciones de Kuhn, quien sostenía que al cambiar de paradigma se cambian los datos y todos observan lo mismo. De igual modo ocurrió con los físicos atómicos una vez que aceptaron la teoría de Dalton (Kuhn, 1988).

El paradigma, pues, sería un campo morfogenético. Kuhn afirma que un paradigma tiene que ser aceptado antes que se acumulen las pruebas pues, en caso contrario, no se origina la onda-guía que orientará el nuevo paradigma: "Campos-espejos que se forman a medida que ellos se forman".

Estamos en condiciones ahora de intentar una descripción más clara de lo que entendemos como nuevo paradigma de la ciencia, el cual se inició con la teoría de la relatividad y se canalizó por la física cuántica.

Nos hallamos entonces frente al universo subyacente creado por la física mecánica, y que aún tiene vigencia en el nivel macro. Lo importante es el descubrimiento de lo subyacente como algo inestable, indeterminado, en creación continua; en donde estamos incluidos, perdiendo en objetividad pero ganando en la captación de su enorme dinamismo; velocidades equivalentes a la de la luz que amplían la dimensión del tiempo y disminuyen la dimensión espacial con sus relaciones objetales.

Nos sumergimos en un mundo de partículas interconectadas, en permanente destrucción y creación; un modelo paradigmático que nos expulsa definitivamente de la pulsión, del lenguaje y de las leyes determinadas que explicaban todas las causas. Un modelo que nos inserta inevitablemente en campos donde somos capaces de crear; donde el lenguaje, la pulsión y las leyes físicas adquieren un carácter de desafío y no de límite insuperable.

Es necesario que la física cuántica acepte, para integrarse con la psicología, el espacio "disipativo" en el que interviene la conciencia ampliada (o "acrecentada"). Es allí donde se *participa*, interactuando con velocidades semejantes a la de la luz; es allí donde se generan campos morfogenéticos y donde la ciencia y el fino sentir del juego de la imaginación creativa confluyen como un "ritmo universal de la lengua".

A su vez, en aras de esta integración, la psicología necesita superar el inconsciente espacializado del psicoanálisis y la interacción sistémica, y así poder aceptar un inconsciente vivo cultural, en el cual co-participamos de un campo alejado de todo equilibrio estructural, y donde la imaginación creativa hace posible el registro psicológico holográfico que da sentido a la experiencia.

El modelo de crisis vital favorece y alienta dicha integración. Es por ello que en el capítulo próximo desarrollaremos, en primera instancia, la integración biopsicofísica, para luego particularizarla específicamente.

4. BASES DEL MODELO DE CRISIS VITAL

INTRODUCCIÓN

Hemos arribado al centro del modelo de crisis vital e inesperadamente nos hallamos ante una significativa coincidencia, subyacente con los actuales paradigmas en los planos difusos e innombrables de la realidad. Las partículas resultan hoy indistinguibles e imperceptibles; no obstante, se diferencian entre sí inmersas en una totalidad instantáneamente interconectada, es decir, más allá de los espacios-tiempos conocidos.

Cuando el yo se desidentifica de los objetos y se abandona como objeto de sí mismo, deja de percibir y pensar desde sus representaciones. Pierde la distancia y el tiempo métricos, los que le permitían percibir las diferencias según la carga identificatoria de cada objeto o representación, como en el campo de las partículas subatómicas, indistinguibles y altamente dinámicas, en el que "todo tiene que ver con todo instantáneamente". Si no constituye el objeto y sus "cargas" identificatorias, lo que lo mantiene diferente es el "cuanto" de energía, vale decir, la in-formación.

Es importante señalar que las expresiones siguientes son consideradas como sinónimos: contexto de creación, identidad grupal, inconsciente cultural, realidad implicada, campo disipativo y germinal. Estas expresiones plantean un campo originario de máximo potencial de información (sin forma).

En los capítulos anteriores se estudió, además, el momento crucial de creación, tanto en el paradigma de la física como en el modelo de crisis vital. Así planteamos, en una primera aproximación, que la estructura "disipativa" de Prigogine y el "vórtice" de la "realidad implicada" de Bohm coincidían con el período de "angustia existencial" de nuestro modelo de crisis vital. Es por ello que, desde el punto de vista psicológico, se vivencia una realidad inestable donde se proyectan todas las posibilidades, después de que las estructuras conocidas tienden a perder confiabilidad.

Este período, que expresa la máxima destrucción y pérdida, consiste además, paradójicamente, en la etapa de máxima posibilidad indeterminista. El azar, en esta alta "temperatura", alcanza su más aguda expresión combinatoria (el calor se halla acompañado por aceleración). De este modo, lo azaroso nos sustrae del tiempo y del espacio conocidos, y posibilita el "advenimiento" de una nueva forma que la imaginación creativa captará simbólicamente mediante un acto existencial o creativo.

Después de la disipación comienza un momento de integración creativa. Después de la angustia existencial se arriba al acto existencial o momento creativo, vivido como adviniendo de un futuro que se proyecta hacia el pasado; de una vida que se manifiesta, al registro en la memoria de esa experiencia que pertenece al pasado, sufriendo el deterioro entrópico del olvido y la desvitalización. Se tenderá a una fijación en objetos que tranquiliza, a un espacio medible y gobernado por leyes mediante las cuales se nos permite nuevamente alejarnos del tiempo, para así volver al espacio que nos determina y nos permite la repetición, el hacer rodeos, la capacidad de idealizar y controlar con la razón: es decir, vivir con la ilusión de que dominamos "la muerte".

Gracias al modelo de crisis vital, hemos logrado incursionar desde la psicología al núcleo disipativo de la física cuántica y termodinámica. El objetivo consiste en darnos la posibilidad de morar en un tiempo que nos brinde el don de la libertad. Un tiempo que favorezca la creación de nuevas estructuras o formas que, como la "flecha", se dirigen al pasado irreversiblemente (entropía). Es este modelo el que nos ha permitido vivir el acto creador como momento de libertad, cuando la persona recrea el mundo dándole una plena validez a la conocida afirmación bíblica: "somos semejantes a Dios". Al partir del "octavo día" de la creación, fue el hombre el verdadero protagonista.

El místico, al superar la estructura disipativa, alcanza un estado de máxima plenitud en el cual todo se encuentra armoniosamente ligado. Pero él también debió pasar por la "noche oscura", liberado del mundo sensorial pues, al igual que la energía de la materia sólida localizada en un espacio rígido, el místico se desprende de las ataduras de la percepción. Así pues, la conciencia y la energía comparten un campo imaginario que el místico desecha, en tanto que el poeta y el científico las utilizan para la construcción de un nuevo mundo.

Al místico le interesa principalmente la autotransformación, que no es otra cosa que su conocimiento.[1] Desde ahí se relaciona con los demás. En cambio, en el poeta, el filósofo o el científico, la autotransformación está concretamente unida a la transformación del mundo y su posterior representación.

---

[1] Entendemos que el místico oriental tiende más al encuentro con lo absoluto, mientras que el occidental se inclina a encarnar esta conciencia.

Cuando iniciamos el recorrido de "salida" del momento crítico o la recuperación del yo y sus objetos transformados, integramos un conjunto de sistemas con características más saludables; una serie de estructuras que además constituyen un aval para la cura personal.

El modelo de crisis vital, pues, plantea un camino de ilusiones sobre una realidad que retorna a configurarse en la vida personal, y en las hipótesis científicas e ideológicas.

EL CAMPO HOLOGRÁFICO

Es oportuno observar que la experiencia vivida a partir de un campo crítico se aprende holográficamente por la regresión a situaciones críticas que implican una mayor fuerza de cambio. Esto es posible por la suspensión del yo y la liberación de la energía, es decir, con la desidentificación cuya finalidad es participar.

A partir del registro de esta experiencia nos hallamos preparados para conformar una nueva visión del mundo, un universo en el cual estamos inmersos. Esto significa, gracias a la gestación de una nueva conciencia, la creación de una coherencia del sentimiento de identidad, por la que el mundo invisible se torna real y enriquecedor.

Lo inconsciente que se nos presenta como olvidado es en realidad "invisible"; carece de representaciones y continúa como entidad real, un campo potencial de in-formación al cual recurrimos en los momentos de pequeñas y grandes crisis.

También estudiaremos el modo como la imaginación creativa nos permite desarrollar y enriquecer el esquema del psicoanálisis.

La física cuántica, actualmente apoyada por la biología molecular, presenta una situación semejante en el mundo de las partículas, tanto dentro de los cuerpos físicos como de los vivos. De este modo, los campos de partículas que se estudian en la física también aparecen como campos o sistemas biológicos interconectados. El principio de Pauli señala que las enzimas "se leen" entre sí, y que además pueden reconocer el sustrato o ser engañadas por anticuerpos. Este reconocimiento permite inferir que el intercambio de moléculas y de partículas intracelulares supone un intercambio de in-formación.

Los trabajos que Carol Sumson llevó a cabo en la década del 70 demostraron la posibilidad de que el cáncer podía ser curado mediante la "visualización creativa", por intermedio de la imaginación inducida. Desde entonces han sido innumerables las investigaciones realizadas en esta dirección.

Estas contribuciones verificaban las modificaciones del mundo representacional al intercambiar mensajes con las moléculas de las células. Esto nos permite suponer la existencia de un registro más o menos tenue de imágenes, provisto de una energía formalizada que tiene acción dentro de un campo de partículas equivalentes. Así se produce un cambio de información con el mundo psíquico, biológico, físico y cósmico. Los nuevos paradigmas esbozan y generan los fundamentos necesarios para desarrollar científicamente estos intercambios.

Resumiremos, a modo de ejemplo y como visión integradora, la aplicación de la fotografía y los efectos del rayo láser, que realizó el neurólogo Pribram. El registro holográfico de toda experiencia presenta varios desarrollos. El primero consiste en concebir al cerebro como un campo interrelacionado, de manera similar a un campo de partículas subatómicas cuya velocidad se aproxima a la aceleración de la luz. La imagen global del fenómeno vivido —más aún que la del observado— se capta intantáneamente en el cerebro.

No sólo el registro es holográfico, sino también su dinámica, la organización de la información y su movimiento.

Es conocida la interconexión sináptica de los procesos de transmisión cerebral, pero no se ha determinado la interconexión de todas las regiones cerebrales. La pregunta que se plantea es la siguiente: ¿cómo se transmiten estos procesos cuando existe una distancia considerable entre ellos y la transmisión es simultánea? Descartados los transmisores eléctricos y químicos por su naturaleza, sólo resta como posible explicación la presencia de la transmisión cuántica.

El campo holográfico del cerebro se asemeja a un campo cuántico en el cual existe información, aunque se desconoce la interacción. Como consecuencia del funcionamiento holográfico en el nivel de organización cerebral, sus partes constituyentes parecen influenciadas por un "potencial cuántico" que transfiere información a todo el campo, de manera que cada parte está interconectada de una forma especial que registra la experiencia como una placa holográfica.

La luz, por la cual percibimos los objetos del mundo, posee una serie de propiedades que deforman y parcializan la perspectiva. El rayo láser es un haz "desprendido" de las otras ondas.

Consiste en una sola onda que contiene una mezcla de fases; esto permite ver de manera especial el todo en cada parte y viceversa. La luz del láser reflejada en la totalidad del objeto se utiliza como patrón de interferencia y se registra en la placa. No se trata, pues, de una placa normal donde cada punto del objeto se corresponde con la imagen, con la transferencia de objeto e imagen. Lo que se transfiere por intermedio del láser consiste en un código que contiene una mezcla de fases, como sucede con un equipo estéreo: la placa registra el haz desperdigado.

Pribram reveló la analogía de esta situación con el cerebro humano. Éste, al excitarse, registra y recuerda. Lo mismo sucede con la memoria, que una vez excitada por las "asociaciones" evoca otros recuerdos de manera holográfica. [2] Pribram concibió el cerebro como un todo que almacena holográficamente, y cuyas transmisiones también obran como un holomovimiento. La semejanza con el orden implicado y explicado de Bohm es, entonces, significativa.

Lo interesante del fenómeno holográfico es el modo como la onda globalizante se extiende a todo el cuerpo, llevando consigo los desarrollos inmunológicos que corresponden a un "cerebro flotante". Diferentes hormonas de la hipófisis —beta-endorfinas, ACTH y otras— se sintetizan por la actividad de los linfocitos que se distribuyen por el organismo. Uno de ellos, el linfocito "T", desempeña la función específica de proteger la incursión de toda sustancia nociva. [3]

Los avances de la genética moderna comenzaron en 1944 con el descubrimiento, a nivel de la biología molecular, del ácido desoxirribonucleico (ADN), al cual se considera actualmente como la unidad base de la herencia en biología. Su función consiste en sintetizar la información necesaria que orientará el desarrollo de un organismo (código genético). Las fronteras se diluyen y las analogías brotan por doquier entre la física, la biología y la psicología. Estas fronteras conforman una visión totalizadora. Hoy se ha determinado que el ADN no posee el conjunto de la información genética. Existen enfoques de mayor tendencia holográfica, como los campos electromagnéticos

[2] En las experiencias conocidas genéricamente como "después de la muerte", es frecuente que el paciente "vea" en un instante la totalidad de su historia cronológica.

[3] El famoso linfocito T_4, al ser atacado por el sida, desmorona gran parte del arsenal inmunológico.

o campos "2" de Burr, o las "entelequias de Dietrich". Estos autores afirman que más allá del determinismo genético es fundamental la posición en el conjunto de células. Cada célula puede ser observada como un campo holográfico donde cada parte contiene el boceto del todo.

Las imágenes de estos nuevos paradigmas aparecen cuando se cumplen determinados requisitos. La parte y el todo están en una interrelación simultánea, una interdependencia estructurada y comprendida a niveles ultramicroscópicos, donde las partículas se mueven como la luz e intercambian in-formación permanentemente. Se forman así campos o sustratos subyacentes que crean estructuras indeterminadas por su alta complejidad y por la predisposición azarosa de las transformaciones sufridas. En este sustrato la materia permite la aparición de la vida o "cuanto" de energía, en permanente destrucción y creación. 4 El famoso físico Schrödinger señalaba: "La interconexión del sustrato energético que subyace a la materia se hace extensivo al mundo de la muerte".

Es en este nuevo sustrato imposible de fijar y de agotar donde los nuevos paradigmas se influencian e interrelacionan teórica, física y psicológicamente. En definitiva, constituye un conjunto de interdisciplinas dentro de la cultura viva configurando un "espacio" de comunicación, cuya característica principal es no pertenecer a ninguno y pertenecer a todos. Es un espacio donde se gestan los nuevos paradigmas que permiten pensar mediante imágenes holográficas. De este modo, nos aproximamos "al territorio" del cual nos alejaron "los mapas" del lenguaje y los viejos paradigmas. La intuición es la

4 Max Planck, fundador de la física cuántica, definió la medida constante de las partículas en acción; al ser escasas hacen que el tiempo sea discontinuo, y por esta condición, sólo es posible realizar cálculos probables o estadísticos.

manera de captar el sentido del nuevo mundo, universo que hoy nos despierta y nos brinda la ocasión de participar de la globalidad, de lo probabilístico, de lo azaroso, de la percepción extrasensorial, y de otras muchas amplitudes de la conciencia.

La tendencia actual es que el discurso del conocimiento, al parecer, se dirige hacia lo no sensible, pues existen partículas con cierto nivel de conciencia. Éstas poseen un comportamiento influido por la in-formación que proviene más allá del tiempo-espacio medible, de un cosmos impenetrable. Es así como diversos tipos de analogías configuran los paradigmas y los relacionan mediante investigaciones e hipótesis teóricas.

Éste es el caso de los trabajos de Carl Simonton. Este investigador curaba a los pacientes de cáncer con técnicas de visualización y afirmaciones, que evidentemente funcionaban ligadas a enzimas inmunológicas o actuaban por cuenta propia. Sabemos que el cuanto de energía puede asumir formas tenues, como en el caso del pensamiento; en otras oportunidades, conformaciones más estables, como las hormonas y las moléculas.

Este sustrato bioenergético pertenece al campo de la pura in-formación. En realidad, se presenta como un campo morfogenético o un contexto de creación y posee una amplia gama de orientaciones hacia nuevas formas, sean éstas físicas, psíquicas o biológicas. La conciencia ampliada y la energía "danzan" en un mismo campo de indeterminación, esperando su transferencia hacia sistemas con un mayor rango de determinación. [5]

Existen experiencias realizadas con ratas de laboratorio a las cuales se las preparó para que accedieran a ingestas con sacarina y dosis no letales de inmunosupre-

---

[5] "Juego vital" donde los opuestos participan influyéndose; son estructurantes de cualquier lenguaje, y previos a toda estructura.

sor. Después se les dio sólo sacarina y las ratas murieron por el inmunosupresor. La memoria actuó letalmente sobre la química celular. El sistema es el mismo. Los trabajos de Simonton buscaron resultados opuestos con la imaginación. Lo subjetivo y lo objetivo conforman una relación de intertransformación estructural. Hemos señalado los mismos planteos desde el modelo de crisis vital, siempre y cuando podamos poner en crisis vital lo establecido.

Los genes —la imagen holográfica del cerebro— almacenan in-formación (energía) sobre el mundo simbólico de todo lenguaje, que abarca los sistemas humanos y facilita la capacidad autopoyética y de resignación de las viejas estructuras.

Las teorías psicoanalíticas freudianas y lacanianas dieron a este fenómeno una importancia fundamental, aun sin relacionarlas con los nuevos paradigmas. Lacan observa que siempre algo se tapa al hablar, objeto "a" imposible de terminar de significar. Se nos escabulle constantemente como un fondo oscuro y misterioso, casi inagotable ("análisis interminable"). Sólo *après-coup* podremos resignificar todo lo tapado con gestos, conductas o palabras. Así pues, al saber que esa resignificación no se agota, se pierde en el campo de combinaciones del "cuanto" energético de las partículas que constantemente nos nutren con la "vida", como un permanente "surgir" o "aparecer" (Heidegger), diluyéndose en la entropía del tiempo.

Nuestro error como psicoanalistas radica en sobrevalorar la libido que busca nuevos objetos, cuya finalidad es prolongar la entropía espacial, una entropía que se "enfría" hacia el futuro. Siempre se enfatizó la teoría de la pulsión francamente mecanicista, y no se desarrolló el germen "cuántico" del concepto de resignificación. Éste aporta una realidad distinta al surgir de ese algo tapado (objeto "a" de Lacan). En Freud, ese objeto "a" siempre posee un cariz misterioso: la castración entendida como límite o falta que nos diferencia con angustia. Más adelante, al tratar el inconsciente, volveremos sobre este punto.

INTERCONEXIÓN FÍSICA, BIOLÓGICA Y PSÍQUICA

Consideramos que la interconexión biopsicofísica tiene un alto grado de factibilidad, gracias a los nuevos paradigmas de la física y al modelo de crisis vital y, en particular, debido a su desarrollo respecto a la noción de inconsciente.

En primera instancia es importante estudiar la biología humana para luego intentar su interconexión con la psicología.

En los seres vivos, la autorregulación de un sistema constituye la estructura más próxima a la vida humana. En cambio, la autorreferencia o autonomía es una característica francamente humana. La forma autorreferencial del inconsciente (los sueños, por ejemplo) marca el límite entre lo biológico y la vida humana. Realizamos un salto cualitativo al ampliar —"acrecentando", observa don Juan de Castaneda— la conciencia dentro de un inconsciente cultural, pues nos *incluimos* en campos participativos sin perder autorreferencia. Esto es importante para nuestra teoría de crisis vital, ya que en esta coparticipación entramos en un campo indeterminado (desequilibrado), donde la energía cuántica (in-formación) nos dispone a la creación, pero sin perder identidad (autorreferencia).[6]

---

[6] En biología, cuando aumenta el nivel de in-formación (no hay objetos o formas), al incrementarse el campo de partículas, la energía moviliza fuerzas mecánicas y semánticas.

La "autorreferencia" no se configura respecto a un yo que controla, sino en relación a un "sujeto" singular capaz de reconocer y distinguir estímulos sólo vivenciales en contextos subyacentes más abarcativos. [7] Se moviliza un coeficiente de mayor libertad al salir de estructuras deterministas para poder entrar en otras indeterminadas. Cuando la referencia se establece con respecto a un sujeto liberado de los atributos inherentes a los objetos, [8] es cuando afirmamos que el yo está suspendido, desidentificado.

"Detrás de todo ente está el Ser", sostiene Martin Heidegger. Detrás de los atributos que definen o identifican a los objetos se encuentran los campos de la cultura viva, lugares donde somos parte de un todo que nos brinda la identidad. En esta "identidad grupal" subyace el ideal o valor inalcanzable, y no obstante orientador. Desde allí surgen "los vectores" que incursionan en la línea de mayor autenticidad y expansión del sistema, inclusión que nos hace protagonistas hasta del yo mismo (primer objeto de identificación).

Es por ello que el hecho de segregar saliva o tener taquicardia ante un estímulo también describe una señal y un descodificador. La diferencia de los descodificadores humanos —además de reaccionar— radica en que tienen la capacidad de crear, pero principalmente en que cuando organizan el campo energético crean su propia identidad.

El modelo de crisis vital emplea como medida lógica y cronológica el primer año de vida del niño. Se parte de la suposición de que, al nacer, el organismo inmaduro e indefenso del bebé se encuentra en un estado de simbiosis

[7]   Sub-jeto significa: debajo (sub) de lo aparente percibido como externo o determinado. En otros textos lo hemos denominado "sujeto de experiencia" o "sujeto abierto".

[8]   Crear es una cosa, fabricar es otra. Crear es dar sentido a las cosas en un acto libre.

dinámica, en el cual la percepción no está aún desarrollada. Sin embargo, es capaz de registrar la experiencia de los tres primeros meses, de una manera similar a la que ya hemos señalado: la autorreferencia creativa con identidad. Al carecer de yo, no se relaciona con objetos; vive una experiencia de "reconocimiento" a través del cuerpo que se vivencia como singular y parte de un todo.[9] Este sentimiento abarca un campo autorreferente, donde se incluyen todos los niveles: biológico, psíquico, cósmico y ecológico (identidad grupal).

El infante, desde su nacimiento, posee un descodificador acorde que le permite crear su mundo imaginario y registrarlo holográficamente. Capta con el cuerpo globalidades que lo contienen, y las descodifica para ordenarse internamente.

No nos referimos al cuerpo anatómico —del cual el bebé no tiene la menor percepción— sino al cuerpo vivo que los fenomenólogos (entre ellos Merleau-Ponty) llaman corporeidad. Este cuerpo vivo está incluido en el cuerpo de la madre, que simbólicamente descodifica la familia y la cultura. Se crea así un sistema amplio y autorreferente con un alto potencial creativo, que consiste en una estructura similar a la disipativa, en la cual lo experimentado es vivido como "aparecido". Adviene, pues, desde un futuro como "la flecha del tiempo". Lo más importante es que el espacio no sea privilegiado (no hay yo y objetos); sólo existen ritmo, tiempo vivido y reconocimiento de un ámbito que brinda identidad. Esta identidad refiere a un sujeto, partícipe de una cultura viva a través del ámbito familiar. Entonces, es el reconocimiento de una identidad participativamente, que es el cuerpo vivo, es decir, el que vivenciamos, no el que "tenemos" como objeto.

[9] Vivenciarse como singular y parte de un todo —que les da identidad grupal— es "participar".

97

Este *infans* permanece, durante un largo período, en estado de asombro. Todo es in-formación, estado poético y creativo, donde la paradoja es un estado natural, pues no hay respuestas racionales sino psicobiológicas. El encuentro presenta un movimiento de diferenciación de las partes pertenecientes a un mismo campo dinámico, en el cual la relación es reemplazada por las "funciones". Esto es, que el conjunto está "en función" del resto. Un cuerpo vivo que convive con una cultura viva indeterminada, donde principia un lenguaje vivo y creativo cuya finalidad es dar sentido y plantear semánticas. Este registro holográfico se realiza en el cerebro derecho: [10] la vida interna en interconexión con el inconsciente cultural (aún no se ha mielinizado el cuerpo calloso ni el polo distal de los nervios que permiten la percepción).

Desde este cuerpo vivo descodificamos lo vivenciado y desarrollamos la imaginación creativa, que no "habla" de algo ausente (representación) sino que hace presente la experiencia en una imagen. Es un valor que, como dice Nietszche, "simboliza la vida". La palabra surgida desde ese contexto será viva y creativa; dará cuenta de la irrupción del tiempo como límite de lo inconmensurable, en definitiva, el misterio que nos embarga como prístina fuente inagotable de donde emerge la vida, una vida que supera la misma entropía.

Cerebro vivo, lenguaje vivo, cuerpo vivo... descripciones que se aproximan a lo vital del hombre. Esta reflexión es similar a la que hemos realizado en otros capítulos con respecto a la física cuántica, en donde observamos que el

---

[10] El cerebro derecho es la sede del pensamiento analógico. Este tiene primacía antes del tercer mes cuando se desarrolla el cuerpo calloso que lo une al cerebro izquierdo (sede del pensamiento digital). En ese momento, además, se termina de mielinizar el polo distal de los nervios periféricos que nos comunican con el exterior (percepción).

cuanto de energía distribuido entre las partículas se interrelaciona con un holograma cósmico.

El tiempo multiplicador surge como un elemento privilegiado sobre el espacio tranquilizador que suma, privilegio que significa un cambio fundamental. La entropía pulsional basada en la segunda ley de la termodinámica se agota desde el pasado hacia el futuro. A medida que transcurre el tiempo aspiramos al surgimiento de la vida, a un emerger de la energía como acontecer que se repite "en cada primavera" y que coincide con la libertad del hombre, desidentificado de todo objeto y atributo semántico; contexto de creación donde el hombre "semejante a Dios" continúa la labor a partir del "octavo día de la creación" (Berdiaev, 1970).

En conclusión es la totalidad de las imágenes que plantean una nueva actitud humana, donde la conciencia ampliada nos hace responsables y protagonistas del destino de todo el universo, sin olvidar el propio.

Esta ligadura intrínseca con la vida misma nos conciencia sobre nuestra impostergable tarea de obrar como transmisores. Dejemos a D. H. Lawrence subrayar lo afirmado en su memorable poema:

Somos transmisores

Mientras vivimos somos transmisores de la vida.
Y cuando dejamos de transmitirla, la vida deja
de fluir por nosotros.
Esto es parte del misterio del sexo, es un flujo hacia
adelante.
La gente asexuada no transmite nada.
Y si cuando trabajamos, podemos inyectar vida a lo
que hacemos,
vida, más vida nos invade, nos inunda y compensa,
nos alista,

y vibramos con vida a través del curso de los días.
Aunque sólo fuera una mujer haciendo torta de
manzana, o un hombre creando una silla,
si la vida entra en la torta, buena es la torta
buena es la silla:
contenta la mujer, con fresca vida manando en su
interior,
contento el hombre.
Da y te será dado
es todavía la verdad acerca de la vida.
Pero dar vida no es tan fácil.
No significa entregarla al primer miserable, o dejar
que los muertos en vida te devoren.
Significa propiciar el fuego de la vida donde no lo
había,
aun cuando sólo fuera en la blancura de un
pañuelo lavado.

EL INCONSCIENTE VIVO O CULTURAL: LO BIO-PSICO-SOCIO-COSMOLÓGICO

Hemos planteado que básicamente somos "transmisores de la vida". Una vida simbolizada por "los valores" de la cultura que operan como organizadores de las decisiones del acto existencial, es decir, el primer "acto" cuya finalidad radica en forjar un mundo, en crear un ámbito o campo que nos dé identidad. La biología puede descodificar vivencias de campos participativos. Esta situación le permite la integración con estos sistemas autorreferentes humanos; y en su labor conjunta con la física, ambas constituyen lo que denominamos "cultura viva".

Empero, para lograr esta integración es necesario contestar a la pregunta siguiente: ¿de qué vida hablamos? La vida tal cual la entendemos desde el psicoanálisis:

pulsión sexual que busca la descarga, a partir de la tensión displacentera en aras del placer. Sin embargo, ésta es una postura propia de la visión mecánica-determinista que sostenía la ciencia de aquella época; inconsciente determinista desde la pulsión y sus dinamismos, y que más tarde Lacan desarrollaría según las leyes del lenguaje.

La sexualidad humana se caracteriza por sus rodeos a través de la fantasía. Ésta permite "esperar" la descarga pulsional por intermedio de una "novela", mediante la cual sublimamos lo que biológicamente sería mera necesidad. No obstante, el determinismo biológico subsiste en la fantasía, aunque se encuentre en el nivel humano de la autorreferencia a un yo, lo que nos sitúa en una postura pesimista acerca de la vida, donde sólo nos resta dar "rodeos", como propone Freud, al lento e inexorable camino de la entropía; "la vida" se encuentra en permanente expansión.

El hecho de ser "transmisores de la vida" traslada la autorreferencia humana más allá del yo. Es la cultura viva que se encuentra en el "sujeto existencial", como referente abierto a las totalidades dadoras de sentido (no objetivadas). Allí la psicología forma parte de una unidad significativa juntamente con la biología y la materia, fenómeno que es objeto de estudio de la física y la cosmología.

¿Cómo se puede hoy afirmar que la materia viva nació de la materia inerte?, ¿que la vida nació de la no vida?

Sabemos que la materia viva tiende a una mayor organización, es decir, posee una cualidad menos entrópica, y que ésta sobrevivió a la ley de la entropía creciente, la cual tiende hacia la inercia. ¿Estamos, pues, inmersos en un sino inexorable?

Actualmente la nueva termodinámica no lo entiende así. Si existe una expansión del sistema, siempre se crean nuevas organizaciones que señalan la presencia de la vida en permanente generación, conviviendo y participando con la desorganización inercial de la entropía. La creación de un nuevo orden se presenta en todos los niveles de la materia. El hecho de que dos átomos de hidrógeno se unen a uno de oxígeno para formar una molécula de agua nos da la pauta de que existe una organización. Esta reacción química produce además la emisión de fotones lumínicos, que se propagan hacia el espacio intergaláctico, lo que implica un desorden entrópico.

"En un universo estático tales fotones recalentarían progresivamente la atmósfera, amenazando la vida (Reeves, 1992). Y en un cosmos en expansión, la creación de vida y el acontecer humano se encuentran garantizados. Al expandirse el universo la entropía continúa, y también la creación de vida, debido a que las estructuras se desequilibran (caos) generando otras nuevas.

También se halla en la materia inerte el principio fundamental de la estructuración de los organismos vivos, es decir, una combinatoria investida de propiedades emergentes, no sólo de los elementos previos sino de sus asociaciones (el agua no es hidrógeno ni tampoco oxígeno). La naturaleza emplea esta combinatoria lingüística desde hace quince mil millones de años. [11] Sin embargo, primero los químicos en el siglo XIX y luego los físicos en el comienzo de nuestra centuria lograron descubrir esta estructuración lingüística. Por lo tanto, los átomos obrarían como letras en relación con las moléculas, éstas actuarían como palabras y, a su vez, las células serían "frases", y así sucesivamente. Del mismo modo es oportuno hablar de un nuevo alfabeto en relación con la física. Podríamos intuir la existencia de relaciones lingüísticas

[11] Época donde se cree que tuvo lugar la primera explosión que originó el universo [big bang]. Párrafo inspirado en Reeves.

donde los átomos serían frases en relación con los nucleones, y éstos "palabras" en relación con los quarks (¿partículas elementales?), que actuarían como las "letras" del alfabeto. De forma similar a la pirámide del lenguaje-letras, palabras, frases, "novelas", etcétera, es factible integrar la estructuración del lenguaje —diferencias, oposiciones, semejanzas—, las que se interrelacionan según ciertas leyes. ¿Acaso los colores o sonidos elementales no se "complejizan" hasta conformar un cuadro o una sinfonía? Lo importante es que al rescatar la base lingüística del universo, su combinatoria con propiedades emergentes no es necesariamente creadora. Se requiere un espacio de libertad donde convivan el azar y la necesidad.

"La pirámide de la complejidad edificada en el curso del tiempo" (Teilhard de Chardin, 1954) se ha podido estudiar gracias a la detección de la "irradiación fósil", la cual se emite desde hace quince mil millones de años. Esto ha permitido descubrir el movimiento expansivo y orientado de las galaxias. Herbert Reeves, retomando este pensamiento, nos dice que "el universo se ha salvado del equilibrio estéril por la velocidad de su enfriamiento (...) La diferencia de temperatura está vinculada al fenómeno de expansión y en particular a la instauración del desequilibrio", y agrega que "sólo en las situaciones de desequilibrio la existencia de los horizontes predictivos (donde no se puede predecir) puede conducir a algo nuevo (Reeves, 1992).

Volvemos, pues, a nuestro intento de integrar al hombre en su cosmos y ecosistemas biológicos, donde desarrolló su historia a partir del "emergente" humano, cuya inteligencia y poder creativo regían la expansión del universo. Participar de esta fuerza vital es lo que nos permite anhelar permanentemente la búsqueda de un sentido que oriente el significado de la vida social. Hablamos de una vida concreta que para emerger necesitó de un sistema propio —cualitativamente diferente—, pero sin perder la continuidad de su poder creativo. La cultura viva está abierta a lo ecológico y cósmico; no obstante, también tiene sus fronteras antropológicas, sin las cuales el hombre no accedería a su cualidad social.

FRONTERAS (NO LÍMITES) ANTROPOLÓGICAS DEL INCONSCIENTE CULTURAL

Los descubrimientos antropológicos de los famosos "niños lobos" demuestran cómo ese potencial —si no está sostenido por un cuerpo vivo familiar— no puede por sí solo poner en funcionamiento el inconsciente cultural propio del hombre, donde la biología, la física y la psicología se encuentran formando parte de una identidad grupal. Estos niños, que crecieron fuera de la cultura, sobrevivieron gracias a la intervención de una loba o mona que les ofreció un ámbito biológico animal. En realidad, esos niños son una naturaleza que no logró integrarse con la cultura. La información no pudo ser descodificada inconscientemente desde un sistema específico antropológico.

Los infantes crecieron como pequeños animales y fue imposible reeducarlos, capacitarlos para vivir y morar en la cultura. Todos murieron a la edad promedio de los animales que los criaron. La "simbiosis dinámica" (Fernández Mouján, 1987) funda el ámbito cultural a partir de los cuatro valores antropológicos de la cultura que funcionan como parte de un todo. Entidades imposibles de ser identificadas y delimitadas rígidamente; ellas son: la función paterna o diferenciadora, la materna o integradora, la filial o libertad creativa, y la "falta" que angustia. En otros términos, existe una conciencia de diferencia que ordena (la ley), una contención que une (afectividad), vida que se proyecta, y misterio o muerte que angustia. No son arquetipos, ni ideales identificatorios; son valores de la cultura que subyacen en todo objeto por más arcaico que sea. Forman parte de la capa germinal o inconsciente cultural junto con los descodificadores biológicos incluidos en el cuerpo anatómico, trabajan para descodificar en lo corpóreo sutil o vivo sin fronteras, en suma, tal como describimos la simbiosis dinámica.

Cuando asumimos una crisis y la transformamos en vital, la estructura objetal que sostenía nuestra identidad yoica y psicosocial pierde vigencia, y la duda se vuelve existencial. Nos incluimos en un sistema inconsciente indeterminado, aprovechando los momentos del yo suspendido. Entonces se abre un campo de "cuanto" de energía o participación vivencial que despierta el anhelo de identidad. Esto sucede porque se han cambiado los parámetros que definen los límites del yo y aparece otro límite: "la falta". Falta que recrea el vacío interpelador del sentimiento de identidad o "idea reguladora de sí mismo".

Inmersos en la identidad grupal no hay forma de percibir las diferencias entre lo que es propio del ambiente y lo que experimenta el organismo.

Los seres humanos no tienen acceso al propio campo cognitivo desde fuera. Por lo tanto, es necesario recordar que los propios procesos cognitivos deforman lo observado; es por ello que planteamos la idea de un campo —la identidad grupal— donde no exista una diferencia perceptual entre el observador y lo observado. La primera diferencia no es perceptual ni susceptible de identificación; consiste más bien en "reconocer" la identidad que nos hace, por ejemplo, autorreferentes e incluidos en un ámbito familiar.

Hasta ahora hemos definido esta dimensión del inconsciente como una cultura viva, un campo de valores y de símbolos de la vida que vivenciamos como sujetos de una "identidad grupal" que nos brinda "reconocimiento" y, fundamentalmente, convivencia con la capa germinal o poiética de donde surge o adviene la energía vital de transformación (in-formación) que superará el innegable camino de la entropía.

El inconsciente que describimos coincide con "la *fisis*" de los antiguos, entidad donde el hombre continúa con la creación del mundo. Trascendemos el inconsciente dinámico cuando destrabamos la energía oculta (reprimido) que desgasta, y la globalizamos como "poder" de creación.

Así, alentados por lo que hemos reflexionado —y basándonos en dos grandes pensadores del psicoanálisis, Freud y Lacan—, nos arriesgamos a intentar una redefinición del inconsciente y lo imaginario. Una redefinición fundamental para comprender los capítulos próximos sobre la creación y la cura.

A partir de la conocida frase de Freud "hay comunicación entre inconsciente e inconsciente", al referirse a la relación terapeuta-paciente, y la sugestiva sentencia de Lacan "el cuerpo es telepático", es posible avanzar y afirmar que ambos autores prescriben que "el inconsciente no es ni puede ser un dominio cerrado". Este concepto ya lo planteamos a partir de los nuevos paradigmas de la física, y no es otra cosa que el gran campo morfo-genético que postulamos. Un campo participativo biopsicofísico en convivencia instantánea por la alta velocidad de las partículas energéticas vitales, que fluyen como "cuanto" de in-formación, y en cuya "colisión" la vida se multiplica en el tiempo. Ritmo propio que resuena en todo el campo, no para ser oído sino intensamente vivido. Inconsciente cultural que se extiende a lo cósmico, donde la totalidad es onda, ritmo, simpatía y resonancia.

No estamos sólo ante un inconsciente determinado por la dinámica de la pulsión y sus destinos; tampoco ante un inconsciente determinado por un lenguaje. Estamos intentando definir el sustrato de estas conceptualizaciones. En este campo, todo es resonancia y circuitos de resonancias, donde puede o no acontecer la simpatía y la creación. Como veremos, esto no niega lo anterior sino que lo incluye en un inconsciente cultural, cuyas "vibraciones" convierten en análogos la conciencia, la onda de energía o la inquietud vital.

5. INTEGRACIÓN PARADIGMÁTICA ENTRE FÍSICA CUÁNTICA Y CRISIS VITAL

El hombre de ciencia, al estudiar el mundo subatómico, ha encontrado un "vacío" lleno de partículas en permanente movimiento; estas partículas adquieren una velocidad que supera los parámetros de nuestro mundo, basado en un espacio cuantificable y determinista. En este nivel molecular las velocidades convierten el suceso interaccional en un fenómeno casi inexistente, pues todas las situaciones aparecen como simultáneas. Todo acontece, pues, al mismo tiempo; los fenómenos coexisten permanentemente. Algunos denominaron este aspecto "caos vital", porque en él vida y muerte se conjugan en un equilibrio que cambia los límites del sistema. Es un campo de resonancia que implica la existencia de una pura interacción sin confusión, el *inconsciente cultural*, generador de formaciones y transformaciones debido a la alta temperatura que acelera los procesos vitales de destrucción y creación de nuevas formas portadoras de energía e información.

EL CAMPO Y LA MIRADA

Cabe pues, la siguiente pregunta: ¿qué lugar ocupa un observador en este campo? Obviamente, no hay un espacio desde el que sea factible observar. Sólo existe el campo morfogenético —o espacio vital— donde el tiempo ya no puede ser medido por el espacio. Éste se encuentra dilatado como un "todo" por la enorme velocidad que aproxima las distancias. De este modo, sucede un fenómeno holístico en el campo, que permite captar simultáneamente al conjunto como una totalidad de la cual participamos.

Este campo se halla en permanente transformación, superando la fuerza entrópica degradante —enfriamiento y uniformidad— por otra de índole creadora. La disipación del campo origina nuevas diferencias y, por lo tanto, vida: fenómeno de degradación y creación que se repite cíclicamente. Es el regreso a una situación originaria donde nacen nuevas formas de vida, la "flecha del tiempo" cuya finalidad adviene desde el futuro hacia un pasado que lo degrada y supera así, con el acto creativo, la entropía por autotransformación del sistema. Fluctuación e inestabilidad creadora del campo, el cual produce sistemas abiertos y expansivos.

Es importante intentar una explicación similar para el momento culminante de toda crisis vital. De esta manera, será posible comprender la correspondencia de paradigmas, y podremos esbozar la concepción de un psicoanálisis holístico como sistema abierto no determinado.

La "onda guía" del nuevo paradigma, como lo hemos planteado, surge del profundo cambio de la concepción del mundo que llamamos realidad.

El ideal de la ciencia siempre se caracterizó por la exactitud. Esta precisión se fundamentaba en la razón lógica, la experimentación y el control de causa y efecto. El hombre es principalmente un atento y curioso espectador; un ser en búsqueda de explicaciones y causas que lo tranquilicen ante lo desconocido y le permitan elaborar un conjunto de creencias con cierto sustento de estabilidad. Estos postulados se han ido convirtiendo en prejuicios, que sostienen determinadas estructuras ideológicas de poder y fomentan la idealización de metas asumidas como verdades incuestionables.

Cuando nos vemos obligados a enfrentar una crisis a consecuencia de los desajustes creados por uno mismo y en la convivencia con los demás, nos hallamos ante una angustia motivada por la pérdida de la seguridad y el control. Una pérdida de la exactitud, acompañada de una marcada confusión acerca de aquello que nos es dado ver; en suma, pérdida de todo justificativo racional frente a lo desconocido y lo inexplicable. Esta situación representa el derrumbe del paradigma de la cultura científica, impregnada por la visión de un mundo mecánico (término éste que no implica un sentido peyorativo).

Es la angustia que se manifiesta como "el mundo que se nos viene abajo". Esta frase coloquial posee sentido común, pues "el mundo" es la construcción racional que hemos hecho con lo percibido y experimentado. Si adherimos a la conocida reflexión de Descartes "pienso, luego existo", en primera instancia dividimos la realidad para luego transformarla en una idea que la represente. Una vez que la descodificamos, se intenta hacer de la razón y su acción concomitante el más fuerte aliado del yo que objetiva para controlar.

Podemos decir que la angustia que sufre el yo ante la inminencia de una crisis se produce porque siente cuestionadas sus relaciones con una realidad que, si no logra dominarla, lo amenaza. *No percibe aún que esa amenaza surge en gran medida de su propia forma de enfrentarla. El error consiste en separarse de ella como de algo extraño.* Sólo así puede explicarse la explotación del hombre y la naturaleza por el hombre, en un violento descontrol. Si el espacio y el tiempo están ahí, independientes, el yo tiene que agotarlos rápidamente y abarcar la mayor cantidad de objetos (consumo, ideas, poder, los otros).

Estamos tan prietamente encerrados en el mundo que hemos creado con nuestras palabras, que "hasta los mismos procesos de pensamiento llegan a depender de la semántica" (Talbot, 1986). La entropía del lenguaje está tan incorporada a nuestra cultura que cada vez tendemos más a la uniformidad: teorías "verdaderas", religiones "únicas", ideologías "salvadoras", etcétera, que funcionan como refugio ante el riesgo que corre nuestra libertad.

Cuando nos encontramos en crisis decaemos, y sentimos una angustia particular que entonces podemos delimitar mejor. Dejamos de disociar la realidad percibida en el momento en que falla la representación que guía nuestro juicio. Al "dudar", se confunde aquello que pensamos y vivimos. El yo, para salir de esta confusión, trata de evitar la crisis exagerando aún más la percepción dual de la realidad. Intentará, pues, mudar su forma de pensar, seguir el curso de la moda, someterse al mercado y a las presiones sociales o pasionales, cambiar de ambiente, llevar a cabo una cirugía estética o ideológica y, finalmente, se corromperá para ampliar su campo de dominio. Realizará entonces todo aquello que le permita mantener su visión del mundo, aunque ya no signifique un incremento de beneficio en su desarrollo. En definitiva, el yo aumenta sus defensas narcisistas, es decir, la imagen de un mundo al servicio de lo establecido, de lo seguro.

El psicoanálisis sostiene que esa angustia frente al cambio surge de un mundo fantasmático reprimido, un universo que amenaza con la desorganización del yo desde el inconsciente desconocido. Lentamente comienza a desorganizarse la estructura que mantenía al yo en una postura de controlador, de espectador lógico y racional, coherente con la imagen conocida, con la posibilidad de explicar todo intelectualmente, y abierto a seguir indagando las causas racionales que alimentaban las creencias.

La desorganización del yo no es otra cosa que la conmoción que sufrimos al vernos obligados a cambiar nuestra forma de ver el mundo. Y esa visión del mundo está sostenida por el paradigma de la ciencia que impera en nuestras creencias. La pretendida *objetividad científica* se encuentra viciada, aunque no lo admitamos, por una estructura psicológica que también ha sido alimentada desde un *colectivo social educativo*, determinado a su vez por un paradigma científico que orienta nuestro conocimiento. Ese paradigma no se halla separado de nuestras construcciones mentales.

El psicoanálisis —que ha permanecido al margen de los nuevos paradigmas—, sostiene, por ejemplo, que la curiosidad infantil por el sexo de los padres es un ingrediente fundamental para explicar las construcciones fantasmáticas. Estas construcciones movilizan la angustia de pérdida y la interpretación del efecto persecutorio que tiene en el psiquismo el miedo a lo desconocido.

Hoy sabemos que la curiosidad no se manifiesta tanto en el empeño por indagar causas o leyes que nos determinan sino más bien en la apertura a una realidad en permanente cambio que nos invita a participar de sus transformaciones. Esta situación será factible al ingresar en la realidad y al evitar una visión dual de ella. A partir de los nuevos paradigmas también somos capaces de comprender que lo desconocido no es ya una amenaza, como lo fue antes la entropía con su tendencia a la uniformidad y la estabilidad. El nuevo concepto entrópico marca un foco de *inestabilidad creadora* que permanentemente fluctúa. El futuro se presenta como el tiempo que adviene cuando se enfrentan y asumen las crisis vitales, por medio de las cuales recuperamos la inestabilidad creadora.

Las psicologías modernas se caracterizan porque viven hacia el futuro, tomando el pasado como una pesada carga que hay que dejar o superar, como un espacio absoluto donde los objetos-representaciones pautan nuestra conducta según ciertas leyes.

El conductismo, en ese sentido, ha exagerado estos resabios de viejos paradigmas de forma más aguda que el psicoanálisis. Más adelante veremos el efecto renovador que supone el vivirnos básicamente como tiempo y no como espacio.

El determinismo impregna la teoría sistémica, al sobrevalorar las estructuras que fijan conductas repetitivas. Así, es fundamental abrir este enfoque hacia lo *indeterminado subyacente*, indeterminación cuya finalidad consiste en ubicarnos en la escena como protagonistas, como partícipes de un todo que se desarrolla sin dramatismos.

El "enfriamiento" de un proceso lineal —en el desgaste de la energía (entropía)— influyó en numerosas teorías y conductas. Intentamos defendernos de un pasado y del futuro que indefectiblemente nos lleva a la muerte, con la pulsión que busca su descarga a cero o la libido en pos del objeto que tranquiliza al yo, simulando rodeos para prolongar el camino hacia el desenlace fatal. El conjunto de los fenómenos imbricados es un paradigma, cuya validez para la observación del mundo nos divide, pero incapaz de comprender los nuevos enfoques en los cuales la realidad se presenta como fuente permanente de energía. Forjarnos un inconsciente vital que nos empuje a transformarnos transformando un conocimiento de la unidad intrínseca donde participamos haciendo historia, y a intentar la existencia fuera de la cronología de los hechos.

Los viejos paradigmas son válidos para lo macroscópico, para aquello que es objetivable y controlable. Sin embargo, hoy nos sumergirían en una rigidez defensiva sobre todo cuando no nos atrevemos a indagar en planos más germinales que, en el modelo de crisis vital, denominamos *contexto de creación o campo participativo* de una identidad grupal. La física cuántica nos ha descubierto el mundo "invisible" de las partículas en las que se genera la energía vital. Son los *sistemas autopoyéticos*, como los denominan Maturana y Varela en el campo de la biología.

NUEVA VISIÓN DEL MUNDO

La causa que moviliza el umbral en toda crisis, cuando es vital, se debe al cambio de una visión del mundo por otra representación, es decir, abandonar una estructura ya caduca e inoperante para resolver el ritmo de la vida, por otra no conocida aún. En este pasaje, transitamos por un momento no medido, pero sí existente gracias al desapego (o desidentificación) de todo objeto percibido y controlado de alguna manera. Se trata, pues, de ingresar en este "momento" o "espacio vacío" de objetos, donde el tiempo supera todo intento de posesión y objetivación.

Es oportuno recordar que "crisis" significa cuestionamiento de una estructura de cualquier tipo (ideológica, religiosa, científica, psicológica, vincular, familiar), que ha completado un ciclo en el desarrollo de la identidad dentro del sistema que la conforma, y que estaba objetivada y controlada, más o menos equilibrada en su intercambio, con coherencia y con posibilidades de ser explicada en términos convencionalmente válidos. Además, consiste en un sistema que puede sufrir modificaciones en sus partes, lo que permite ciertas transformaciones.

El rodeo tranquiliza, la curiosidad por las causas, y más aún por la novedad, permanece viva, y lo desconocido puede ser explicado paulatinamente a medida que lo oculto se devela, como también las leyes que regulan el intercambio. Pero llega un momento del ciclo en el que lo vital subyacente pugna por encontrar nuevas formas que lo canalicen, y se manifiesta entonces la crisis. Ante ella hay dos caminos: aumentar las defensas exagerando aún más la vieja estructura, que adquiere mayor rigidez debido al aceleramiento de la entropía (desgaste); o asumirla plenamente, y así la angustia crítica es vivida con toda su intensidad. La duda racional, pues, se hace existencial. Es necesario además analizar en detalle esta angustia, que de persecutoria y depresiva se transformará en existencial.

La angustia se manifiesta frente a un hecho vivido como traumático, ya sea por cuestiones del presente o de un pasado reprimido. Es una "señal" que motiva al yo a defenderse de cierta "cantidad de energía", una energía que acaso lo "desbordará". Como se observa, consiste en una situación que se encuentra dentro de los parámetros de un paradigma mecánico, al cual le interesa objetivar, controlar y reconocer el fenómeno, en aras de determinar sus causas para actuar en consecuencia, es decir, de acuerdo con la razón.

Llega un momento del proceso crítico en que el yo abandona su mundo, o sea el modelo con el que explica y controla la vida. A dicho abandono lo llamamos *proceso de desidentificación* del yo, que acontece por irrupción de excitación (orgasmo): una interpretación liberadora, suspensión del yo, contemplación, momentos de suspenso, experiencias límite, etcétera. El psicoanálisis centró la importancia en los procesos de liberación de libido objetal, el cual tiene un coeficiente libidinal disponible para el cambio, pero dentro de un proceso de duelo o de sublimación que siempre incluye un trabajo de identificación.

El concepto de duda y angustia existencial, aunque tenga una franca inspiración filosófica, muestra en este desarrollo algunas implicancias que es importante aclarar. Edmundo Roca sostiene que "la filosofía de la libertad no confunde Naturaleza y Mundo: *natura* es un ente intramundano; *mundo* es espacio cultural. El hombre es en realidad mundo-hombre; sobre un campo de movimientos vitales se inserta el mundo simbólico de la cultura". Al modelo de crisis vital se han incorporado estas ideas a través del concepto de cultura viva o inconsciente cultural,[1] una realidad que el hombre incorpora, que reconoce como algo propio (no individual) antes de percibirlo y conocerlo como objeto. Durante este reconocimiento (el feto sólo reconoce, no percibe) recibe símbolos, ritmos, posturas, "esquemas de acción" (Piaget), imágenes holográficas, etcétera. En otros términos, es posible afirmar que se recibe in-formación.

La "duda existencial" está referida al reconocimiento de una experiencia participativa (parte de un todo sin dejar de ser parte) que no es objetiva ni precisa. Como no es percibida, provoca cierta sorpresa propia de todo cambio "de la lente". Se reconoce lo diferente en la existencia de una realidad sin objetos identificables y controlables mediante el pensamiento.

IDENTIDAD GRUPAL

En otras palabras, consiste en ubicarnos en un campo originario, desconocido para la percepción-conciencia; en una "capa germinal" que nos propone la duda de la iden-

[1] Esta idea será motivo de un mayor desarrollo en otro capítulo.

tidad conocida, al tiempo que reconocemos otra identidad desconocida por los sentidos, pero propia: la "identidad grupal". Siempre hemos afirmado, en el modelo de crisis vital, que en primera instancia somos grupo, cultura, parte de un todo que se vive con identidad.

Duda existencial no es duda racional o crítica de la razón, y menos aún duda obsesiva entre ideas en conflicto. Es la duda que lógicamente aparece cuando una experiencia se reconoce como una realidad diferente. ¿Es o no es la realidad?, ¿estoy percibiendo o estoy soñando?, ¿me habré vuelto loco o qué?, todos interrogantes *sostenidos* por un profundo reconocimiento de que vivimos despiertos en una realidad sin ninguna combinación psicótica del mundo representacional, el cual siempre busca certeza. No se trata de una certeza, sino más bien de la vivencia alcanzada gracias al reconocimiento de dos modalidades diferentes de un mismo fenómeno.

Vivimos situaciones que no se perciben objetivamente, sino que se captan a través del reconocimiento de una imagen holográfica que da cuenta de la totalidad y permite encontrar el sentido de esa experiencia original, creativa.

UNA CONCIENCIA AMPLIADA

Nos encontramos en el núcleo de una crisis vital, momento en que el yo suspendido, desapegado, suspende la percepción de la realidad objetiva. Se desidentifica, y alcanza a reconocer "otra realidad" a través de su conciencia ampliada. Vivencia [2] de una experiencia que se inicia,

---

[2] "Vivencia" es la traducción que realizó Ortega y Gasset de la palabra alemana *Erlebnis*. Es en la participación de la vida donde se realiza la génesis de la percepción.

se duda de su existencia, no de su presencia; esta presencia se reconoce —aunque con sorpresa— ante la nueva información que contrasta con el monto residual de la crítica de la razón; donde todo es lo que es, y también es diferente en relación con las otras cosas, es decir, lo que las cosas son y su coexistencia (en una conciencia ampliada, no onírica) con otra forma de ser. No sólo hay razones para dudar sino también para angustiarse; no por pérdidas (pues no las hay) o amenazas (que tampoco las hay) sino por lo desconocido, como campo de máxima posibilidad que sorprende debido a una información jamás descodificada por la percepción-conciencia. La duda y la angustia existencial dan cuenta de una vivencia, que en tanto sujetos experimentamos holográficamente. La riqueza de esta experiencia consiste en darnos cuenta del encuentro entre la naturaleza y la sociocultura, encuentro que, como veremos, desborda el tiempo y el espacio de la geometría mecánica. Este "encuentro" no es una relación yo-objeto o sujeto-objeto, sino la participación en un campo que brinda identidad a través del reconocimiento. No constituye, pues, una angustia o duda conflictiva. Consiste en lo que llamamos la *incertidumbre propia de una conciencia ampliada*; "encuentro" que participa desde un campo indeterminado como lo es la cultura viva o inconsciente cultural, y que existe porque lo hacemos existir, y existimos porque él existe. Realidad creada que también nos recrea al irnos transformando. *El hombre, en este paradigma, deja de ser efecto, reflejo del medio. Deja de ser pasivo frente al lenguaje. Su acción es interacción con un todo cultural vivo.*

El hombre es constructor por esencia, pero no sólo de una mente con afán cognoscitivo sino, además, constructor de "caminos", que como vectores orientan al mismo tiempo que son informados. La visión del hombre se amplía y salta las barreras económico-sexuales provenientes de la física mecánica. Se inspira en el mito como experiencia totalizadora del hombre, puente entre el cosmos, la naturaleza biológica y la cultura civilizada. *Si nos nutrimos de este inconsciente, la angustia no es movilizadora de defensas, sino de potencialidades creadoras.* El complejo "mundo-hombre" subyace, superando con su capacidad creativa a un inconsciente pulsional, curioso y amenazante por oculto (inconsciente freudiano).

PARADIGMA Y FÍSICA ACTUAL

Aquello que se nos impone a lo largo de estas páginas es el encuentro sustancial entre paradigmas. Indudablemente, según nuestra posición, el paradigma de la nueva física plantea un modelo semejante al de la crisis vital. En un primer momento, trazaremos sus características en forma general.

Todo modelo se sustenta:

1. En la pérdida de un tiempo y espacio absolutos, sin objetos plausibles de una determinada identificación y, en consecuencia, nos hallamos incapaces de determinar las leyes que determinan sus movimientos.

2. En una materia sólida medible y movida por fuerzas provenientes de la energía que fluye sin pausa, provocando de este modo un calor que paulatinamente la agota (entropía).

3. En que todo está determinado por situaciones conocidas, y por espacios y tiempos aún no reconocidos ni recorridos.

4. Y en que junto a lo conocido cuyo papel es el desgastarse, está lo desconocido permanente cuya propiedad es el fluir diferenciadamente y el poseer una enorme capacidad creativa.

Durante la crisis vital —cuando la duda y la angustia existencial ya se han instalado— se despliega un "espacio" mítico fuera del tiempo y del espacio métricos, sin un yo que perciba e identifique los objetos. Es entonces cuando incursionamos en la dimensión "cuántica", al participar de un mundo insensible a la percepción-conciencia; un universo que se caracteriza por su capacidad vivenciable, y por la conciencia ampliada del cuerpo vivo que brinda identidad grupal. Sucede, pues, en nuestro modelo de crisis vital, que como "sujetos de experiencia" nos reconocemos como un "nosotros con el todo" (cosmos, naturaleza, cultura) cuya construcción protagonizamos desde un nivel originario: en definitiva, un contexto de creación o campo de máxima información.

No pretendemos observar y explicar causas sino más bien contemplar y movilizar vectores que orienten las nuevas estructuras. Se trata de percibir una imagen simbólica que capte holográficamente lo experimentado. No son objetos en relación y conflicto; son partículas similares a las de la física cuántica que no podemos identificar, pues se manifiestan por momentos como ondas y en otras instancias como partículas. No es materia; es un "cuanto" de energía que no fluye uniformemente sino con diferencias. Es un "cuanto" que traslada in-formación. No obstante, lo más coincidente entre los modelos es que se trata de un campo creativo, morfogenético, en el que la energía cargada de in-formación es la misma, que como sujetos de experiencia reconocemos y vivenciamos antes de percibir. Es la vivencia de algo desconocido vital, pletórico de energía, que gracias a la conciencia ampliada nos permite participar hasta encontrar nuevas formas.

En este campo participativo, morfogenético o espacio vital se dan dos fenómenos muy particulares:

1. En el encuentro o colisión (como lo llaman los físicos) se produce destrucción y creación de nuevas partículas-energía vitales. La entropía sólo es temporal en el sentido de que tiende hacia el pasado; donde está lo uniforme, la descarga, la muerte, la pasión. Por otra parte, Prigogine descubrió las estructuras disipativas (creación simultánea con la destrucción) que David Bohm denominó "el vórtice" del mundo "implicado". Esta situación es la misma que planteamos en el segundo momento culminante de toda crisis vital, en la cual algo muere en lo profundo y también algo se crea.

2. El otro fenómeno que se presenta consiste en el empequeñecimiento del espacio por la alta velocidad de las partículas próximas a la luz. Un achicamiento que tiende a conformar una "línea" en dirección a la alta velocidad; en contraste con el dilatar del tiempo, el cual permanece casi sin espacio. Esto genera un campo totalizador donde se producen fenómenos simultáneos, como los holográficos y morfogenéticos. Al superarse la velocidad de la luz se rompe todo parámetro espacial, y el tiempo es lo único que aparece pautando los límites en los cuales se diferencia la in-formación que proviene del futuro (advenimiento), y se proyecta hacia el pasado: "la flecha del tiempo", de Eddington.

"Participar" del modelo de crisis vital significa que "todo tiene que ver con todo" en el "mundo implicado" de Bohm, donde el "cuanto" de energía informa al campo, convirtiéndolo en potencial. Es decir, un contexto creativo y morfogenético.

Es un campo de vectores que orientan la imaginación

creativa y el recorrido de partículas hacia nuevas formas. La energía, conciencia e imagen activa coinciden en un campo distinto del de los parámetros espacio-tiempo organizados y en equilibrio. Esta posibilidad se convierte en "acto existencial" cuando el campo participativo de posibilidades capta el símbolo vivo que organiza la imagen creativa. Este "acto" es la decisión en la que culmina la crisis vital, momento en el que del campo surge "el vector" que resulta de la intuición del sentido cristalizado en el "símbolo vivo", no representativo sino vivo, de todo el entretejido de partículas en plena ebullición. Allí conviven estructuras que se destruyen; y mientras otras surgen, de la misma manera que en las estructuras disipativas, "el vértice" del "mundo implicado" cambia el vector hacia lo "explicado". "El intercambio fluido entre electrones se produce más allá del tiempo", afirma M. Talbot.

EL ESPACIO-TIEMPO VIVO Y LOS LÍMITES

En nuestra labor como psicoanalistas la integración de los paradigmas de la física cuántica y termodinámica significó un aval para proseguir el desarrollo del modelo psicoanalítico a través de la teoría de crisis vital. El psicoanálisis sobrevalora el espacio donde "el límite" y "la falta" son algo que diferencian y evitan la uniformidad, es decir, "la descarga a cero" de la pulsión. Limitar significa reprimir, disociar, separar y diferenciar para que el yo tome distancia, reaccione y se defienda de la tendencia entrópica hacia el futuro o la muerte.

El tiempo y el espacio, con la teoría de la relatividad, se integraron como dos manifestaciones de un mismo fenómeno. El determinismo subsiste al conservarse un espacio-tiempo cuyo objeto consiste en mantener las variables de los *fenómenos localizados* como objetos, y éstos, aunque invisibles, se pueden representar por medio de señales que respeten las leyes de la separación entre objetos. Esto equivale a decir que "ninguna señal se puede transmitir más rápidamente que la luz". En definitiva, no se prevé lo instantáneo y lo impredecible del contexto creativo o las estructuras disipativas.

No obstante, esta situación significó reconocer, al menos en parte, que el tiempo incluye al observador en el campo y hace relativas sus observaciones. Cada uno tiene un ritmo propio y, por lo tanto, una visión del mundo personal válida, integrada por un límite superior inagotable e inalcanzable.

El límite resulta de real importancia en el campo que presenta la teoría de la relatividad, pues además de obrar como represor, intenta convertirse en un factor integrador.

En el presente capítulo se ha tratado de privilegiar al tiempo en su nueva dimensión fuera del espacio medible y controlable. El psicoanálisis cambia su perspectiva cuando varía el concepto de "falta" o "límite". La visión de la realidad se transforma cuando el tiempo es el que establece los límites (diferencias). El espacio, al dilatarse en demasía el ritmo del tiempo, comienza a no diferenciar y, en consecuencia, a permitir una percepción objetiva. Como ejemplo ilustrativo veamos el siguiente caso. Cuando observamos el Sol no sabemos con certeza si existe, pues su luz tarda ocho minutos y medio en arribar a la Tierra. Sólo después de ocho minutos sabremos si no "explotó" antes de que su luz nos haya alcanzado. Si el espectador observa la Tierra desde una lejana galaxia, no sabría si la imagen que recibe es la de los dinosaurios o la ciudad de Buenos Aires (espacio vivo o infinito). [3]

---

[3] Espacio y tiempo vivos son equivalentes. El tiempo vivo supone la disolución del espacio local medible. El espacio vital o "infinito"

Cuando el tiempo interviene como variable privilegiada, la totalidad se relativiza y se conmueve; el espacio se hace vital y expansivo. No llega al límite reprimiendo el derroche de energía (y toda la conflictiva asociada) sino abandonando todas las representaciones —aun las fantasías más arcaicas (Freud) o las imágenes más arquetípicas (Jung)— para ingresar en un campo de partículas donde la imagen es instantánea. En su momento de mayor creación es cuando las "imágenes partículas" desembocan en la estructura disipativa de la crisis vital.[4]

SURGE EL INCONSCIENTE CULTURAL

Alcanzar este nivel significa superar las dudas y angustias defensivas del yo, es decir, superar el miedo que fija las representaciones en un espacio (consciente o inconsciente). El espacio siempre tranquiliza al yo, acostumbrado a identificarse con los objetos. "Hay mundo rígido —sostiene Nietzsche— porque tenemos miedo." Cuando superamos el miedo, la angustia señal se transforma primero en angustia existencial, y luego en inquietud por vivir en lo indeterminado del inconsciente cultural, campo de posibilidades donde la imagen creativa ocupa el lugar de los fantasmas o el de cualquier representación o arquetipo.

Si "todo tiene que ver con todo" (no hay contrarios)[5],

---

supone la disolución del tiempo medible; "es como un telón de fondo que conserva las imágenes como actuales en algún lugar del cosmos" (García Morente, 1984). Lo realmente importante en el tiempo y el espacio es el concepto de "vital" que comparten ambos.

4 Heidegger denomina pre-comprensión al "poder de conocimiento" que condiciona la comprensión. Se manifiesta en el lenguaje difuso de los símbolos, que hemos denominado "imaginación creativa". Anteriormente, se llamaban "ideas innatas" o predisposiciones.

5 Freud confundió contrarios con contradictorios; estos últimos

todo convive en un campo inquietante. El equilibrio, por otra parte, es señal de que el espacio ha vuelto a reinar. En el contexto creativo, el amor y el odio, la vida y la muerte, el niño y el adulto, la naturaleza y la civilización, lo racional y lo irracional, lo objetivo y lo subjetivo participan del sentido de la vida que constantemente se recrea. Nada se niega, "todo es posible" en la imaginación creativa, justamente porque surge de lo indeterminado del inconsciente cultural.

CREATIVIDAD DE LA PARADOJA

Si buscáramos alguna situación del lenguaje que expresara lo que estamos desarrollando, posiblemente designaríamos la paradoja. Ella nos conduce directamente —cuando superamos la angustia que conlleva— a este inconsciente vital y creador que señalamos.

La paradoja no tiene un campo tan restringido como la contradicción; es más rica en potencialidad sugestiva y permite el juego imaginario con amplia libertad. No niega ni afirma; es absurda, vacía, interrogativa; nos desconcierta por la doble vía que sugiere, y finalmente nos abisma en la perplejidad. Siempre permanecemos en estado de asombro frente al hiato o vacío que "abre" ante nosotros. Cuando no ocurre así es porque el yo está aferrado a la percepción-conciencia de objetos tranquilizantes, que nos impiden alcanzar la dimensión humana de "sujetos participantes" de un todo vivencial. Entonces, el yo patológico lo asume justificando cualquier medio para lograr determinado fin. De este modo, es imposible conec-

---

suponen la negación. En "el inconsciente se ignora la negación", por ejemplo amor y no amor, odio y no odio. Lo *contrario* es amor-odio. Los contrarios lo son en la *definición*; los contradictorios lo son en el *sujeto*.

tarnos con la cultura viva y con nuestra capacidad creativa. Hoy soportamos una sociedad pragmática por antonomasia, que idealiza el espacio de poder socioeconómico y niega todo valor participativo.

La paradoja, en cambio, es "la vía" de acceso al espacio vivo o creativo. Supone una actitud modesta, desprejuiciada de teorías, abierta a lo desconocido. Un vacío o "espacio vital" fuera de toda medida, y germen de lo que más adelante desarrollaremos como "la cura por la creatividad".

Antes de terminar, daremos un ejemplo clínico de una situación en la que precisamente lo paradójico nos brindó su ayuda para encontrar una respuesta original.

Somos seres humanos con prejuicios y reaccionamos más allá de nuestra voluntad, alimentados por el odio o la simpatía. Es necesario, pues, cuestionar o suspender nuestro juicio a priori, y establecer en el aquí y ahora del campo terapéutico un vínculo anterior que permita un "sentir" más accesible y previo a las ideas. Es fundamental para ello poner en crisis todos nuestros puntos de vista y sumergirnos en el campo sin objetos. Un campo participativo de la experiencia inédita, sin observador, que sólo nos posibilita estar como sujeto de experiencia.

Una madre de 42 años comenta: "No pienso dar mi riñón a mi hijo. Yo misma le he dicho que se muera". Su hijo sobrevive gracias a la diálisis, y la única persona de la familia que tiene un riñón compatible es la madre.

Frente al inusual comentario de esta mujer, el rechazo es la reacción más lógica. Podemos hacer un esfuerzo intelectual y decir "no juzgo", para luego pensar en las razones que la llevan a sostener lo que afirma.

En el primer momento, nos dejamos llevar por sentimientos ligados a nuestra representación y que obran como prejuicios. En una segunda instancia, omitimos el sentimiento surgido de la lógica humanitaria y superponemos otra representación que evita el sentimiento de rechazo, lo cual equivale a reprimirnos.

La represión no constituye una solución, pues se trata de un campo inamovible entre el observador que juzga y el observado que es juzgado. Y, no obstante, se intentan reprimir los afectos que, en definitiva, obran sobre el observador.

En el primer momento, entonces, nos alejamos del paciente, mental y afectivamente. En el segundo, logramos comunicarnos mentalmente, pero no mediante el afecto. En ningún caso hay encuentro ni transformación terapéutica, ya que la representación que provoca semejante reacción de la paciente —el hecho de poner en peligro la vida de un hijo— permanece intacta en la mente.

Sin embargo, es interesante afrontar el comentario "objetivamente" cruel de la madre con una hipótesis justificadora, que se aproxime a la paciente de modo afectivo y comprensivo.

Una explicación posible consiste en que su resentimiento o miedo deben ser enormes para haberla llevado a decir una frase "aparentemente" tan cruel. En este caso, no reprimimos el sentimiento de rechazo sino que lo contextualizamos dentro de un marco que hace más relativa la relación con el paciente. Esta actitud de abordaje implica un acercamiento, pero no es lo suficientemente segura para inducirnos a creer que incrementa la comunicación con la paciente. Esto se debe a que en ella el aspecto cruel de lo afirmado se halla totalmente negado, y le es necesario mantenerlo disociado.

Se nos plantea, pues, una pregunta: ¿qué sucedería si dudamos de todos nuestros prejuicios?, es decir, si suspendemos todo juicio.

Al aceptar que la declaración de la paciente provoca desconcierto, esta confusión se extiende a toda la situación y nos sumerge en un fenómeno paradójico: nos encontramos ante una mujer que desea la muerte de su hijo, una madre que tiene en sus manos la única posibilidad de salvación para su hijo y que, sin embargo, se niega a hacerlo. Es decir, un caso que altera todos los parámetros lógicos conocidos.

Toda *paradoja* deja al yo suspendido, sin respuestas, sin objetos representacionales. Nos enfrenta con el "vacío", con algo jamás dicho; nos encontramos en los umbrales de un contexto creativo (no de descubrimiento). Un lugar de encuentro donde no hay relación de objetos, donde sólo existe la participación en una experiencia en la cual nos convertimos en sujetos, esperando el acontecimiento surgido de lo indeterminado.

¿Cómo puede la paciente llegar a enfrentar la paradoja? Hay una sola posibilidad: brindarle respuestas paradójicas; responderle de forma desconcertante, pues ella no duda de que su frase provoca un fuerte rechazo, una repulsión que excede las respuestas formales o lógicas.

Vivir la paradoja significa buscar el espacio "vacío" donde no hay respuestas sino interrogantes, aquí y ahora. Interrogar no es preguntar sino *entrar* en la duda total, enfrentar juntos la ansiedad ante lo desconocido y esperar que un hecho nuevo se produzca entre los dos. Algo que a ambos nos sorprenda y al mismo tiempo nos alivie.

Así solicitamos a la paciente que repita lo que afirmó sin pensar; entretanto nosotros haremos lo mismo. Nos dejamos conducir por nuestro estado de desconcierto inmersos en un silencio impresionante, un silencio que no pregunta ni juzga, en el cual "no se sabe nada". Poco después comenzamos a observar una mirada de temor en su rostro, que asociamos con la muerte, con nuestra muerte; y le dijo —inspirados en el don Juan, de Castaneda— que la encrucijada de la muerte es la oportunidad para dejar hablar al corazón, no al miedo en la decisión;

sólo así daremos lo mejor de nosotros, como si fuera la última vez.

Mientras el lenguaje continuaba siendo corporal, la respuesta no tardó en llegar. La paciente comenzó a llorar con un llanto no explosivo sino profundamente humano, que nos resultó natural compartir. Al terminar nos dijo: "Gracias, ya sé lo que tengo que hacer".

Al abandonar toda relación convencional e ingresar en un campo participativo ("el silencio"), lo rechazado y proyectado en el terapeuta vuelve "al campo", pero compartido. Esto nos permitió intuir junto con ella el miedo a la muerte propia antes que a la ajena. Lo enfrentamos juntos y la convertimos en "nuestra aliada", aquello que nos hace "dar todo y lo mejor de nosotros" como "si fuera la última vez".

La paciente, al recuperar, enfrentar y transformar su propia muerte, dejó de utilizar a su hijo como depositario de su miedo disociado y volvió a reconocerlo y amarlo.

Ambos salimos de un sistema estructurado por objetos identificables y compartimos un campo de valores, donde participamos de la muerte como "valor" (no objeto identificable) que brinda sentido a la vida concreta.

Y podemos evocar, pues, la famosa sentencia latina "*carpe diem*" (aprovecha el día).

El silencio

No digas nada, no preguntes nada,
cuando quieras hablar, quédate mudo
que un silencio sin fin sea tu escudo
y al mismo tiempo tu perfecta espada.

130

No llames si la puerta está cerrada,
no llores si el dolor es más agudo
no cantes si el camino es menos rudo,
no interrogues, sino con la mirada.

Y en la calma profunda y transparente
que, poco a poco y silenciosamente
inundará tu pecho de este modo,

sentirás el latido enamorado
con que tu corazón recuperado
te irá diciendo todo, todo, todo...

FRANCISCO LUIS BERNÁRDEZ

6. HACIA UNA NUEVA EPISTEMOLOGÍA

Hacemos ciencia para tranquilizarnos.
NIETZSCHE

EL CAMPO Y EL OBSERVADOR

A la psicología clínica —que abarca especialmente la teoría sistémica y el psicoanálisis— le es difícil aceptar un trabajo que privilegie situaciones en las cuales no existen causas que expliquen conductas, y donde el observador se halla incluido como uno más en el campo. Aceptar lo azaroso y la falta de objetividad es una experiencia que, además de formularla, hay que vivirla. Es necesario, pues, advertir que este nuevo fenómeno resulta fuertemente conflictivo para quienes han sido formados por una ciencia fundada en la física mecánica y en la lógica hipotética deductiva.

El hombre siempre ha idealizado la objetividad, la medición, la explicación lógica y, sobre todo —en el campo de la psicología—, la búsqueda de las causas que generan síntomas y conductas en el sistema inconsciente.

"Patear este tablero determinista" es como autosometerse a un proceso de crisis vital. Y esto es precisamente lo que acontece hoy en el campo de las ciencias.

La intención del presente capítulo, pues, es desarrollar lo nuevos paradigmas de la ciencia e incluir dentro de ellos un nuevo elemento: el modelo de crisis vital. A partir de nuestra propia experiencia, cuando publicamos nuestro libro anterior (1987) comenzamos, con cierto asombro, a estudiar los nuevos enfoques de la ciencia actual. [1] Esta experiencia nos llevó a creer en la existencia de los paradigmas como "formas" que se cristalizan más allá de cualquier frontera; como si existiese un gran campo morfogenético (Sheldrake, citado en Briggs y Peat, 1990) —el paradigma— en el cual se promoviera la aparición de formas análogas, las que "participan" del nuevo enfoque. En otros términos, se trataría de un sistema abierto de autotransformación, cuya finalidad es generar dentro de sí las "formas" que finalmente lo desarrollarán. Esto mismo lo podríamos formular a partir de lo que actualmente se conoce como niveles de conciencia ampliados, donde "todo tiene que ver con todo". Si es así, la aparición de formas análogas no implica un recorrido evolutivo ni cronológico, como siempre se sostuvo que progresaba el mundo.

UN CAMBIO DE MENTALIDAD

Este cambio de mentalidad se debe a varios hechos; a continuación, señalaremos aquellos que creemos más importantes.

1. La caída del Muro de Berlín es un símbolo de la "muerte de las ideologías", cuyo objetivo es dividirnos.

   La desaparición de las barreras ideológicas nos predispone a una *apertura de conciencia* sin prejuicios, que nos aproxima mucho más a "lo real".

---

[1] Agradecemos a Edmundo Roca por habernos orientado en el presente estudio.

La abstracción ideológica, como forma imaginaria pasiva, es un obstáculo para nuestro desarrollo creativo, más aún cuando pretende privilegiar el pensamiento racional por sobre la experiencia.

2. Un mayor descreimiento en "lo oficial" que socialmente detenta los valores de la cultura. Esta desconfianza recorre todas las instituciones: las religiosas, los sistemas educativos, el matrimonio clásico, la ciencia al servicio de intereses mezquinos e ideológicos, los servicios sociales pauperizados, la corrupción y la mediocridad de los partidos políticos, etcétera. Una enumeración que es posible incrementar fácilmente. Y esta situación resalta la necesidad imperiosa de poner en crisis lo establecido, para recuperar el *espacio virtual* que separa al hombre como sujeto de los objetos delimitados por la realidad social.

3. Ahora consideraremos otra razón de peso: la exagerada valorización de lo pragmático, que nos lleva a idealizar los medios —cuyo poder de calmarnos es muy grande— y a creer que ése es el fin buscado, para tranquilizar la mala conciencia y el miedo al cambio. Esto no es más que una pantomima; la última carta que juega el sistema, desesperado por conservar la cantidad, lo medible, lo objetivable, lo controlable, lo explotable y lo manipulable. Esta exagerada promoción del progreso y de lo pragmático ha llevado al progresismo y al pragmatismo que, como toda exageración, amplía la conciencia de lo más temido: la libertad. Sabemos socialmente que el machismo y el feminismo ocultan la verdadera masculinidad y feminidad. El fanatismo por el consumismo, exitismo, monetarismo y sexualismo no es más que la forma fija de ocultar el miedo a la libertad. La nueva con-

ciencia, en cambio, apunta al silencio, a la contemplación, a la espera, a la paz, a la ecología, al desprendimiento, a la autenticidad, aperturas a espacios solidarios con fronteras borrosas, no sólo entre ideas e individuos sino además con la naturaleza y con la dimensión cósmica.

4. Por último, la epistemología misma ha dado un salto enorme a partir del ataque frontal que recibió la inducción positivista. Ésta elaboraba generalizaciones desde lo particular empírico, configurando sus pensamientos a la experiencia perceptual con los objetos de la realidad.

La inducción positivista privilegia el objeto percibido, al cual aísla, diferencia y compara para poder designarlo desde el lenguaje. Mediante las ideas abstractas podemos reflexionar y generalizar lógicamente ("razonablemente"), y esta generalización nos aleja cada vez más de la realidad.

Fue Popper quien rescató la deducción en la ciencia (de lo general a lo particular). Incluso nos dice que lo general, desde donde se parte, también es criticable: "y si no es criticable es religión". Esta afirmación lo llevó a decir que si el psicoanálisis considera cualquier crítica como "resistencia", deja de ser una ciencia y pasa a ser una religión, en la que no pueden discutirse sus premisas.

La duda que sostiene Karl Popper no alcanzó la profundidad de la "duda existencial", que tiende a englobar la totalidad. La crítica de Popper es de índole cartesiana y se basa en dudar de toda teoría científica, es decir, enjuicia ideas pero no alberga dudas sobre lo percibido. Para Popper "no hay observación sin teorías"; en última instancia, no cuestiona la observación misma sino las teorías que la determinan, lo cual ya es mucho. Feyerabend afirmó que "no hay experiencia sin teoría", y así dio por tierra con las teorías científicas o filosóficas que pretenden monopolizar el camino hacia la verdad. De este modo, Feyerabend amplía esta verdad a toda experiencia que nombramos y generalizamos en un marco teórico. No niega, pues, lo que sostiene Popper sino que tiende a desarrollarlo, porque no sobrevalora la observación y preconiza la fantasía y el juego en el conocimiento. De ahí que se lo haya tildado de "anárquico", como un pensador que promueve el "dadaísmo" epistemológico. Lo realmente significativo para nuestro enfoque de crisis vital es el hecho de que Feyerabend parte de un supuesto similar: la experiencia viva.

Una crisis se transforma en vital cuando necesariamente parte de la duda existencial, pues no basta la incertidumbre racional; es necesario dudar de aquello que percibimos a través de los sentidos. Es por ello que la suspensión del yo se impone como condición fundamental y, por lo tanto, se extiende a toda relación entre sujeto y objeto. Nos referimos al *espacio* "misterioso" donde siempre algo "falta" y la lógica lo compensa con el pensamiento, el psicoanálisis con la fantasía, y el placer de la descarga y la física mecánica con elementos materiales.

Es importante darle a la duda existencial un lugar privilegiado en el nuevo conocimiento, pues nos libera como observadores y nos ubica ante la experiencia de vida, a un paso de la participación, actitud desprejuiciada previa a todo nuevo conocimiento.

Esta nueva mentalidad epistemológica supone un horizonte ensanchado entre el sujeto y el objeto, un campo con poder propio, generador de un interés vital que trasciende lo instintivo, lo pulsional o la simple curiosidad o interés por los objetos. A esto lo hemos llamado, en algunas oportunidades, "anhelo vital", y en otras, "anhelo de identidad".

No se ha comprendido adecuadamente a Nietzsche

cuando sostuvo el principio de la "voluntad de poderío", lo cual significa resaltar el "poder" que tienen las cosas, como lo señaló Mircea Eliade al plantear desde la antropología el valor simbólico que tenían los rituales para el hombre primitivo, en los que lo representado o dramatizado tenía fuerza propia. No es así en el caso de Strauss, quien afirmó la presencia de un salto de la naturaleza en la cultura cuando las palabras o lo representado tienen un valor simbólico, sin densidad propia; y cuyo sentido depende del lugar que ocupen en el discurso cultural, el cual oficia como código lingüístico para transmitir los mensajes, un pensamiento próximo a la verdad, pero excluyente de lo originario: la cultura viva.

EL LUGAR DE LA CULTURA VIVA

El hecho de que las cosas posean "poder" significa que obran, que no se conforman con "estar", que en ellas reside un interés o anhelo vital.

Hegel, desde la filosofía, sostiene que el estar de las cosas ("ser") no es "existencia"; ésta es, pues, contradictoria; en "el ser" todo está en equilibrio y la razón lógica lo califica con palabras. Para él "todo es contradictorio", y en consecuencia no hay verdades absolutas en la existencia. Y nuevamente arribamos al concepto de cultura viva.

Otros filósofos de la libertad, Heidegger y Kierkegaard, ofrecen un aval importante a esta apertura de la epistemología al espacio virtual de la experiencia viva. Martin Heidegger afirma que "antes de que las cosas *sean*, aparecen como *fenómenos*, es decir, como experiencia viva no perceptual; a partir de este aparecer es que la realidad se revela. Søren Kierkegaard plantea la duda desde un "interés pasional", al que también llama "prejuicio existencial"; para él existe una "primera pasión" sin objetos en pos de la existencia misma.

Lo que planteamos a partir de esta nueva epistemología es que *la observación*, más que rechazada, se halla ahora en su justo lugar; su importancia radica en que siempre conlleva un coeficiente de deformación causado por el observador mismo; un coeficiente que nos enfrenta con la duda existencial y nos permite el contacto con la experiencia vital o cultura viva. Dicho en otros términos: el hecho de colocarnos como sujetos ante un objeto conduce siempre a una interacción mutua que modifica a ambas partes. Es decir, de sujeto nos transformamos en personas, sabiendo que el objeto sólo es un límite que nos determina. Como personas nos colocamos en un campo participativo donde todos somos parte de un "poder" común que nos transforma: la vida misma.

Nos hallamos ante una epistemología cuyo punto de partida es la experiencia vital. Una disciplina que no busca la verdad como objetivo primario del conocimiento, sino que tiende a la autenticidad de uno mismo, inseparable de los demás, en aras de alcanzar identidad. Nuestra primera identidad no es del pensamiento, como creía Descartes ("pienso, luego existo"); tampoco consiste en la percepción, como creían los empiristas lógicos ("de la parte percibida a lo general pensado"). La primera identidad convive en la participación de la experiencia. Hemos denominado a este fenómeno, en nuestro modelo, "identidad grupal"; lo cual significa, en primera instancia, que somos grupo y a partir de ahí nos encontramos con nosotros mismos y con los demás. Todo "decir" acontece a partir de la intuición; ésta nos brinda la posibilidad de vivir gracias a la experiencia directa, que busca su símbolo orientador en los valores de la cultura viva: esto es, participar de la totalidad para encontrar lo particular en aquello que capta el pensamiento racional.

Esta situación, por supuesto, no se logra fácilmente. A los físicos subatómicos les demandó largas polémicas. Una de las más importantes fue la que sostuvieron Einstein y N. Bohr, [2] cuando el primero se resistía a aceptar una interpretación indeterminista del universo, donde el azar juega un papel fundamental.

LA "FILOSOFÍA" DEL PENSAMIENTO PRIMITIVO

Un pensador de gran prestigio, Lévi-Strauss, afirma en un reportaje [3] que "una de las diferencias esenciales entre la manera de reflexionar que tienen los pueblos primitivos y la nuestra es que nosotros tenemos necesidad de 'dividir'. Un pensamiento que se remonta a Descartes: dividir la dificultad en tantas partes como sea necesario para mejor resolverla. El pensamiento de los pueblos llamados primitivos recusa esta división. Para ellos una explicación sólo es valedera si abarca la totalidad".

Al final de la entrevista sostiene un punto especialmente impactante: "Escucho música todo el tiempo. Tengo la posibilidad de trabajar con música. Pienso mejor cuando la escucho. Me estimula. Pero no vaya a creer que es como telón de fondo. Hago eso con los dos hemisferios de mi cerebro. Se establece una relación contrapuntística entre la articulación del discurso musical y el hilo de mi reflexión. Difícilmente puedo trabajar sin música, excita el funcionamiento de mis células cerebrales".

En este importante pensador, es interesante observar, por un lado, cómo desde la observación establece la división para reflexionar (código digital) y, por otro, el trabajo

[2] Polémica realizada en 1920. En ella A. Einstein dijo su frase histórica: "Dios no juega a los dados".

[3] Realizado por Baron Supervielle, O., "La sabiduría del pensamiento primitivo", para *La Nación*, octubre de 1991.

que realiza para unir los dos códigos: el digital (hemisferio izquierdo) y el analógico (hemisferio derecho). Pero incursiona más allá, pues sostiene que sólo es factible pensar desde el mismo contexto que lo hacen los pueblos primitivos, es decir, a partir de la globalidad. El código analógico es el que nos permite comprender proporcionalmente la realidad (todo tiene algo de semejante). Asume lo cuantitativo con lo cualitativo, como lo hacían los pueblos primitivos y los místicos de todos lo tiempos, los poetas y los físicos cuánticos, los lógicos de lo difuso y los nuevos epistemólogos que parten de la duda existencial.

En el psicoanálisis sucede una situación similar. La vida se manifiesta como sexualidad, es decir, como "dividida", cuantificada; una vida que anhela la descarga a "cero", que realiza un rodeo para prolongar su existencia. Este rodeo se debe a un aspecto cualitativo, así como la fantasía que hace a los objetos de descarga menos deterministas y diferentes.

Para Freud, la vida es un rodeo a partir de una pulsión por la que el yo divide, sexualiza y controla. Pero la vida también es *lo inmediato*. Y como sujetos de experiencia ("previos" al sujeto hablante y oyente) captamos los símbolos culturales que nos posibilitan otra "lectura" vital, no científica ni racional. Esta lectura vital supone un momento participativo, indiferente a los objetos y a su diferenciación, trascendiendo así la percepción sensible. Un mundo simbólico —no representacional—, sin objetos, como la cultura viva que liga la totalidad a través de una imagen. Sólo de este modo creemos que la psicología y el psicoanálisis recuperarán el privilegio del símbolo vivo en el lenguaje: la lengua es un instrumento de lo simbólico-vivo, y no al revés, como creen muchas escuelas psicoanalíticas, especialmente la lacaniana.

Es oportuno señalar la importancia que tiene, en determinado nivel de indagación, la pérdida del observador y, por lo tanto, de la relación sujeto-objeto del conocimiento. Al no privilegiarse la percepción-conciencia, esta última (la conciencia) da un salto, trasciende los objetos y alcanza la globalidad del mundo simbólico, como campo de máxima in-formación. Si no existe la "forma", todo consiste en un conjunto de partículas de energía libremente extendidas y unidas por la autorregulación intrínseca de los fenómenos vitales humanos.

Nos referimos, pues, al conocimiento humano y tratamos de eliminar, en lo posible, los obstáculos epistemológicos que, como dice Bachelard, se encuentran "en el acto mismo de conocer". Esta nueva epistemología apunta al "acto mismo de conocer", previo a toda correlación yo-otro (percepción-acción, causa-efecto, sujeto-objeto), para lograr *incluirse* en contextos de máxima in-formación, en los que la percepción esté precedida por el *reconocimiento* (el feto reconoce, no percibe), como sujeto de una experiencia participativa. No se trata, pues, de referirse a uno mismo los estímulos, sino de la información contenida en los sistemas totalizadores, donde la *autorreferencia* se vuelve *coherente* a través del símbolo vivo, el cual sintetiza la vivencia experimentada como holística, previa a toda identificación. Al participar —antes que los estímulos y pulsiones sexuales actúen—, captamos la in-formación. La vida es energía más in-formación, y esta última se mide por el grado de asombro que experimentamos ante lo desconocido (Claude Shannon).

Para llegar a este sistema coherente, vivo y autorreferente, fue necesario deslindar los estímulos internos y externos, es decir, los estímulos que dan atributos a las percepciones (suspensión del yo). De este modo, se llega a una "identidad grupal" con el sistema, del cual la información se trasladará hacia nuevas formaciones que tendrán la autonomía necesaria para ordenar lo experimentado. Nos referimos, pues, al "acto mismo de conocer", sin prejuicios previos, de un sujeto libre y capaz de generar conocimiento.

La capacidad de inclusión, en estos contextos creativos o sistemas de pura in-formación, es exclusivamente humana, como lo es también la capacidad de autorreferencia, que dará autonomía y apertura a otros sistemas más observables, controlables y medibles.

Nos encontramos ante una biología humana en la que los circuitos fisiológicos y pulsionales se relacionan con contextos ecológicos, y estos últimos, con simbólicos culturales. En ellos, el símbolo vivo capta la nueva in-formación que convertirá la autorreferencia psicosocial y orgánica en autorreferencia subjetiva con capacidad creativa. Esta inclusión de los sistemas de autonomía en el conjunto del sistema ecológico humano permite nuevas combinaciones con un hilo conductor que otorga identidad. Cuando la identidad del yo se desintegra, su estructura se incluye en otro sistema más abarcativo: la "identidad grupal"; un "nosotros" que hace más tolerable lo que hemos denominado "duda existencial". De este modo, sin perder coherencia, se transforman las estructuras (se pasa de la identidad del yo a la identidad grupal) y aumenta la capacidad de integración entre la instrucción genética, pulsional y la in-formación de un inconsciente cultural (que incluye lo cósmico), al cual llamamos "lo real".

En conclusión, intentamos integrar dos epistemologías:

1. La primera se basa en la *lógica de la correspon-*

dencia (Varela y Maturana, 1982). Ésta privilegia lo observado en aras de integrarlo con el pensamiento o la teoría; un pensamiento que dará coherencia racional a través de la reflexión de lo representado. Se trata entonces del desarrollo de una verdad que evoluciona. Lógica de correspondencia entre yo-otro, conocimiento-mundo objetivo, percepción-acción, causa-efecto.

Pero al valorar la capacidad de autorreferencia del ser humano y su inclusión en contextos no objetivables por la percepción, es además importante destacar la in-formación transformadora del sistema, cuya característica es la coherencia consigo mismo. No se trata, pues, de "reflejar" la realidad en la forma más objetiva posible, sino de captar previamente la in-formación de la cultura viva.

2. Cuando observamos el mundo psicobiológico y físico en un marco ecológico —con un sentido cósmico totalizador—, se plantea la necesidad imperiosa de un nuevo paradigma, que tienda a operar con unidades autónomas (campos, sistemas abiertos, contextos), que *transforman* (no sólo adaptan) las estructuras y mantienen la coherencia del grupo en vías de desarrollo. Esta *lógica de la coherencia* privilegia una búsqueda de la autenticidad (no tanto de la verdad) para incluirse en contextos cada vez más amplios, cuyo objetivo es informar, posibilitando una opción más libre de la visión del mundo (creación). El hombre no se encuentra encadenado al lenguaje. Además de recibir, elabora formas. Si la experiencia es vital, *el acto existencial* dará cuenta de esta capa originaria. Un fenómeno análogo al que hallamos dentro del nuevo paradigma, donde se despliega

la ciencia actual: prueba de ello son las orientaciones que hoy manifiestan conceptos tales como física cuántica, subatómica, ecosistema, campo morfogénico, identidad grupal, cultura viva, paradoja, sistemas abiertos, etcétera. Estos conceptos modernos además confluyen en diversas ciencias y modelos teóricos, como por ejemplo el caso de la cibernética.

Sin embargo, antes de abordar esta disciplina es oportuno reflexionar sobre otro aspecto del "acto existencial". Un matiz que conecta los contextos originarios de máxima posibilidad informativa, con la capa representacional. Nos referimos a la expresión de la energía vital, que anhela encontrar una identidad. El hecho de no poder alcanzar esta decisión expresa un fracaso, pero no implica el error, pues éste se encuentra ligado a la capa representacional; el error siempre se manifiesta frente a un objetivo equivocado.

En psicoanálisis, la libido y el deseo necesitan de un objeto. El deseo consiste en el rodeo que el yo realiza para que se repita "la primera experiencia de satisfacción" (Freud), un acto alucinatorio del infante que Lacan extendió a toda la vida, en donde se busca la desaparición del deseo mismo, generador de displacer (tensión).

El acto existencial se caracteriza por ser previo a todo objeto; es la decisión de crear un objeto a partir del desconocimiento o desprendimiento de todo atributo. La paradoja alcanza esta etapa germinal u originaria (contexto de creación), pues deja sin respuesta a la capa representacional ante un "otro" no focalizado. La confusión y contradicción paradójicas tienen cabida en lo originario; por ellas nos convertimos en sujetos de una experiencia sin significado ("vacío de significados"), que anhelan recuperar la existencia como acto de decisión al crear nuevos objetos dadores de sentido. La paradoja se transforma así en un desafío que intenta representar el mundo.

El acto de conocimiento empieza por dar un sentido a lo real, impensable o misterioso, en el que la paradoja y la duda existencial nos sumergen. Dicho sentido se manifiesta, en un tiempo y lugar determinados, a través de la captación holográfica, una captación de la experiencia vivida que organiza un sistema autorreferente, transformador, expansivo y, sobre todo, guiado por la lógica de la coherencia.

SALTO EPISTEMOLÓGICO

La lógica de la coherencia implica un salto epistemológico, al que los nuevos paradigmas de la ciencia de hoy aportan fundamentos y desarrollos que nos enriquecen. Es en este nivel donde se desarrolla el modelo de crisis vital, la física moderna y la inmunología actual, como veremos en los próximos capítulos.

Uno de sus máximos exponentes, W. Heinsemberg (premio Nobel, 1953), afirma que "la violenta reacción desencadenada por el desarrollo de la física moderna sólo puede entenderse cuando uno se da cuenta de que con ello han comenzado a moverse los cimientos de la física y que ese movimiento produce sensación cierta de que la ciencia está perdiendo su propio suelo" (Bronowsky, 1979).

Pensar la psicología dentro de los paradigmas que actualmente nos animan es una tarea impostergable. Esta situación, en nuestro caso, no fue una búsqueda consciente, y no obstante ello hoy nos descubrimos inmersos en su acuciante problemática, a partir de nuestra labor sobre el modelo de crisis vital. [4] Creemos que no es necesario

---

[4] En 1971 terminé mi segundo libro, *La identidad y lo mítico*.

establecer una serie de teorías, sino más bien buscar una correspondencia dentro de un sistema científico autorreferencial que se desarrolle coherentemente. Los paradigmas, al ser aceptados por la cultura científica, alientan a los "simpatizantes", pero también arrastran el peligro de forzar modelos en quienes se someten fácilmente a las modas.

Kuhn, cuando habla de la historia de la ciencia, plantea que ésta progresa a través de los cambios paradigmáticos. Dichos cambios no son otra cosa que "marcas formales" frágiles, y se caracterizan porque nunca pueden ser confirmados, aunque frecuentemente aparecen desvirtuados. Los científicos disponen de modelos abiertos que pueden o no ampliar algún paradigma, y cuya aceptación es significativa en el mundo de la ciencia. Pero este proceso se realiza lentamente, hasta que se produce un cambio en el "marco formal" establecido, dando lugar a un período crítico desde el cual se manifiesta el nuevo paradigma, que a su vez tendrá un determinado ciclo histórico.

Modelos del cambio

Asimismo, L. Fleck (1986) sostiene que la historia del conocimiento se desarrolla a través de un "colectivo de pensamiento". Este autor postula la existencia de protoideas como esbozos de una teoría que, para surgir como modelo teórico, necesita del contexto sociocultural. Además, Fleck afirma —y esta reflexión es uno de sus aportes más importantes— que en la construcción origi-

---

El desarrollo de los capítulos 2, 9 y 11 fueron el germen del modelo de crisis vital, que desde entonces creció y se concretó en el libro *Crisis vital*, que finalicé en 1987.

naria de estas protoideas existe una "transferencia de vivencias" a "imágenes" dinámicas que circulan. Estas imágenes o ideas son generales y se particularizan en cada ciencia. Para él, finalmente, el campo de fuerza de la física sirve como metáfora para entender este colectivo de pensamiento.

Por ello Fleck sostiene que el descubrimiento es un suceso social con un comienzo "confuso", sin "estilo", que permite captar inmediatamente un sentido y cuya forma general se estructura en distintas formulaciones que la modifican hasta alcanzar una forma definitiva, a la que Kuhn no dudaría en considerar un nuevo paradigma en la ciencia.

El paradigma se alimenta de la fragilidad que poseen la teoría y la "cultura viva", a la manera de un campo sin fronteras que transmite in-formación (además de mensajes) en la formación del modelo, el cual se forma a medida que se conforma. Este paradigma no privilegia la objetivación, pues se constituye sobre la marcha, en la que "toda percepción prescribe".

Todo cambio de paradigma acarrera diferentes reacciones, pues supone una modificación de los datos con los cuales se elaboran las teorías. Al cambiar "el territorio" donde vivimos, se nos presenta la incertidumbre, puesto que "las teorías son mapas, no territorios" (Kuhn).

CRISIS VITAL DEL PENSAMIENTO CIENTÍFICO

Es por ello que también el pensamiento científico atraviesa una crisis vital. Es infructuoso el intento de adaptar los viejos datos al nuevo paradigma, pues significa desperdiciar la oportunidad histórica de volver a pensar el mundo y el universo. La mayor dificultad radica, tal como lo sostiene T. Kuhn, en que "una teoría tiene que ser aceptada antes de que surjan pruebas de verificación"; en términos vernáculos, "antes de que se ponga de moda", pero esto requiere una dosis de coraje poco común, como lo necesita también toda crisis vital.

Hemos procurado ligar la nueva epistemología con el fenómeno de los paradigmas en la historia de la ciencia. Una epistemología basada en la coherencia de un sistema que se autorregula y transforma hasta alcanzar cierta cristalización. El "acto de conocimiento" es un acto libre, no surge del deseo, ni de la libido, sino del "acto existencial" que genera nuevos "datos" para nuestro mundo representacional, un mundo que irá en pos de nuevas correlaciones lógicas. Lo que miramos no será, pues, un producto de aquello que pensamos sino de lo que vivimos.

C. Castaneda sostiene lo siguiente:

> Aprendemos a pensar en todo y luego entrenamos nuestros ojos para mirar al mismo tiempo que pensamos en las cosas que miramos. Nos miramos a nosotros mismos pensando ya que somos importantes, ¡y por supuesto que tenemos que sentirnos importantes!
>
> Pero luego, cuando uno aprende a "ver" se da cuenta de que ya no puede uno pensar en las cosas que mira, y si uno no puede pensar en las cosas que mira todo se vuelve sin importancia (don Juan).

Aprendemos a "ver" cuando lo que miramos "objetivamente" es producto de nuestro pensamiento previo, es decir, en el momento en que la percepción consciente está "prescrita", por nuestro pensamiento y, asimismo, cuando el pensamiento se halla prescrito por nuestra forma de percibir. Esto significa que entre ambos —pensar y percibir— se establece una interacción que se transforma en algo relativo, tanto por lo que pensamos como por lo que percibimos. Por eso don Juan le dice a Castaneda: "Todo se vuelve sin importancia" cuando aprendemos a "ver".

La expresión "sin importancia" en el relato de Castaneda manifiesta que la ilusión de objetividad científica o lógica constituye un impedimento en la tarea de descubrimiento y creación, tareas éstas propias de las ciencias humanas y del quehacer de la vida cotidiana. Es necesario, pues, "dudar" y salir de la posición de puro observador.

No somos imparciales y menos aún objetivos, puesto que formamos parte del campo humano el cual nos interesa estudiar. En realidad, formamos una unidad que tiende a confundir la percepción-pensamiento con la mera percepción. La parcialidad de la percepción consiste en una metáfora, una parábola que abarca pautas de mayor amplitud, las cuales es menester describir. Éste es, pues, el salto epistemológico que proponemos: de la descripción de la materia (percibida o pensada) a la descripción de las pautas. Este camino nos conduce necesariamente desde las pautas hacia los sistemas que tienden a la totalidad: "Lo que vale por la parte, vale por el todo". De este modo, comenzamos a integrarnos con la epistemología cibernética.

La especificación de pautas implica una descripción de los sistemas desde la perspectiva del sistema total que incluye al observador, invalidando, de esta manera, toda referencia individual a lo externo. Un conocimiento cualquiera que se encuentra dentro del sistema —el campo docente, por ejemplo— afecta tanto al modo de percibir como al de pensar, ambos conectados a un mismo proceso *recursivo*. Lo recursivo supone que toda descripción prescribe modificando la nueva percepción, y ésta a su vez carga a las descripciones así formadas con nuestras representaciones de la realidad.

Por lo tanto, un docente, al salir de la posición de observador e incluirse como parte del sistema (campo docente), no realiza sólo una nueva reflexión sobre lo que piensa y percibe, sino que además lleva a cabo un acto de in-formación (dar nueva forma). Esto se debe a que el sistema se transforma al ser "perturbado" por cualquier interacción, lo cual produce un cambio en todas las partes por *autorreferencia*.

La cibernética tiene un carácter autorreferencial al describir sistemas desde la perspectiva del propio sistema total, sin distinguir nada como externo, e invalida todo intento de observación fuera del campo.

DIFERENCIA ENTRE CIBERNÉTICA Y CRISIS VITAL

Hemos definido un sistema como un campo totalizador cuya dinámica es autónoma y recursiva. Un campo donde constantemente se modifican sus partes al recibir nueva información, la cual interrumpe el proceso puramente reflexivo y adaptativo de nuestra lógica representacional.

Esta nueva información explaya el sistema, de modo que éste se extiende indefinidamente. Las características de un sistema cibernético son las siguientes: autonomía, autorreferencia transformadora, extensión y dinámica coherente con su propia interacción y estructura.

Un maestro ante sus alumnos, desde esta perspectiva, se siente incluido en todo lo que acontece dentro del sistema, lo apruebe o no. Y cuando observa una pauta repetitiva, infiere otra subyacente que lo incluye. Toda pauta estructural subyacente a la observada "en parte está allí y parte fue inventada", debido a la misma dinámica que supera la interacción. Existe un orden superior a la mera interacción, que ya el psicoanálisis había descrito como "lo latente" inconsciente; y que desde el modelo de crisis vital es ampliado hacia un inconsciente cultural, en el cual se realizan los procesos vitales, tanto mentales como biológicos.

Esta perspectiva abarca un conjunto de implicancias

fácilmente predecibles en todo docente o terapeuta habituados a estar instalados como observadores en el campo. Es decir, observan y participan de lo que acontece de un modo deformado, primero por el impacto emocional que acarrean las interacciones, tanto violentas como paralizantes; y luego, en segundo lugar, por sus defensas racionales al interpretar los hechos.

Al hallarnos ubicados como una parte del sistema, los impactos no son individualizados y permiten realizar construcciones más allá de la interacción lineal, esto es, dentro del sistema mismo. Pero si permanecemos inmersos en el impacto interaccional lineal (y no "grupal" o sistémico), las interpretaciones que realizamos pretenderán mejorar la adaptación a la realidad, apoyadas en la lógica racional o representacional. Esto último, pues, conlleva una epistemología adaptacionista, cuyas unidades estarán vinculadas por una lógica de la correspondencia.

Por otro lado, proponemos una teoría del conocimiento a la cual la in-formación —"nueva forma"— se encuentra vinculada por una lógica de la coherencia (Maturana y Varela). Esta epistemología cibernética consiste, en definitiva, en un acto de construir, conocer y mantener un mundo de experiencia donde exista una identidad entre lo viviente y lo mental, permitiendo así una coherencia estructural en la alternativa de cambio.

La cibernética siempre ha sostenido que no interesa el porqué, sino sólo *lo* que pasa ahora, utilizando como metáfora la famosa "caja negra". [5] Los expertos conocían ya su funcionamiento sin necesidad de abrirla, pues lo determinaban con facilidad al hacer circular una información dentro de la caja para luego, a su salida, estudiar-

---

[5] La "caja negra" era el equipo electrónico de los aparatos de guerra que llevaban explosivos para que no pudieran ser revisados por el enemigo.

la. Observaban entonces cómo se procesaba dicha información y en qué condiciones.

En nuestro caso lo que realmente nos interesa es la interacción consciente e inconsciente que mantiene la estructura patológica. Es necesario, pues, que las estrategias terapéuticas se orienten a provocar un cambio a través de una transformación estructural, introduciendo un elemento "perturbador" en el equilibrio homeostático grupal o individual. De este modo, el aparato psíquico grupal o individual pueden modificarse. Es lógico, por lo tanto, que no interesen tanto los datos de la infancia sino más bien qué pruebas se han realizado para motivar un cambio, sin resultados.

Se han creado técnicas operativas por vía indirecta o directa, que tienen como objetivo una situación sin salida para la vieja estructura. Para ello, en primera instancia, es importante romper el equilibrio y luego, en un segundo momento, llevar al sistema a una situación de crisis.

Es fundamental para provocar esta crisis en el modelo de crisis vital que el terapeuta se encuentre inmerso, involucrado en ella. Él, necesariamente, debe ser parte de la situación caótica "sin salida", para obligar a todos a buscar una nueva manera de interactuar. De esa forma se da un salto fuera de la vieja estructura. La diferencia está en que, en la teoría cibernética, la información se encuentra delimitada por estructuras biológicas deterministas. En cambio, en el modelo de crisis vital, la in-formación proviene de un campo indeterminado. Sin embargo, el enfoque cibernético se halla muy próximo e involucra al terapeuta en el circuito de retroalimentación. Sin embargo, existe un contexto de cambio del sistema en el que entra un factor "perturbador": el terapeuta. Éste nunca deja de ser sujeto observador de la experiencia, y como yo interactúa en un sistema de retroalimentación que acepta el cambio, pero no el azar.

La cibernética y lo sistémico tratarán entonces de quebrar la realidad imperante para dar "el salto" a un nuevo sistema. El psicoanálisis holográfico —extensión en el modelo de crisis vital—, intentará "suspender" esa realidad con el fin de hacer intuible otra nueva. Esta situación real dará cuenta de un acontecimiento que necesariamente incluya el azar. A modo de ejemplo, abordemos el caso de un paciente con insomnio. Un terapeuta sistémico puede sugerirle que intente dormir con los ojos abiertos, lo cual constituye un ataque al sistema rígido que quiere convertir el dormir en un acto voluntario. Al decirle "No duerma y abra los ojos", es posible que aparezca la necesidad imperiosa de un espontáneo dormir. En realidad, liberamos un deseo y una facultad de prescribir algo paradójico que lleva al paciente a un callejón sin salida: "Quiero dormir y sin embargo me dicen que si deseo hacerlo debo oponerme a ello". De este modo, cuando dejamos de forzar o repetir las condiciones que imperan en el sistema rígido, se produce una apertura en el punteado estructural, permitiendo una nueva respuesta más coherente con el deseo propio y una mayor independencia del sistema.

En la crisis vital, al suspender el yo sucede una situación similar. Dudamos de lo que pensamos, vacilamos de nuestras percepciones y pre-juicios sobre la realidad. Es así como ingresamos en un lugar vacío, donde de la retroalimentación se "salta" a la creación. Es decir, se trasciende la retroalimentación en un sistema determinado para privilegiar el mensaje de la nueva información proveniente del campo de la cultura viva.

Las instrucciones o modalidades activas en la técnica para provocar cambios en la interacción, tan "útiles" para los sistémicos, no resultan imprescindibles en la modalidad de acción aplicable a la crisis vital, pues el cambio estructural se produjo en la mente del terapeuta, grupo o vínculo. [6]

Las indicaciones típicas de los sistémicos no tienen por qué ser excluidas; sin embargo, no ocupan un lugar tan determinante. En el modelo de crisis vital son factores que ayudan y pueden acelerar el cambio.

En nuestra tarea de psicoterapeutas es importante desarrollar la epistemología que hemos incorporado desde el psicoanálisis. En el modelo de crisis vital, de los cuatro momentos que la forman sólo el segundo se nutre de esta nueva epistemología; los restantes consideran al conocimiento como parte de hipótesis falibles que necesariamente deben de probarse. En realidad, lo que se modifica es la mentalidad con la cual interpretamos. Esta nueva situación, en los capítulos siguientes, se analizará con mayor detalle.

La nueva epistemología no sólo se encuentra influida por la ciencia biológica, la poética y la mística sino también por la física. Con la división del átomo se perdió el último elemento de la física que aún permitía percibir y medir su tamaño y movimiento. De este modo, se podían estudiar los lugares que compaginaban esos movimientos. Con el átomo dividido —y más aún, con la fractura del núcleo— aparece una nueva materia imperceptible, las partículas, que como "cuanto" de energía diferenciable ("vida") son imposibles de percibir con exactitud por la incertidumbre del movimiento, el cual sólo puede ser cal-

---

[6] Es importante aclarar el concepto de "mente", para diferenciarlo de "conciencia" y de "cerebro". La mente es la imaginación creativa o activa que pone orden o forma a la materia, campo o in-formación (modo de energía). Al dar forma, modifica desde un sujeto o un grupo (mente grupal, cósmica) y cuando esto acontece nos encontramos ante una conciencia ayudada por un cerebro descodificador de lo vivencial a lo lingüístico.

culado probabilísticamente. Así, aparece el azar en la física cuántica, al no existir causas ni leyes generales que expliquen este fenómeno. Las partículas, pues, son virtuales, y ahora la materia y la energía dejan traslucir un campo de in-formación en donde todo tiene que ver con todo.

Esta nueva epistemología, al nombrar la experiencia, nos permite diferenciar la percepción y la intuición. Es esencial saber diferenciar descripción e intuición de clasificación en las ciencias humanas, en especial el psicoanálisis y la psicología en general. En muchas ocasiones estos conceptos se mezclan y ocasionan diversas confusiones. Cuando se confunde la clasificación (forma, lenguaje) con la experiencia, dejamos de lado la enorme cantidad de in-formación que surge del campo de posibilidades indeterminado, que es la cultura viva. En este contexto, sólo "la persona" se encuentra en condiciones de decidir, inmersa en un tiempo que emerge desde el futuro hacia un pasado que la "entropiza" (la flecha del tiempo). En este paradigma de la ciencia actual es donde surge la creación como el único elemento válido para superar el destino de la entropía del tiempo, un tiempo limitado por el espacio determinista.

7. INCONSCIENTE CULTURAL

CONCEPTO DE "ORIGINARIO"

Para desarrollar una teoría de la cura que pretenda integrar los nuevos paradigmas de la ciencia con el psicoanálisis y el modelo de crisis vital es necesario comenzar por definir el concepto de originario, no desde el punto de vista del origen causal o cronológico sino desde un campo fuera del tiempo y del espacio determinado y medible.

En otros términos, tendríamos que redefinir el concepto de inconsciente a partir de lo real, no tanto de lo reprimido o transmitido históricamente, sino como una realidad que "aparece" y a la que el hombre da forma: el "inconsciente cultural", como lo hemos denominado en el modelo de crisis vital, que incluye tanto al descrito por el psicoanálisis como al inconsciente colectivo de Jung, este último determinado por los arquetipos.

Al hablar de "inconsciente cultural" conocemos la pobreza semántica que pretende abarcar ese campo originario al que los antiguos llamaban *"fisis"*, y que hoy la física cuántica denomina "vórtice" de energía o "estructuras disipativas". El término "cultura" no tiene que confundirse con el concepto formulado por el estructuralismo, que establece un corte entre naturaleza y cultura.

Para Claude Lévi-Strauss hay un corte entre ambas, como si sólo existiera una "cultura científica" o civilización. Nos previene, además, de evitar la tentación del hombre "iluminista" (siglo XVIII) que "creaba la historia", pues otra cosa es participar en su construcción, dando importancia al hecho sincrónico en el cual el hombre ocupa un lugar determinado.

Todo es nexo e intercambio para el estructuralismo y el inconsciente dinámico psicoanalítico. Cualquier renuncia es para alcanzar algo. En las leyes de parentesco, por ejemplo, Lévi-Strauss explica la exogamia a partir de la prohibición del grupo endogámico para adquirir las mujeres del grupo, provocando así la necesidad de buscar mujeres fuera de él. [1] En el inconsciente dinámico y en el lenguaje es necesario renunciar a ciertas palabras para tener acceso a otras. Si no renunciamos, nos hallamos imposibilitados de ingresar en la cultura. La cultura está ligada, pues, en la corriente estructuralista, al acto simbólico de alejarnos de lo real vivido, para poder nombrarlo o identificarlo.

En definitiva, es una búsqueda de la objetividad. Todos somos "lugares"; juntos realizamos la historia y la creación. Lévi-Strauss luchó contra el acerbo individualismo del siglo XVIII. Y por luchar contra el individuo no observó lo singular ni reparó en el grupo vivo con identidad, previo a la objetivación de sus partes y sus relaciones.

---

[1] Claude Lévi-Strauss habla de "intercambio" de mujeres porque es la mujer la que constituye el grupo humano y lleva a los hijos en la línea histórica. El hombre sólo copula, es decir, pone el acento en el grupo psicosocial, no en el grupo arcaico.

Llevamos a cabo el presente desarrollo porque nos interesa plantear nuestra posición, que no es de índole antiestructuralista. Consiste en un intento que busca rescatar la dimensión de la participación humana no determinada, en la que la libertad y la creación se juegan plenamente. Por otra parte, es importante diferenciar del estructuralismo la noción de "vacío", postulada desde la fenomenología por Mircea Eliade. Para el estructuralismo el vacío es nihilista. Sólo consiste en posibilidad de movimiento. Nos mueve de lugar, nos organiza en la búsqueda de relaciones con los objetos. Es un nexo entre individuos u objetos. *Sin embargo, otra cosa es el vacío como posibilidad de creación, como génesis de acontecimiento donde la creación de nuevas formas organiza el sistema.* Allí es donde aparecen imágenes, allí la imaginación es activa y creadora. Nos hallamos ante un rito. Y, dicho en el lenguaje del modelo de crisis vital, nos precipitamos en el momento creativo.

El estructuralismo enfatiza la *ausencia* para generar el símbolo. Un símbolo que da acceso a una cultura y nos correlaciona en otro nivel: el grupo psicosocial. En cambio, la hermenéutica fenomenológica acentúa la *presencia* que nos hace partícipes de un microcosmos desde un *sujeto singular*, no intercambiable. No ocupa cualquier lugar, sino aquel que coincide con su identidad. En esta última postura se integra la naturaleza con la cultura, pues la identidad grupal —amplia o naturaleza— se mantiene en la identidad del yo en su aspecto singular.

Cuando Tolstoi dice "Pinta tu aldea y serás universal", afirma que la aldea (no la ciudad urbana) en su singularidad, es un microcosmos (grupo vivo). La civilización estructuralista es urbana, pues define los objetos que se organizan para así dominar y controlar por la identificación.

No hay peligro de volver al iluminismo "humanista", ya que postulamos una vuelta a la libertad individual, desde la persona (vínculo vivencial con otro) como protagonista —no egocéntrico— de su propia síntesis del universo. Ya habíamos dicho que el bebé, cuando la madre le da existencia como sujeto-persona en el momento crítico de "la identidad grupal", crea su propio mundo. Lo cual es una condición, pero no causa de sus futuras relaciones, es decir, no determina las interacciones sino que garantiza sus decisiones como propias. Gracias a la luz podemos escribir un poema, pero no es la luz su causa. *El estructuralismo confunde causa con condición.* [2] Por eso no reparó en la identidad del sujeto, que participa de una identidad grupal (como entidad viva), donde la prohibición del incesto no significa la de la cópula (relación entre partes) sino la de "matrimonio", o sea el carácter de ciertas correlaciones que impiden "el desarrollo" de la identidad. En síntesis, sostenemos que *además de intercambio hay desarrollo de una vida a través de la identidad que nos permite captar el sentido de las correlaciones.*

Adherimos plenamente a la frase de Heidegger: "La libertad no está en hacer sino en dejar hacer [...] el Ser aparece enmascarado en los entes". Es por ello que sostenemos, desde el modelo de crisis vital, que la tarea de la madre consiste en descubrir en el bebé "el ser" enmascarado por el cuerpo; la tentación, pues, es de dominarlo en un mero intercambio.

Principalmente, es necesario rescatar que el enfoque objetivista del estructuralismo fue, en definitiva, un avance con respecto al individualismo narcisista e ilusorio del iluminismo. Éste creía que todo fenómeno está hecho a imagen y semejanza del yo subjetivo. Es decir, el estruc-

2 Roca, Edmundo, comunicación personal.

turalismo rescató lo que en cualquier proceso psicológico normal llamamos el pasaje del narcisismo hacia una relación yo-otro, una relación más objetiva, donde la realidad que da apoyo al hombre es la cultura-civilización, y donde los argumentos racionales dan validez universal a las leyes explicativas de la ciencia. De este modo, el hombre recupera el pensamiento científico que Galileo y Descartes habían fundado en el siglo XVII y lo desarrollan como lenguaje, dando vigor al empirismo mecanicista. Actualmente el dominio sobre el objeto se centra en el pensamiento científico, neutral, objetivo.

En el momento en que el ser se esconde como objeto, es irresistible y no se deja dominar. Es el modo como se presenta cuando no existe un divorcio entre naturaleza y cultura. Siempre exisitirá un submundo real imposible de identificar por el yo "científico", al que sólo tenemos acceso si recuperamos el coeficiente de libertad que nos hace singulares y creadores.

Una cosa es apoyarse en la pasión, la tradición, la naturaleza y el cosmos; otra cosa es situarse en "las evidencias racionales". Las primeras nos brindan diferentes grados de inseguridad, al precio de una mayor libertad. Las segundas nos dan un incremento de la seguridad, pero a costa de la libertad creadora. Una cosa es sostener que el inconsciente se estructura como un lenguaje, constituyendo un factor de alienación igual a la cultura científica, donde la palabra "mata" la cosa y al sujeto hablante ("Soy hablado por el lenguaje", afirma Lacan). Otra cosa es cuando el lenguaje "me interpela" (Heidegger, Ricoeur) actuando como factor de liberación que nos diferencia, dándonos así más libertad.

Es decir, la diferencia como sujeto de identidad es anterior a la que existe entre la palabra y las cosas.

Cuando Mircea Eliade relata, desde la antropología, que el hombre primitivo *imitaba* el canto del pájaro o se vestía con la piel de un leopardo, marcaba una diferencia significativa. El hombre lo implementaba para sentirse diferente y al mismo tiempo partícipe de la naturaleza. En esta situación, interpretamos que no había "corte" entre lo vivido y lo representado simbólicamente. *El símbolo no consistía en una mera representación sino que, además y fundamentalmente, era una experiencia en la que el ser singular del hombre daba cuenta de un aparecer inconsciente cultural-cósmico a través de una forma simbólica vivida, no como algo ausente.* La experiencia vivida en el contexto cultural-cósmico provocaba una impresión (no percepción) que el hombre, antes de objetivar, singularizaba a través de una "imagen holográfica"; es decir que daba cuenta del vacío como pletórico de sentido y no como mero intervalo organizador. El intervalo mismo es él, en síntesis, un lleno potencial.

La naturaleza —y en ella también incluimos el inconsciente cultural-cósmico— no es un mero dato científico; además consiste en un contexto de creación, un "cero" o vacío como campo virtual de máxima posibilidad. No obstante, insistimos, es radicalmente distinto el "cero" del estructuralismo y del psicoanálisis tradicional, como espacio entre números y palabras. No es importante, pues, llegar a dicho espacio sino a los objetos que entran en relación, señalándolos como datos para una posible interpretación causal y explicativa.

El hombre primitivo imitaba el canto de un pájaro para marcar las diferencias que hallaba en la naturaleza con respecto a otros cantos y fenómenos. El ser humano, de este modo, aprendía una especie de código cultural que le permitía un conocimiento más objetivo, en el cual la experiencia natural se separaba de la cultural. Un psicoanalista, en esta orientación, interpretaría así un "acto fallido": la emergencia de un inconsciente reprimido estructurado como un lenguaje, donde se marcan las diferencias aún no esclarecidas de la fantasía inconsciente. La meta consiste en alcanzar un conocimiento explicativo, que a partir de lo mítico —confundido con las fantasías inconscientes reprimidas— arriba al pensamiento racional, dejando de lado lo irracional. Por ello, al "arrojar" el agua sucia de las fantasías inconscientes que pujan por emerger mediante síntomas o actos fallidos, no hacemos más que tirar "al bebé con el agua"; es decir, la experiencia mítica u originaria que alimenta la creatividad y el curso de la identidad. [3]

Deshacer el divorcio entre "lo natural" y la cultura científica no es una cuestión meramente semántica, supongo, y por eso me interesa, porque tiene efectos sobre la vida inconsciente y corriente.

Digámoslo de otra manera. Los psicoanalistas coincidimos en que no se puede cosificar el inconsciente. Por eso no podemos hablar de él sino que es él el que nos habla; se pronuncia como se manifestaba la naturaleza al hombre primitivo. Es un Otro de quien recibo "palabras" o diferencias codificadas que nos hacen sujeto de un lenguaje, con el cual expresamos nuestras demandas de afecto. Como nunca son totalmente satisfechas, queda la necesidad de no ser frustrado, pero subyace el deseo imposible de coincidir con lo deseado. Todo lenguaje humano lleva implícito la expresión de demanda y deseo, es decir, aquello que no está. Un lugar vacío que en psicoanálisis lo llena la fantasía inconsciente, desviada de su contexto original de demanda infantil.

[3] No es lo mismo el curso vivo de la identidad que el curso de los hechos; éstos pujan por hacerse conscientes y pragmáticos (suceso).

El significante apunta a lo que no está. De ahí su valor simbólico pero encadenado (Lacan) a la demanda, que busca devolver la palabra a su cadena o contexto originales. La "cadena" lacaniana es un contexto automático, determinado e inconsciente, que representa la experiencia infantil. Y cuando la demanda no fue satisfecha, la cadena permanece "enferma", con fantasías que perturban, al quitar significación y generar síntomas que la necesidad impone.

Se parte de la base de que siempre se espera una respuesta a la demanda, deseo o necesidad; pero no se tiene en cuenta el margen humano que no espera respuesta alguna, que sólo anhela ser, es decir, alcanzar la paz de "la identidad grupal", en la cual un sujeto singular se vive como macrocosmos (tal como lo señalaba Tolstoi: "Pinta tu aldea y serás universal"), esto es, un momento creativo de toda crisis vital ("nosotros").

En el inconsciente cultural-cósmico que definimos como contexto originario, el deseo no se encuentra asociado a la demanda sino al anhelo de ser. Eso se debe a que la participación en esta identidad grupal nos integra a un contexto verdaderamente originario; no del origen de un niño con demandas posibles de frustración (contexto bidimensional: espacio-tiempo), sino de un contexto originario totalizador sin dimensiones que hacen imposible la demanda. Sólo cabe, pues, el anhelo de ser.

Cuando en una crisis vital alcanzamos este nivel participativo, salimos como sujeto de un lenguaje y vivenciamos momentos donde "todo tiene que ver con todo". En este contexto originario, "identidad grupal" o inconsciente cultural-cósmico aún no hay palabra diferenciadora, pues somos sujetos que "devienen en lo otro sin dejar de ser uno" (participación), o sea sujetos míticos capaces de ser in-formados desde la inmediatez de lo real: el acto creador que sólo como sujetos de experiencia (no del lenguaje) somos capaces de realizar.

164

En el presente capítulo, nuestra intención consiste en poder teorizar sobre experiencias clínicas que alimentan la percepción-conciencia, pero que aparecen previas a toda percepción o dato objetivado por el yo observador percep-tor. En realidad, estamos descubriendo un campo inconsciente en el que el yo suspendido —como en toda crisis vital— deviene sujeto integrador de la naturaleza y la cultura científica. Sujeto que no es hablado, como el del psicoanálisis clásico, sino que habla, "dice", da vida singular a cada palabra.

Aún no existe determinismo en este inconsciente. Desde el espacio mítico se fundan las leyes biológicas. El referente humano no se funda en lo instintivo ni en una naturaleza estructurada como un lenguaje (diferencias y semejanzas). Más bien hablamos de un contexto originario donde la sexualidad humana existe porque hay parentesco, es decir, padre-madre e hijo como unidades de funciones. Es una estructura natural donde no hay prohibición posible, pues nadie está excluido, sólo que cada uno se manifiesta diferenciado de los demás. No son funciones reproductoras sino que presentan al hombre singular en un espacio-tiempo familiar, donde la sexualidad es cultural. Y se fundamenta en que *la prohibición está simbolizada* por el nombre del padre —que todo discrimina—, y no en la prohibición de la relación incestuosa con la madre.

En esta estructura, la "madre natura" mantiene la continuidad. El "padre prohibidor" funda la cultura al alejar el objeto de la demanda y la necesidad instintiva, alimentando el anhelo de un objeto no apropiable, pero sí generador de fantasías originarias. Estos mitos anuncian el futuro, sin agotarse en la expresión de frustraciones. La imaginación activa o creativa alimenta este mundo inconsciente fantasmal, el cual da sentido a la experiencia antes que al conocimiento. *Dicho fantasma*

no es expresión de una demanda frustrada que busca este
significante perdido, sino que se expresa directamente
como símbolo vivo (no representación de lo que no está),
es decir, la vivencia de una experiencia originaria. Es la
imaginación creativa que da cuenta de ello y trasciende
la imaginación pasiva o representacional de la demanda
ausente.

ACCEDIENDO AL INCONSCIENTE NATURAL:
LA INTUICIÓN

Estamos ante un inconsciente natural, que subyace libremente a un inconsciente determinado como lenguaje, cuya intención es alejarnos cada vez más de lo vivido, so pretexto de brindarnos un mayor dominio sobre la realidad, sólo representada y descodificada por la objetivación de un lenguaje racional.

El hecho de poder acceder a este inconsciente natural, que hemos llamado cultural-cósmico, significa ingresar en el contexto originario, en el cual el pensamiento mítico prosigue buscando nuevas formas de energía potencial en el campo de máxima in-formación. Los nuevos paradigmas de la física cuántica denominan a esta situación *realidad de partículas subatómicas*, donde la energía entrópica se mezcla con la generación de energía. En nuestro modelo lo hemos llamado *contexto de creación*, manifestado al alcanzar el sentimiento de resonancia simpática o identidad grupal.

La apertura del inconsciente dinámico, estructurado como un lenguaje, significa su ampliación hacia lo indeterminado y originario. Sin embargo, no supone negarlo sino romper con la objetivación de la realidad como referente inconsciente que nos determina. La fantasía inconsciente que aparecía como intento de calmar la angustia de pérdida ofrece una realidad representada de lenguaje, susceptible de ser razonada y objetivada dentro de parámetros medibles de tiempo y espacio. Cuando realizamos la apertura de este inconsciente estructurado como lenguaje, hemos abierto un nuevo campo indeterminado que suscita en la mente un pensamiento mítico, el cual no se relaciona con el tiempo ni con el espacio y es capaz de intuir una realidad sin intermediación. Nos convertimos en sujetos de una experiencia participativa, donde es posible la libertad de tomar una decisión creadora de objetivos, lo que no es lo mismo que "percibir un objetivo" y lanzarse a alcanzarlo. La intuición es un acto no libidinal. Tampoco es deseo, pues no hay ningún preconcepto que se busque repetir como una "primera experiencia de satisfacción" inalcanzable, no obstante ser ideal. La intuición se relaciona más con el emerger de un acontecimiento histórico que con un sujeto participando de un inconsciente "natural", puramente descriptivo. No hay diferencias previas —la contradicción y la confusión racional no tienen cabida—, sólo es sostenida por un espacio-vivo totalizador y sin medida, donde todo está en función de todo.

Este inconsciente natural es el cuarto aspecto que garantiza la liberación de toda alienación, en sus relaciones, de los otros tres términos de la cultura. Las funciones paterna, materna y filial se sostienen libres por dicho núcleo natural que cohabita entre los opuestos, dándoles un sentido de singularidad y universalidad simultáneos.

Éste es el punto de entrecruzamiento con los nuevos paradigmas de la ciencia, pues afirman que las partículas subatómicas alcanzan velocidades próximas a la de la luz y, por lo tanto, salen del espacio medible, es decir, todo es simultáneo y registrado holográficamente. El concepto de participación en física cuántica coincide con el concepto de participación del modelo de crisis vital, y también con el abordaje de este inconsciente natural-cultural: "Todo tiene que ver con todo", en el momento o vórtice del acto existencial o creador.

Estamos en el substrato inconsciente y matriz energético-cósmica, en la cual se generan energía y formas. Lo originario es hasta donde la intuición humana alcanza a vivir y registrar imaginativamente la naturaleza, generando nuevas formas. La recuperación de esta unión entre la naturaleza cósmica y la cultura científica posee para nosotros una eficacia clínica que nos impulsa a teorizar.

Es importante destacar que en este nivel inconsciente originario (o "capa germinal") la energía potencial se vectoriza. Estos vectores tienen una cantidad de energía para realizar cierto trabajo; sus fuerzas no se pueden calcular, pero sí tienen una resultante. *En vez de suma hay calidad que busca sentido*, es decir, una configuración o imagen imposible de deducir, que se orienta hacia lo global. Posteriormente ingresará en un espacio de objetos diferentes (lenguaje). Una cosa son los objetos diferenciados y otra es la masa de energía diferenciada llamada in-formación o partículas.

Esta búsqueda primaria del sentido global señala que la primera búsqueda del hombre no es un objeto de satisfacción, sino encontrar el sentido que le dé identidad. Para responder a las preguntas ¿quién soy?, ¿qué quiero?, ¿para qué estoy?, es necesario considerar primero al ser y luego al tener. El análisis de las partes constituyentes es una búsqueda posterior al reconocimiento de la identidad en participación con el otro (el yo-tú de Buber).

EL ACONTECIMIENTO Y EL SUCESO

Ahora nos hallamos en condiciones de aproximarnos al tema de la cura en psicoanálisis y en otras terapias que pueden ser eficaces. Podemos intentar un desarrollo científico, es decir, tratar de objetivar, de formular ciertas hipótesis que permitan la convalidación o no de sus postulaciones.

Al ampliar el inconsciente dinámico, que muchas escuelas psicoanalíticas utilizan para explicar sus técnicas y teorías, nos mantenemos dentro y no fuera de estas corrientes. A las corrientes inspiradas en la teoría sistémica sólo les interesa actuar en lo manifestado dentro del sistema presente, pues sostienen, con razón, que toda causa es causa de otra cosa y, por lo tanto, la última causa es la interacción misma. Esta circularidad que permite instalarse en el presente para explicar su accionar terapéutico.

Lo que proponemos, si bien rompe con la noción del inconsciente dinámico estructurado como un lenguaje que nos determina, no lo niega ni excluye, sino que lo comprende para explicar el suceso terapéutico. Aquello que realmente nos interesa es el *acontecimiento terapéutico* previo a todo suceso: de ahí los desarrollos del inconsciente natural o cultural que ya hemos planteado. También incluimos la noción de "interacción" de los sistémicos, en cuanto nos permiten delimitar un "momento" en el que se supera toda causa. Empero, no lo situamos en el presente y en la mera interacción de objetos definidos. Lo ubicamos en el inconsciente originario donde cambiamos interacción por "todo tiene que ver con todo". Es decir, la coparticipación, un campo de valores más allá de toda relación.

No niego la existencia de una interacción entre objetos, sólo que la fundo en la participación.

Hemos, pues, delimitado un campo terapéutico cultural que tiene eficacia cuando aparece. Esto supone un doble trabajo:

1. Por un lado alcanzar dicho nivel de coparticipación cultural donde aparecerá, como impresión simpá-

tica, una imagen simbólica viva que nos liga a lo natural, lo real, generando un acontecimiento terapéutico.

2. Por otra parte, transitar hacia el lenguaje de la cultura científica, produciendo un suceso terapéutico.

El psicoanálisis y la teoría sistémica delimitan el campo terapéutico a lo psicosocial. No les interesa la vivencia. Uno pone su énfasis en lo latente interaccional, y otra en lo manifiesto dentro de un sistema interaccional. La búsqueda del placer sexual como motor convierte al hombre, desde el psicoanálisis, en gestador de la sociedad al sublimar el sexo, buscando objetos que representen la posibilidad de la demora en la descarga. Al igual que Max Scheller nos preguntamos: ¿cómo podemos inhibir la pulsión y sublimar si no existe una cultura subyacente?

Comprendemos la profunda coherencia del psicoanálisis más estricto al plantear sólo un inconsciente determinado por una estructura o código lingüístico. A lo que apunta es a alejarse de lo real sexuado (sublimar) en busca de representaciones que simbolicen lo ausente: la primera satisfacción infantil; alejarse de la descarga a cero (muerte) que implica la pulsión, a través de un mundo ilusorio, fantasmal, que represente lo vivido y lo convierta en objeto de la percepción. En este suceso del conocimiento de significación en el proceso de la cura psicoanalítica hay un permanente coeficiente de irrealidad que lleva a hacer un "rodeo" a la descarga pulsional. Lo fundamental del conocimiento es dar seguridad al tener objetos que representen, explicando racionalmente las causas que generan malestar y síntomas.

Este trabajo humilde de hacer más científico (objetivable y verificable) aquello que nos angustia por peligroso y desconocido es una tarea necesaria e imprescindible.

Debe suponer, pues, un trabajo previo con lo cultural, es decir, con "el hombre natural".

El hombre no busca primordialmente el placer, como creía Freud. La insatisfacción no se agota con la sexualidad; lo inquietante para el ser humano es que no le alcanza con ser identificado o identificador. No nos basta, pues, aquello que posee el ser como objeto tranquilizador, el cual siempre tiende a reemplazar la realidad viva. Anhelamos el sentido integrador que nos brinda identidad, un *sentido* que siempre alude a la unidad: "Articulación de significaciones" (Edmundo Roca), momento de participación, más allá de las necesidades. Un concepto metabiológico cultural, como aproximación a lo real, sin pretender por ello coincidir o reemplazar (idolatrías) sino asemejar periódicamente para emerger en lo creativo.

No se busca en lo originario un objeto que nos tranquilice, sino una imagen simbólica viva que nos comprometa con lo vivido, haciendo de nuestra identidad un sentimiento auténtico. El coeficiente de realidad surge de este pensamiento analógico (semejante). El pensamiento psicoanalítico llega a la cultura científica más rápidamente, con una amplia dosis de alejamiento del "hombre natural" sugerente de sentido.

Antes que sujetos de un lenguaje, al tener acceso a este inconsciente cultural nos convertimos en sujetos abiertos a una experiencia indeterminada que nos hace libres. "Al comienzo fue el Verbo", afirma la *Biblia*; es decir que primero somos "acción" e inventamos un mundo comprometido con el resto de lo vivido y percibido (no como objeto de conocimiento sino como identidad).

Creemos que estamos sentando las bases que nos permitirán indagar sobre la cura como *acontecimiento terapéutico, el cual, más tarde, originará el suceso terapéutico.* El primer caso significa recuperar nuestra capacidad creativa; el segundo consiste en tomar el proceso terapéutico como rito de iniciación que nos mantenga unidos en un mundo cultural natural y en un mundo cultural científico.

Es imporante señalar que no excluimos el nivel psicosocial ligado a la cultura científica, donde se necesita nombrar a los objetos para su medición, comparación y dominación (como formas de poseerlos). En realidad, lo que intentamos desarrollar en el proceso de "la cura" son las consecuencias de suspender toda percepción o estímulo externos, y así participar de un inconsciente cultural con un amplio coeficiente de libertad.

Al suspender el yo nos deslindamos de todo objeto, quedándonos sin atributos, y por lo tanto tendemos a liberarnos de los ideales subyacentes o prejuicios. La liberación del yo nos hace sujetos de experiencia, es decir, subyacemos a todo atributo percibido. *Desde ahí aparece la realidad cultural como impresión vivenciable que despertará nuestra capacidad creativa.*

SÍNTESIS DEL INCONSCIENTE CULTURAL

1. Hemos llegado, por el absurdo, a un espacio "vacío". La paradoja o la duda existencial de la crisis vital amplía un campo sin respuestas, para un yo en relación objetal.

2. Un campo donde dejamos el yo observador y participamos como sujetos indiferentes a todo atributo que lo aleje de la semántica. No interesa entender, sino vivenciar la sorprendente experiencia de sentirse parte de un todo.

3. La experiencia científica y racional deja lugar a una experiencia viva, mítica, sin testigos que pre-

sencien lo vivido. No tiene causa o explicación. Hablamos, pues, de un acontecimiento.

4. Al ser un campo indeterminado —como el de la física y la nueva biología—, se transforma en un campo de posibilidades. Es decir, un potencial de "información" sin "formación" (información, según Shannon).

5. Se manifiesta la conciencia ampliada de una vivencia que experimenta lo difuso con inquietud; no con miedo a lo reprimido ni con curiosidad.

6. Se llega a este campo transformador cuando es posible alcanzar el "vórtice" o "estructura disipativa" o "contexto de creación". La "velocidad" alcanzada invierte el vector de expansión globalizante. Ésta capta intuitiva y simultáneamente una imagen holográfica viva y de valor simbólico. Es decir, no da cuenta de nada ausente, sino que sintetiza todo lo vivido. Por lo tanto, no es un objeto representacional, sino una imagen activa, creadora de una nueva orientación estructural.

7. Un inconsciente donde se tiende a superar el tiempo de la física. Y que plantea "la flecha del tiempo" por ser una fuente de vida y creatividad, la cual se "entropiza" hacia el pasado. Inconsciente que, además de albergar el pasado infantil reprimido, incluye un futuro presente en cada crisis vital.

8. Al partir de la intuición —que el símbolo vivo produjo—, su "lenguaje" es poético, mítico y creativo, no racional.

9. Se explaya el campo y se borran las fronteras (sistema abierto), llevándonos a una participación colectiva. Un "nosotros" fuera de todo arquetipo y de toda "energía psíquica" indiferenciada, como lo plantea Jung. La energía es vital, diferenciada, y el campo es indeterminado.

10. Su lógica es difusa, sin fronteras y desbordante: un campo de posibilidades.

En conclusión, con la presente enumeración intentamos resumir lo que hasta ahora hemos esbozado del momento crítico-vital, su participación en el inconsciente cultural y su intencionalidad de constituirse en contexto creativo.

8. CONCEPTOS QUE SUGIEREN MAYORES Y MÁS NUMEROSAS EXPLICITACIONES DE UN "INCONSCIENTE CULTURAL"

Edmundo Roca

Empecemos por términos y etimologías. *Cultura* significa cultivo y éste proviene de *cuchillo* en latín, *colttello* en italiano (*culter* —tri = *cultri* —genitivo—) y *couteau* en francés. Cultivar es desde luego cortar las plantas y el terreno.

En griego existe *temenos* (frontera), que deriva en *tomé* (corte). Es raíz del latín *templum* (corte de las direcciones), *cardo* (Norte-Sur) y *decumanus* (Este-Oeste), en las cuales el sacerdote adivinaba según el vuelo de las aves y pronunciaba sus auspicios (*avis-picios*). Este lugar de cruce y cortadura originó el hombre de Templo, que alojaba los símbolos de la presencia de los dioses. Esta significación pasó a edificios religiosos. En otros cultos, *temenos* también evoca cortadura, límite.

Cortar, separar = cultivar = cultura.

Es curioso señalar que no se dice "cultiva" la cirugía, la química, el comercio, la ingeniería, la política, la religión. Pero sí se dice "cultiva" el deporte, tal o cual arte, tal o cual virtud religiosa o humanitaria. También se cultivan pensamientos, vivencias, resentimientos, recuerdos, fervores, etcétera.

¿Qué podrá indicarse con respecto a un inconsciente cultural? Un sistema (no necesariamente ordenado) de

175

cortes según inclusiones y exclusiones. Cortes no conscientes, porque si lo fueran se supondrían otros cortes de distintos niveles, grados y jerarquías. Cortes simbólicos, evocadores y creadores de estructuras formales. El símbolo y la estructura no requieren forzosamente la conciencia, según la significación postulada por la filosofía poscartesiana y el uso médico y psicoanalítico convencional. Hay símbolos inconscientes, por mucho que sorprenda (el sistema ADN es simbólico, porque ordena instrucciones para síntesis químicas, usa códigos); las redes neuronales y procesos hormonales también lo son. Y todo nexo de factores fisicoquímicos y de interacción organismo-medio.

Pero, además, hay símbolos psíquicos inconscientes. Freud ya lo columbró de modo vago, atrapado por el empirismo materialista de su época y ambiente.

Tanto la noción de "psíquico" (*seele, psychisch, gemuth*) como la de símbolo eran confusas y ambiguas, apenas indagadas. Se subordina todo en Freud al término *Vorstellung* (representación) heredado de Herbart.

En la primera tópica de Freud el inconsciente es llamado *Das Unbewusste*, originalmente lo *no visto* (*wusste*, visto). Freud lo define como conjunto de *contenidos* no presentes en el campo *actual* de la conciencia.

Son contenidos *reprimidos*. Los contenidos son representantes de las pulsiones, regidos por el proceso primario. Sólo acceden por *formaciones de compromiso* deformadas por la censura y en ellas predomina lo infantil.

En el inconsciente hay ausencia de negación, de duda y de grado en la certeza, indiferencia a la realidad y sólo está regulado por el principio de displacer-placer. Todo es presente en el orden temporal; ignora la negación y la contradicción.

En la segunda tópica el inconsciente es cualidad del ello. Pasa de "sustantivo" a ser "adjetivo" y está más próximo a lo biológico.

Hay errores de concepto, confusiones y vaguedades en la noción freudiana de inconsciente que pasan al texto kleiniano, al de Bion y aun al de Lacan, poco y mal corregidos; pero este último autor subsana algo, muy poco, de tal vaguedad.

Por de pronto "contenido" se opone a "forma". Si hay contenidos, las formas son *junto con* los contenidos y no *aparte* de ellos. Los contenidos lo son *de* formas.

El caos informe *no puede ser un contenido*, en ningún sentido. Ser representante de pulsión (*Trieb vorstellung*) lo hace ya símbolo en modo formal.

Representar es también la función de un ente matemático (polinomio, coordenada, grupo, campo, anillo). No todo símbolo es vivo, según surge de O. Fernández Mouján. Los símbolos vivos se hallan ausentes en el psicoanálisis de Freud, Klein, Bion y Lacan y apenas afloran en Winnicott. El complejo llamado "de Edipo" no es un símbolo "vivo", sino una estructura organizadora de identidades, como el nombre, el sexo, el grado y el tipo de parentesco. Es un *esquema clasificatorio* que polariza pulsiones, que sí son vivas. En el sentido freudiano no se duda. Las pulsiones vivas, por definición, pueden ser organizadas por distintas estructuras y en ellas.

Pero Edipo es una estructura, un sistema, un código, un grupo de relaciones.

El *inconsciente cultural*, postulado por O. Fernández Mouján, es un *campo* de participaciones donde las identidades humanas y algunas animales se "interesan" como *nudos de acción* (actores). Estos "nudos" de acción, que podríamos llamar *polos "preyoicos"*, devienen "yoicos" en múltiples modos y correlaciones. El yo no es algo unívoco y definitivo. Es, con más precisión, un *vector* o dirección que, según sea la escala de intensidad y complejidad, podría postularse presente en la célula animal o humana y en la expansión ultradinámica del genio humano —y por qué no— angélico o divino.

Cada preyó o yo en cada grado de complejidad se relaciona con *"referentes"*, corrientemente llamados "objetos", cada uno de los cuales *puede devenir* preyoico o yoico.

En vez de grados yoicos podríamos —sin menoscabo— apuntar grados de *potencial* y/o actual *personalización*. La persona, en el sentido de Scheller, es centro íntimo y, paradójicamente, ámbito máximo. Proyecta y enlaza referentes (objetos) y apunta a valores que trascienden las cosas y los entes. Pero aun el máximo grado de personalidad "baña" y se asienta en el *inconsciente cultural* sin despegarse del todo, *sin aislarse.*

La acción de *cortar-separar según inclusiones y exclusiones* implica estrictamente el tipo de acción *cultural, presente aun en el átomo* (quark o lepton). El cuchillo (*culter*) hipercósmico segmenta y separa ("anatomiza" en el sentido estricto de la palabra griega, que significa *disección*, nombre de una técnica y no de una ciencia, que *debería* llamarse "morfología").

El inconsciente cultural es *campo esencial.* Campo se toma aquí más en el sentido matemático que físico. Su *definición* —conjunto de elementos cuyo producto y suma están en él y que admite el inverso multiplicativo de cada uno (división)— lo formuló David Hilbert junto con Dedekinl, y es un concepto más nítido que el de campo en física, establecido por Faraday y Maxwell.

En el inconsciente cultural se nutre el *símbolo vivo* a partir de estructuras y esquemas que pueden funcionar como símbolos sólo formales (mal llamados "abstractos").

El símbolo *formal* se convierte en símbolo *vivo* cuando es integrado activamente en un vector yoico suficientemente personalizado. Pero, antes de ello, la posibilidad que comporta tal efectiva personalización lo hace estrictamente vivo en el dominio de la especie humana (religión-historia).

El delirio más arcaico y deteriorante, los trofismos animales y vegetales, las catálisis químicas son diversificaciones en lo particular de un desfallecimiento o colapso inicial del símbolo vivo. Aquí "vivo" no es exclusivamente biológico, sino que se funda en lo que Dilthey y Ortega llaman "*vida*" en secuencia de Bergson y Husserl.

En lo que estamos formulando convendría disipar el equívoco de un evolucionismo del tipo de Spencer y Darwin, que *puede ser "verdadero" en el tiempo lineal y vulgar*. Aquí no se trata de *grados* de una evolución o de *etapas* de un proceso de devenir, sino de facetas o aspectos más o menos divergentes, polos más o menos exteriores o periféricos, más o menos divergentes. No se trata sólo de un proceso de cambio o devenir, sino de un *acto*, de un *sello*, de un *rostro*.

Las religiones sólo confusamente la presienten. Filósofos y místicos lo piensan y lo sufren, respectivamente. Pensamiento y sufrimiento no derivados del resentirse o de sórdidos efectos; no maculados por la envidia y el miedo, columbran el rostro, viven el sello.

O. Fernández Mouján parte de lo que él denomina "modelo de crisis vital", que se ajusta a la noción de inconsciente cultural. Crisis en griego significa "ruptura", "discontinuidad", "intervalo", dis-cernimiento. De *crisis* derivan criterio, crítico, discriminación. Toda noción que implica ruptura, cambio más o menos brusco, discontinuidad.

La noción de corte se acentúa. La lógica medieval y la moderna acentúan la importancia de la negación, base de toda cultura, simbolización. El "*no*" implica todo. Y aún más sorprendente para el vulgo, lo falso implica todo; lo negativo implica lo positivo; el cero implica *todo* número, ya que *es* el número primordial (axioma matemático de Giuseppe Peano).

La mentalidad corriente se asombra de esos principios compartidos por todos los lógicos y matemáticos, limitada como está por engañosas seudoevidencias de un mal llamado "sentido común", que ya Descartes hallaba exageradamente repartido (¿cuánto le toca a cada uno?).

Freud nos dice: "El inconsciente ignora la negación". De tal modo, el inconsciente es la base de lo no cultural, de la ignorancia completa. Lo que contradice la extraña perspicacia y sabiduría de las pulsiones, cada una queriendo su ventaja y descarga, sus beneficios primarios y aun secundarios.

Saben algo aun a costa de la salud del ser vivo en que se originan. Es cierto que las pulsiones para Freud *no están* en el inconsciente sino en el cuerpo, en su "límite" con el psiquismo. Pero sus "representantes" sí lo están (*Volstellung representanz*). Por ello, el inconsciente *sabe* mucho (rompe, disocia) y es *cultural* en el sentido estricto. El error de Freud consistió en incurrir en una contradicción que paraliza el proceso de su teoría.

Si la negación no se da, tampoco se da la significación errónea o verdadera, no se establece nada, ni aun el menor enlace de posibilidades y tendencias. *Freud confunde inconsciente con ignorancia común.* Pero al mismo tiempo hace muy perspicaz tanto el inconsciente de la primera tópica como el ello de la segunda.

Ya Sartre denunció ese error de Freud y del psicoanálisis convencional. *No se puede reprimir lo que se ignora.* Debe pensarse: el inconsciente es pura negación, matriz de toda cultura. La negación es clave de todo progreso en el conocimiento, que es su condición básica. Ningún lógico discrepa.

Hay lógicos que proponen la conectiva /-p/ (no es el caso que "p") como la básica y fundamental de todo modelo axiomático lógico. La lógica actual continúa en este punto, tan sagaz principio de la lógica medieval que no era "puro

Aristóteles", como tantos no documentados universitarios creen.

Hoy se ha descubierto, tras arduos estudios que se han demorado por falta de traducciones, que los medievales (Occam, por ejemplo) descubrieron los principios hoy llamados de Morgan, por creerse que este meritorio lógico del siglo pasado los había formulado por primera vez. [1]

Desde luego de Morgan procedió con entera buena fe, ya que ignoraba que Occam lo había precedido en este punto. Cada tanto los investigadores que compulsan pesados infolios medievales, aun en gran parte no sólo inéditos sino ni leídos, se asombran de que ya en aquellos siglos XIV y XV se hubieran visto temas de lógica y que se los resolviera con audacia y penetración propia de los tiempos actuales. En los concursos académicos para proveer cátedras de lógica, se exige ya cabal conocimiento de la lógica medieval, lo que hace retroceder a tantos candidatos familiarizados con Russell y Frege.

En modo sencillo, se quiere expresar que si comienzo con una ignorancia o un error, ello no sólo no me impide proseguir, sino que *es más fácil* llegar a una verdad si prosigo el empeño.

Si comienzo con lo que creo una verdad o un conocimiento o con una cierta verdad, puedo extraviar el camino —*no sé* si llegaré a un error. La verdad inicial me limita y constriñe en cierto modo. El error y la ignorancia pueden llevarme a muchos conocimientos *si continúo la indagación*, eliminando toda pereza. Aquí reside el punto

---

[1] Leyes formuladas por Guillermo de Occam y redescubiertas por Augusto de Morgan. Una conjunción negativa puede transformarse en disyunción de negaciones.

– (P.q) – (–p. V–q)

La negación de una intersección (no es el caso que p p puede transformarse en disyunción (o "p" o "q") de negaciones.

(–pV–q) = "no es el caso que p ó no q".

psicológico. Una verdad tienta nuestra pereza (sensación de triunfo). Un error o ignorancia puede intranquilizarnos y aun desesperarnos, tormento de los verdaderos pensadores. El vulgo confunde Edad Media con Inquisición, somero eslogan de un positivismo decadente y chabacano, tufillo de chamuscadas carnes, odiosas en sí, tales combustiones, pero que nada tenían que ver con la lógica de aquellos tiempos.

Freud creyó que por ser el inconsciente carencia de negación (y de tiempo) induce a errores científicos y a desvíos patológicos en modo casi fatal y "natural" amalgama de inocencia y perversidad. El neurótico y el psicótico "no saben"; están en el error. ¡Es lo que el vulgo cree y tantos médicos!

El inconsciente sabe mucho y es bastante culto. *El extravío procede de cierto yo* o cierto preyó. Aquí Lacan recapacita y se opone a un tardío y deprimido Freud, casi agónico, que exageró la función del yo (¿de cuál yo?) (¿o de quién yo?). Es cierto que Freud se refirió a cierta parte inconsciente del yo, pero esto es grave falla metódica. Es desdoblar y multiplicar las agobiantes multiplicidades, valga la redundancia.

La máquina sigue desdoblando al infinito y nos extraviamos en juego de espejos. Desdoblamiento al infinito entre dos espejos, que duplican y multiplican.

El inconsciente es cultural mítico, literario; vive de crisis vitales y sale de ellas para entrar en otras. El inconsciente es matriz de crisis vital. No es el mecánico artificio que "ignora la duda". Es, al contrario, duda vital, existencia, conflicto, heroísmo y mala fe, desapego y afán, construcción y disección, huida e identificación.

El inconsciente sabe, duda, cuestiona, enlaza, separa, espera, *cultiva* (etimológicamente), mitifica.

Como lo ha advertido —valientemente— O. Fernández Mouján, hay que invertir la perspectiva común, corriente, que tantos fracasos terapéuticos comporta según lo ven hoy muchos terapeutas comentadores del escrito freudiano "Análisis terminable e interminable", pero no se ha advertido el error inicial y fundamental de Freud.

El inconsciente *conoce el tiempo*. Actúa negando y dudando, y si es cierto que lo infantil es de algún modo inspirador, lo es como *puericia* creadora: el niño, según Heráclito y Nietzsche. Este niño (*puer*) que nuestra seudocultura ignora y maltrata.

Queda la posible pregunta: ¿por qué O. Fernández Mouján llama a esta perspectiva vital y cultural "inconsciente"? Porque no sabe todo, no percibe la unidad de articulaciones integradoras que es "meta". El vulgo, al creerla realizada en *cerrada totalidad*, estática, la caricaturiza como un dios déspota, doctor en ciencias varias, ingeniero y fabricante de universos, derrochando galaxias y "polvo de estrellas".

No el Dios amante, menesteroso, *ansioso*, que presintieron muchos místicos del siglo XII y Boehme y Schelling, Novalis y Baader.

ENSAYO DE CARTOGRAFÍA TRASCENDENTE. COMPLEMENTO DE LO ANTERIOR

Desde Arquímedes hasta Gauss (el más grande matemático de todos los tiempos, verdadero milagro de ingenio) se vive la gran dificultad matemática, sólo aparentemente resuelta mediante el análisis diferencial e integral que puede —groseramente— escribirse así: ¿Cómo un polígono de muchos lados puede coincidir con una circunferencia que lo rodea? La respuesta sencilla, hoy archisabida, nos dice: el polígono interno a la curva y el externo a ella, al aumentar indefinidamente el número de sus lados, llegan a coincidir *con* la curva. Esto desde Leibniz se llama *inte-*

183

gración (el nombre es de Bernoulli, siglo XII) y *cálculo integral* es el nombre de esta técnica que hoy un escolar puede ejercitar.

Pero Gauss y su discípulo Riemann no se conformaron con tanta sencillez. Ambos forjaron el instrumento matemático indispensable para que surgiera la física relativista y aun la cuántica, *la teoría de los mapas o cartas.*

¿Cómo una superficie curva puede medirse con ayuda de una superficie plana? Es el problema de todo "mapa" o "carta"; mapeo lo llaman los matemáticos.

Ningún mapa coincide exactamente con la región geográfica. Desde la escala Mercator es familiar la distorsión de meridianos y paralelos geográficos. Las curvas se aproximan cerca de los polos. Un mapa plano —en tal caso es un *plano*— es exacto sólo en pequeñas superficies.

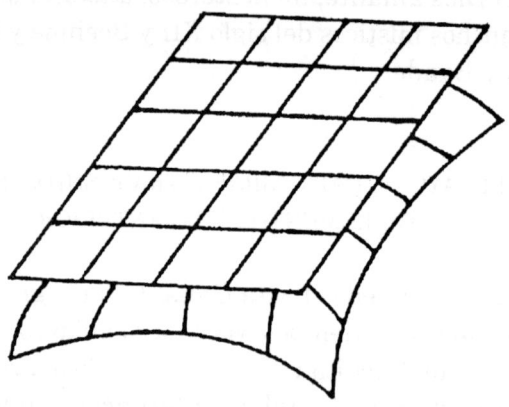

Gauss, con su teoría de la curvatura, seguido por Riemann, Weingarten, Bonnet-Christoffel, inició una obra que derivó en el cálculo de tensores, de Ricci y Levi-Cirita. Este cálculo, conocido por el matemático Grossmann, permitió a éste colaborar con Einstein, su amigo, para formular el tejido conceptual de la teoría de la relatividad generalizada.

El mapeo o carta requiere conocimientos muy arduos y es —como teoría matemática— muy complejo y laborioso. Pero queda el nombre : *"carta"*. *Toda teoría*, desde el mito hasta la última elaboración cuántica de Broglie, Vigier, Andrade e Silva y Costa de Beauregard, hasta el psicoanálisis, la matemática misma, la biología, la genética es un *mapeo, una carta*.

Todo es una carta, ¿de qué? No podemos salir de la carta.

Place recordar la obra del epistemólogo, estudioso de la física, Jean Zafiropulo, helenista, productor de ingente elaboración histórica de la ciencia, publicada en francés por "Les Belles Lettres", con esmerada tipografía. Son sus obras: *Vox Zenonis* (estudio de las paradojas de Zenón); *Apollon et Dyonisos*; *Anexagora*; *Empedocle*; *Diogène d'A pollonie*; *L'âme des choses*; *Convergences*; *Sensorium Dei* (brillante estudio sobre el auténtico Newton, en colaboración con Moned).

Zafiropulo nos dice: "Todo objeto, visto desde arriba, de costado, por abajo, en no importa cuál ángulo, da lugar a una *infinidad* de percepciones desconectadas [...] *ligamos* esas imágenes entre ellas por reglas fijas nuestras y decimos: esto es un vaso, una masa. *Cortamos* las percepciones de manera cómoda. Y hacemos según leyes lógicas, rígidas y humanas *cartas* que nosotros calificaremos de *verdades*". [2]

En su estudio sobre Newton, que llega a la física actual, Zafiropulo afirma: "Einstein escribió: 'No existe camino desde la experiencia a la teoría'. Einstein significa que *toda* teoría es siempre a priori, o sea, axiomática.

[2] Traducción incompleta, la bastardilla me pertenece.

Cada uno escoge sus axiomas para colocar en la *carta* el máximo de conceptos [...] La confusión entre la carta y el terreno constituye un error capital. Se sabe, por el teorema de Gödel, que una carta 100 % exacta está fuera de nuestras posibilidades". [3]

Las consideraciones de Zafiropulo tienen aval en la epistemología actual. Las teorías de Popper y, aún más, de Feyerabend, son aproximaciones.

También la filosofía es un conjunto de cartas, de mapas. Lo subyacente en el *misterio es el misterio*. La misma morfología biológica, que mal llamamos "anatomía", *es una carta.*

Lo que confusamente llamóse y llamamos alma, o Dios, es lo *que la carta recubre y oculta.*

O. Fernández Mouján ha perfilado una de las cartas más próximas al misterio, quizá la penúltima, la última sería lo que podría llamarse "carta mística" que nadie, hasta ahora, diseñó por completo. O, lo que sería lo mismo, carta del misterio.

Kant nos da un claro esquema acerca de lo que la carta opera en lo que llamamos conocimiento. Su "carta" era llamada "conciencia o subjetividad trascendental (*Bewusst Oberhaupt)*". En esta expresión germánica vemos el *"wusste"* que en Freud acompaña, negada, por el *"Un"* de nombre del inconsciente.

Retornemos a Gauss. Desarrolla, entre otras investigaciones monumentales, lo que se llama "geometría intrínseca": el modo de *no "salir"* de una superficie curva hacia una dimensión vertical para medir su extensión —tarea que parece imposible para el no iniciado en matemática—. En nuestra actual perspectiva, el modo de conocer —sin residuo— el terreno "curvo" sin salir del mapa o carta. O, lo que sería lo mismo, operar con *"cartas*

[3] Traducción incompleta, la bastardilla me pertenece.

curvas" que se adapten perfectamente a superficies, no sólo curvas, sino de curvaturas variadas.

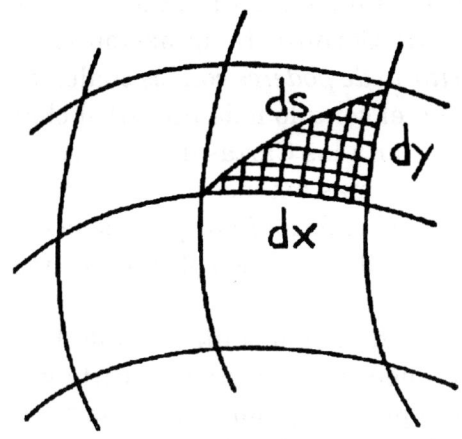

La hipotenusa del triángulo rayado "ds", en función de los catetos *dy* y *dx*. ¡No es tan sencillo! Gauss y luego Riemann elaboran pesadas y difíciles investigaciones que permitirán a Grosmann y Einstein, en 1915, elaborar la noción de "*geodésica*", clave de la relatividad generalizada.

Es imposible para el hombre realizar la tarea de Gauss. O sea elaborar una carta completa que se ajuste al terreno del misterio sin deformación. El terreno es llamado "substancia" por Aristóteles, "cosa en sí" por Kant, "materia" por muchos, "revelación" por Husserl y Heidegger, etcétera.

Para Freud es el cuerpo biológico y muchas "cartas" neurofisiológicas, además de una muy incompleta y contradictoria "carta" psicológica: la carta llamada "inconsciente".

Otros, Klein, Bion, Lacan elaborarán distintas "cartas" con variadas restricciones y sin saber *qué es* una carta.

Experiencia chamánica-sueño y enfermedad.

Primera carta-fundada en la conquista del "mundo imaginal" (Henri Corbin). Imaginación creadora que diseña un *territorio de poderes* con los cuales y contra los cuales lucha (en el sentido más literal) el chamán ante el enfermo anterior a las Cartas de la Magia que son ya más restringidas o más extensas.

¿Por qué ante el enfermo? Porque sólo la enfermedad rompe las rigideces de un estado abstracto llamado salud y "bienestar".

En la enfermedad somos un trozo de lo Real, casi divinos. Y en el sueño se desgarra toda carta y se mezclan sus trozos. Es la primera y muy engañosa *"visión"*. Es el columbrar confuso y embrional de una o más *presencias o presentaciones que se rehúsan* a toda carta completa, pero que son precursoras de cartas. El chamán indaga en los sueños, reconstruye una carta, que es el hombre mismo. Las "cartas" enfermedad y sueño son aperturas o cierres en campos de significaciones no humanas —estrictamente— dicho en el promedio de lo humano (especie). El *homo sapiens* también es una carta.

JULIO DE 1993

9. CONTEXTO DE CREACIÓN

VACÍO POTENCIAL

Resumamos lo afirmado hasta el momento. Situarnos en un contexto creativo supone alcanzar el inconsciente ampliado en la cultura viva. Se trata, pues, de un "nosotros" con identidad, en el que el juego de la imaginación creativa intuye holísticamente una experiencia indeterminada a través del símbolo vivo, iniciando una nueva percepción-conciencia.

En el contexto creativo, durante el transcurrir mítico, no hay percepción-conciencia, sólo un sujeto "abierto" que coparticipa de un todo fuera del tiempo medido por el espacio.

Aclaremos que para alcanzar este campo morfogenético es menester ir más allá de la desexualización sublimatoria, más allá del narcisismo ilusorio de una realidad representada y más allá de un código lingüístico y pulsional, conectado con las fantasías inconscientes. Estamos allende el psicoanálisis tal como lo plantea Freud, aunque en la línea que él intuyó, pero imposible de ser alcanzado dentro de las limitaciones de su teoría. Más adelante retomaremos este tema al hablar de la resignificación.

Comenzamos a describir este inconsciente holístico,

participativo hace unos años, cuando desarrollamos por vez primera el modelo de crisis vital. Es el momento en que la "duda existencial" [1] hace que el yo suspenda todo lo percibido y pensado. Parte del mundo de los objetos e ingresa en el de los valores, tomando este concepto como solamente vivenciable, no identificatorio. Valores tales como la vida, la ley, la verdad, son "campos" con fuerza propia donde la moral cede su lugar a la ética, como campo virtual en el que nos respetamos con el otro, sin identificarnos. Es necesario insistir, una y otra vez, que ese inconsciente cultural vivo es de donde surge "el poder" creativo. Contexto de creación al cual tenemos que saber llegar en cada crisis vital o en cada encuentro terapéutico, psicoanalítico o no.

Sabemos que se trata de un campo irracional, pero no por ello carente de lógica. En este "caos vital" donde fluye "el poder" (más que la pulsión), todo es *difuso, sin fronteras precisas y, por lo tanto, desbordante de significaciones, dado que las posibilidades son infinitas, es decir, indeterminadas*. No todo está a la vista ahora; la parte está en el todo y viceversa. No hay respuestas terminantes, toda diferencia es de grado. Somos, en alguna medida, aquello que no somos. Lo que falta está presente. Salud y enfermedad son dos caras de una misma moneda. El vacío es creador; no saber es la máxima sabiduría. Lo bueno y lo malo no se oponen, etcétera. Todos éstos son postulados de la nueva lógica de lo difuso (Trillas, 1980). Transitar por esta experiencia nos hace más tolerantes.

Para que un acto sea creador, necesitamos buscar un contexto indeterminado que nos enfrente con un "vacío", asumiendo el misterio como desafío, liberándonos de todo determinismo. Pasaremos de la ampliación del inconscien-

---

[1] Consiste en una duda existencial que no es obsesiva ni metódica.

te dinámico —que nos determina a superar repeticiones indefinidamente— a un contexto inconsciente que nos libera de todo fundamento espacio-temporal, impidiendo así instalarse a los objetos de identificación que nos atan a la repetición.

No basta —como afirmaba Freud— con que el inconsciente "ignore el tiempo". Es necesario además que "ignore" —trascienda— el espacio. De lo contrario, el tiempo sólo tendrá un movimiento del pasado al presente; de lo reprimido infantil hacia el presente transferencial, sintomático u onírico. El espacio permite objetivar, ubicar y trazar la trayectoria de los hechos, de modo que así puede explicar sus factores causales. En realidad, la intención de Freud fue "explicar" (*deutung*) y no "interpretar" (*auslegung*), como lo señala el traductor (Laplanche y Pontalis, 1971).

Cuando Nietzsche dice que "todo es interpretación", se refiere al significante liberado de todo significado previo. Es la ruptura del "eterno retorno" con el excedente de significación, para poder "interpretar" de otra manera la realidad; un modo creativo de usar "la fuerza" de la inspiración sobre la repetición. Para él, "el poder" se impone con "interpretación", no luchando para lograr explicaciones que dominen la realidad o la interacción. La lucha de la interpretación es liberadora, se empeña por algo que aparece, no contra algo que nos presiona de cualquier manera.

Para poder "interpretar", necesitamos salir del espacio para que el tiempo se libere de ser medido y dominado en un suceso. Entonces, sí, "todo tiene que ver con todo"; la interacción es absoluta, globalizante, no puntual ni lineal. Si no hay tiempo medible en el inconsciente ampliado a lo cultural vital, no hay continuidad sino simultaneidad de in-formación. Hay resonancia de una "fuerza", "simpatía", diría Max Scheller, capaz de generar un acontecimiento (lo no repetible, no deducible, único) o interpretación del sentido holístico de la experiencia, un contexto totalizador que brinda sentido a lo particular del símbolo vivo. No representa, sino que cristaliza lo vivenciado en una imagen.

Por eso sostenemos que el acto creativo requiere de lo originario como campo sin fundamentos. No necesita de supuestos ni objeto identificatorio alguno que pueda determinarnos. El pasaje al inconsciente cultural vivo es condición necesaria, aunque no suficiente, del acto creativo. El acceso al contexto creativo supone la tarea de ampliar el inconsciente. A partir de entonces es fundamental una decisión: o asumimos el vacío generador de angustia, vivenciando la falta de "fundamentos" o, por el contrario, una vez alcanzado este vacío que nos sorprende, tratamos de ocultarlo con cualquier imagen que lo represente. Nos alejamos, pues, de esa dimensión cósmica, totalizadora de una realidad sin espacio-tiempo controlables.

Para entender mejor esta decisión, como acto de coraje de asumir lo desconocido por excelencia (el futuro), relataremos el pasaje del enamoramiento al amor. Tener una crisis no significa necesariamente que ésta sea vital; es una oportunidad que puede ser desaprovechada, como el enamoramiento, como la duda existencial sobre la identidad y tantas otras con que la vida nos desafía.

El pasaje del enamoramiento al amor tiene, desde el punto de vista del modelo de crisis vital, cuatro tiempos. El primero es cuando perdemos el estado equilibrado en las relaciones afectivas comunes de la vida cotidiana. Sorpresivamente, algo nos desequilibra, una mirada, un gesto, una palabra nos hace vibrar, desear, y nos moviliza. Todos los "objetos", todo el sistema donde cómodamente estábamos instalados nos abandonan, dejándonos como "embriagados". Es un impacto que nos desordena placenteramente. Estamos frente a una crisis que nos desafía con un ideal diferente, ante lo cual poseemos dos opciones. En primera instancia, que es la más común y sencilla, tratamos de aferrarnos a la persona que provocó el impacto, proyectando sobre ella el ideal que automáticamente la convierte en idealizada. Es decir, el ideal como "valor" deja de ser tal y se convierte en objeto identificatorio (algo dejo de mí y algo saco del otro). Con esto evitamos el impacto de lo desconocido y nos tranquilizamos, más aún si logramos que el otro lleve a cabo lo mismo con uno. Así cerramos el vínculo, sin dejar ningún vacío. Más bien se inicia una relación de extrema dependencia, pues cada uno se convirtió en complementario del otro, cada uno sostiene al otro en la idealización. Por otro lado, iniciando el segundo momento, los enamorados pueden optar por la inestabilidad del impacto y asumir la crisis. Aceptamos así la debilidad de quedarnos sin el sostén de lo conocido, nos liberamos de todo objeto de identificación, asumimos la "borrachera", la confusión donde todo es posible. Esto provoca angustia o miedo por la inseguridad creada, pero, al mismo tiempo, si asumimos este desafío, nos "abrimos" a una experiencia que no nos da fundamentos, que no tiene explicación. Se amplía el campo y la percepción del yo deja lugar a vivencias de un yo suspendido. Éste "ve" todo participativamente en un vínculo "vacío", un vínculo que escapa a toda medida y control, en el que dos seres han aceptado el desafío del amor. [2] No hay relación sujeto-objeto, hay encuentro de partes en un todo que las trasciende sin abolir sus identidades. Se establece, decimos, un espacio ético, de "reconocimiento con el otro" (E. Roca).

[2] Es importante subrayar que definimos "amor" como "valor". Lo inapropiable sólo participable, del que surge el "poder" de crear algo nuevo, no repetido.

Oración

Déjame
déjame llorar el infinito
lo inefable
o
Déjame esperarlo y compartirlo
siempre
pero no me dejes apresarlo
nunca.

FERNÁNDEZ MOUJÁN, 1991

Con estas imágenes poéticas intentamos señalar el momento en que el amor nace y, por consiguiente, la gran tentación de no "transitar" por ese inconsciente cultural, generador de fuerza permanentemente creativa.

En el modelo de crisis vital acontecerá el tercer momento ilusorio, en el que nuevamente buscamos cierta estabilidad a través de estructuras objetivables donde nos identificamos: compromisos afectivos, amigos y familia compartidos, dinero, etc., planteados como proyectos idealizados. Sabemos que aparece la desilusión en el recorrido hacia la realidad más concreta, que pondrá a prueba la permanencia del "espacio" de amor, hasta alcanzar, en un cuarto momento, la aceptación mutua capaz de un compromiso psicosocial más permanente.

Todo esto sucede en un contexto de idas y venidas y de innumerables crisis, algunas asumidas, otras evitadas, pero siempre con la esperanza de la recuperación. Al aceptar la existencia de este "vacío", espacio vivo o campo de "fuerzas", no tendemos a la descarga; permanecemos "abiertos" a un inconsciente cultural, que garantizará la flexibilidad, por nuestra natural tendencia a la fijación y el determinismo (carácter, estructuras sociales, ideológicas, cientificismos, etc.) de las nuevas estructuras estabilizadoras, hasta que sobrevenga una nueva crisis.

CONDICIONES DEL ACTO CREADOR

Los estudios realizados sobre el cerebro nos impulsan a reflexionar acerca de un hecho. Es sabida la interconexión sináptica en la transmisión cerebral, pero no se conoce la interconexión global: ¿cómo se explican los registros holográficos de Pribram en el cerebro? La transmisión no puede ser eléctrica ni química, porque no posee la velocidad suficiente al seguir la trayectoria lineal de la ciencia mecanicista. Nuevamente nos preguntamos si existe información y no puede ser por interacción mecanicista. La física cuántica brinda la respuesta al denominar "potencial cuántico" a esta capacidad de generar un "campo" en el que se interconecta cada parte simultáneamente, dado que la in-formación se transmite a velocidades próximas a la de la luz.

En estos campos electromagnéticos, la velocidad es de 300.000 km por segundo. Por lo tanto, el espacio se achica en longitud, en la misma medida en que el tiempo se dilata, y la realidad temporal pasa a ser lo determinante, y no el espacio mismo. Hay información pero no interacción entre objetos, como en los sistemas tanto abiertos como cerrados.

Esto nos lleva a concebir el cerebro como un contexto de creación. Un inconsciente cultural que, como globalidad nutriente, da cita a todos los fenómenos de la vida, desde el origen cósmico [3] (partículas elementales) hasta nuestras

---

[3] También somos un mensaje de información que lleva ya 15.000 millones de años y que se encuentra vivo en algún lugar del cosmos. Es decir, un "espacio vivo" en permanente expansión.

representaciones más sofisticadas. En este campo de máxima in-formación, la vida se presenta con su "máximo poder", es decir, completamente desordenada. Espera la in-formación que, como inspiración, alcanza "la placa" holográfica cerebral, provocando una sensación vivencial (*erlebnis*) integrada inconscientemente con la totalidad del holomovimiento.

O sea que gracias a esta visión del cerebro podemos comprender mejor nuestra posición sobre el inconsciente cultural como contexto creativo. Ahora nos aventuramos a pensar desde la biología y la física cuántica, ambas susceptibles de ser registradas vivencialmente, dando sentido a cada parte de la percepción. El acto creador consiste justamente en eso: la parte, la "palabra" o la "imagen" hablan también del todo que está presente. [4] Un contexto infinito que da sentido a cada fragmento, y no al revés como el concepto de falo lacaniano, en el que el significante falo (fundamento) da significado a infinitos contextos que desentraña.

El acto creador no surge de ningún significante, sino de un contexto vacío de fundamentos, en el cual el sujeto en tránsito se impregna del carácter cósmico (global) del inconsciente, hasta que llegue la inspiración generadora del acontecimiento. Éste es, pues, el acto creador.

El acto creador integra el micro y el macrocosmos, la parte con el todo y viceversa (holografía), la vida y la muerte, el inconsciente restringido del psicoanálisis y el inconsciente ampliado de las crisis vitales.

Más adelante señalaremos, al hablar sobre cura, que la liberación consiste en recuperar y conquistar este

---

[4] A esto hemos llamado, en el modelo de crisis vital, "símbolo vivo", en oposición al símbolo lingüístico representacional que habla de lo ausènte.

"poder" creativo, liberación a la que tendemos en la búsqueda de salud en libertad.

Berdiaev (1970) es suficientemente explícito cuando afirma que "la creación necesita contacto con lo universal, donde cuerpo y naturaleza se confunden para que la palabra sea viva y continúe con la creación". Y luego agrega el pensamiento siguiente: "El octavo día es del hombre".

Creemos, hasta el momento, que se ha comprendido el fenómeno de cómo alcanzar el contexto de creación y estar "abiertos" a la inspiración que nos otorga el poder de la participación con lo universal. Es decir, el inconsciente ampliado cuando asumimos una crisis como vital.

Señalamos también cómo ese contexto liga íntimamente el cosmos, la naturaleza, la biología, el psiquismo individual y lo social (cultura viva), todos ellos condiciones ineludibles para la creación.

También acotamos que al constituirnos en sujetos "transmisores de la vida" (Lawrence, 1990), surgirá, ineludiblemente, la palabra viva. Y en consecuencia, diremos "adiós a la razón" como Feyerabend (1987). Este epistemólogo afirma que si no le decimos "adiós" nos hallamos ante la imposibilidad de crear. Porque el mundo que nos representamos racionalmente consiste en el dato que pone en evidencia cómo creemos que es el mundo. El prestigioso hitoriador de la ciencia T. Kuhn también sostiene que cuando un paradigma cambia, lo que se transforma son los datos que crean teorías racionales, y esos datos representan el mundo. Si no lo suspendemos, aunque sea por un instante, el mundo se repite. [5]

El acto de creación supone, entonces, estar fuera de

---

[5] "Y se va a repetir —afirma don Juan a Castaneda— y te vas a repetir vos mismo en un espejo, lo que previamente pensaste y creíste haber visto."

197

la tendencia natural a la repetición. Su misión consiste en trascender más allá de todo lo establecido. Es decir, trasciende a la repetición pulsional, a la descarga en un objeto de satisfacción, a la transferencia, a las fantasías reprimidas y originarias, e incluso a los arquetipos de Jung. Supone la "inocencia olvidada", el hombre y la mujer en estado natural, abiertos a lo universal. Pero esto no implica una simple frase; es una experiencia hoy avalada por físicos, historiadores, epistemólogos, biólogos, lógicos, [6] filósofos posmodernos, y por la experiencia psicoanalítica que realizo desde mi modelo de trabajo.

Todos ellos son supuestos que podríamos ampliar, pero preferimos generalizar por ahora, afirmando que el acto creador supone, ante todo, un campo de indeterminación, que como momento impensable nos da la oportunidad de crear un nuevo pensamiento. Está en nosotros la posibilidad de asumir o no esta crisis vital. Es una decisión que debemos estar decididos a enfrentar. Escuchemos las palabras de Lawrence (1990):

Fénix

¿Quieres ser borrado, abolido, anulado,
cancelado y reducido a la nada?
¿Estás dispuesto a ser reducido a la nada?,
¿a sumergirte en el olvido?

Si no: nunca podrás cambiar realmente.

El ave Fénix renueva su juventud
sólo cuando ha sido quemada, quemada viva,

---

[6] Es oportuno señalar lo que sostienen los lógicos acerca de lo difuso. Afirman que no hay fronteras claras entre objetos, cosas y palabras. Existe, pues, un "espacio" que interconecta con su lógica propia totalmente "desbordante" de posibilidades.

consumida hasta una pálida y chamuscada ceniza.
Entonces, la palpitación de una nueva ave
/en el nido
con sus flotantes hebras de plumón ceniciento,
demuestra que está renovando su juventud
como el águila:
Ave Inmortal

Es importante no confundir lo azaroso con la creación. El azar es condición necesaria como posibilidad, pero falta en él esa decisión libre y enérgica de la que Lawrence nos habla poéticamente y que hemos descrito en nuestros libros anteriores (1978 y 1989) como "el desapego", y Eckhart (1982), entre los místicos, como "desprendimiento". El hecho de afirmar que "esto sucede por azar" es evitar el compromiso con los misterios del universo, en los cuales venimos participando hace quince mil millones de años. El azar nos libera de la necesidad pulsional, de la cadena de significantes y de la sobredeterminación de la estructura socioeconómica. Sin embargo, es necesario darle a esta liberación una salida hacia la razón.

El inconsciente dinámico no tiene en cuenta el azar. Un psicoanalista no puede decir, sin perder coherencia, "Esto sucede por azar". Se empeñará en buscar la explicación que está oculta y a la cual hay que desentrañar. En nuestro caso, al haber ampliado el inconsciente, como psicoanalista que rompe con su coherencia anterior, damos cabida a la posibilidad del azar. No obstante, proponemos continuar la tarea sobre la creatividad para convertirla en acto existencial que nos encaminará por la senda de la salud. Esto significa recuperar nuestra identidad, que se caracteriza por constituir un "siendo", donde fluye la vida y a la cual vivenciamos antes de decidir en libertad, y crear una nueva realidad. A esto hemos llamado identidad de persona (1978).

Estamos ahora en condiciones de describir lo que denominamos "las vicisitudes del acto creador".

1. *La fractura.* Todo acto creador comienza con una fractura de la estructura individual y colectiva previamente establecidas. Esta fractura se produce cuando "lo establecido" frena el desarrollo de la persona o el grupo, generando una tensión repetitiva de la entropía entre el poder de la vida y la muerte (tal como en el noveno mes el embarazo finaliza en el parto). En el mejor de los casos, este malestar origina la fractura que Nietzsche llamó con sarcasmo "crisis del nihilismo", pues lo que entra en crisis es un mundo representado sin rastros de vida. Esta fractura también puede ser provocada (como toda crisis) por accidentes de la vida que nos desestructuran (muertes, éxodos, catástrofes, enfermedades, nacimientos, separación, enamoramiento, etc.).

2. *Liberación de "energía" y aparición del "poder".* Cuando se fractura una estructura se libera un cuanto de energía, que hasta entonces estaba ligado a los objetos de la estructura, esperando un nuevo destino. El psicoanálisis explica este período de espera a través del pasaje por el yo de esta libido (energía sexual) que aguarda otro objeto (Freud, "Duelo y melancolía"). No hay un estado de posibilidad creativo, pues ya existe un destino más o menos determinado. Estamos siempre ante una energía [7] cuantitativa que busca la descarga y que en el trayecto realiza un trabajo, un "rodeo", diría Freud.

---

[7] La energía en física se define como la "capacidad de realizar un trabajo". En cambio, la energía en psicoanálisis se manifiesta como un "factor cuantitativo de las operaciones del aparato", según la definición de Laplanche y Pontalis en su conocido diccionario.

Gracias al psicoanálisis, sabemos que esta energía transita en el inconsciente más libremente hacia la descarga, la cual es determinada por la fantasía. Cuando se produce una fractura, un duelo por ejemplo, se provoca una liberación de energía. Dicha energía brinda un coeficiente de libertad hacia nuevos objetos que lo ayuden a superar el duelo, previo paso por el yo. Lo mismo sucede en el mecanismo sublimatorio, en el proceso normal de socialización: en la adolescencia, por ejemplo. Una suerte de desexualización, en el sentido de que la descarga se realiza sobre nuevos objetos, más sublimados, menos egoístas y más sociales, es decir, menos posesivos y menos dependientes, hacia objetos con relaciones más autónomas. Esta liberación de energía es parcial, porque nos liga nuevamente a objetos más sublimados, a través del proceso de idealización que el yo realiza consciente o inconscientemente. Arrastra, de este modo, a los objetos reprimidos, generadores de síntomas.

En la ciencia sucede algo similar. Una teoría fracasa debido a que ya no resuelve problemas técnicos o sociales. Se libera entonces la energía ligada a la teoría anterior y se la orienta hacia la investigación para descubrir "lo oculto", que es causa de los errores. Se desemboca así en un contexto de descubrimiento.

Pero, además de la energía, nos abrimos a un campo de "poder". Nos referimos a aquello que definimos como contexto de creación. Es oportuno además señalar que la fractura sólo nos brinda la oportunidad de alcanzar un campo participativo, en el cual aparece una "fuerza" que no es masa por aceleración como la definen los físicos ni libido psicoanalítica sino poder de creación, que viene desde el inconsciente cultural vivo. Para arribar a esta situación tiene que darse otra vicisitud importante.

3. *Ocultamiento del sujeto-objeto* (suspensión del yo). La fractura de toda relación tranquilizadora —aunque caduca— deja al yo en un estado de desorientación, duda y confusión. Nietzsche diría una "embriaguez"[8] que nos libera de ver las cosas como estaban. Si aceptamos el desafío, el yo se atreve a desidentificarse y deja de percibir y percibirse como le era familiar hasta entonces. Duda de todo lo que piensa y percibe, con una angustia no temerosa, ni tampoco amenazante. Si esta angustia existencial (no castratoria) se tolera, es porque el yo ha quedado suspendido y el inconsciente restringido dinámico se abre al paradójico[9] cultural. No hay angustia y, por lo tanto, no hay apremio por "realizar ningún trabajo" o alcanzar ningún objeto. Sencillamente la percepción no interesa por el momento.

Si suspendemos el sujeto-objeto del lenguaje, de la ciencia, de las pulsiones, aparece un "sujeto de experiencia", que sólo transita abierto por un campo indeterminado, del cual se siente "simpáticamente" unido por participación (no por identificación) con valores que trascienden a todo objeto. Así nos hacemos parte de un todo dador de identidad grupal o cósmica, un "nosotros" (social, ecológico, cósmico) que es la cultura viva que inconscientemente nos incluye.

4. *El contexto de creación o identidad grupal* (lo mítico). Es la cuarta vicisitud del acto creativo. De él ya hemos hablado, de modo que ahora nos limitaremos a redefinirlo como vicisitud necesaria, pero aún no suficiente para que se plasme el acto creador. Por él hay que pasar, una vez superada la angustia existencial de "dudar

[8] No olvidemos que Dionisio es el dios de la embriaguez.
[9] Hablamos de una situación paradójica porque supera toda contradicción u oposición.

existencialmente" de todo, aun de uno mismo; una crisis de identidad total que nos constituye "universales", como diría Tolstoi. Por eso es que hemos insistido tanto en el modelo de crisis vital, en este concepto. Ya no somos un yo; estamos siéndolo mientras transitamos por un nosotros totalizador, en el cual somos parte estructurante como "funciones". Todo está en función de la totalidad dentro de un sistema que se autogenera. La familia, por ejemplo, tiene una dimensión de identidad grupal o familiar donde las funciones paterna, materna y filial se retroalimentan simultáneamente, debido a que son parte de un valor familiar que es de todos, y por eso no es de nadie. No sería en el caso de "nuestra familia", aquella que tenemos incorporada por identificación. Esto no tiene que ver con el origen de un niño en su familia, sino con lo originario, donde no hay testigos ni observadores, sólo coparticipantes. De este misterio participamos, y nos nutrimos de su "poder" de generar nuevos objetos, de crear nuevas formas. Sheldrake (citado en Briggs y Peat, 1990) llamó campo morfogénico a este contexto de creación. Al alcanzar dicho nivel, nuestra situación es de total embriaguez. Lo que vemos no es tampoco lo que pensamos. Fluimos, devenimos, transitamos y nos abrimos a la inspiración o intuición del símbolo vivo.

5. *El acto existencial de la creación.* Cuando estamos al alcance del poder que posee el inconsciente cultural, la inspiración surge y ante ella nuestro ser se estremece. Y *decide* entonces dar a lo vivencial del sujeto transicional una fuerza o poder de generar o intuir la imagen que brinde sentido a la experiencia, es decir, el símbolo vivo.

Lo que hasta ahora era silencioso y mudo (estructura mítica) (Leenhardt, 1961) esboza su primer gesto, inédito, único, generador de un acontecimiento: la creación. Se transforma toda la visión del mundo porque han sido cambiados los datos del paradigma, al agregarle uno fundamental que hasta ese momento no había participado. Es una nueva forma de ver y de observarse en el mundo que ya no consiste en alcanzar un objeto más sublimado, sino en crear una imagen que emita un nuevo mensaje orientador, pues se ha ejercitado la imaginación creativa. Es un mensaje de nuevas configuraciones o paradigmas que no sólo nos relacionan más maduramente con las cosas, sino que nos ubican más libremente ante el mundo.

6. *La libertad de crear.* Una vez que aparecen la inspiración y la imagen creadoras, el sujeto abierto permite el registro holográfico y obtiene el poder de realizar configuraciones, incluyendo tanto lo originario como lo reprimido. Esta expresión de libertad surge de un sentimiento de identidad, pleno de autoestima, confianza, coraje y modestia. Sabiéndose transmisor de la vida y orientador de sus propias pasiones, puede volver a la realidad objetivada y al pensamiento racional, sin tanto miedo a la pérdida, al desamparo, al no saber. El yo sabe que toda esa angustia esconde otra posibilidad: la de crear y crearse con los otros.

En definitiva, el yo sabe que sus nuevas ilusiones sufrirán desilusiones. Sus estructuras estables volverán a entrar en crisis y serán nuevas oportunidades, pero sobre todo ha aprendido que su propia suspensión no lo sumerge en un caos desesperante, sino en una realidad ampliada donde "todo es posible".

10. EL ACONTECIMIENTO EN LA CRISIS VITAL

Sólo el misterio nos hace vivir
FEDERICO GARCÍA LORCA

LA AMBIVALENCIA COMO DESAFÍO O CONFLICTO

La estructura de nuestro pensamiento es una forma de defensa ante lo inesperado de la vida. Es un modo de prever, dentro de nuestras posibilidades, el contexto de lo imprevisible. El determinismo pulsional, el inconsciente estructurado como lenguaje y las estructuras sociales son formas a las que nos aferramos de múltiples maneras. Lo imprevisto, que para muchos es razón de optimismo en la marcha de la historia, es una fuente de temor para los que cómodamente se han instalado en la vida. Por tal motivo han colocado a la inteligencia y al pensamiento racional como fundamentos del saber, cuando en realidad es a la inversa: la sabiduría es "fuente" para la inteligencia.

¿Qué es saber? ¿Es acaso, conocer? El saber consiste en prever, "ver" el todo desde una parte, no por deducción sino por vivencia coparticipativa. Como lo hemos dicho en otros capítulos, es el *acto existencial* o *intuición creativa*. Pero para que ello suceda, señalamos la importancia de alcanzar la fuente germinal donde reina lo indeterminado, como un elemento de orden en lo difuso. No obstante, para "ver" tenemos que dejar de observar, y así seremos parte en función del todo. Esta actitud opuesta a la que estamos acostumbrados cuando resolvemos conflictos, oposiciones y ambivalencias, genera nuevas ambivalencias que van convirtiendo la realidad en una idea cada vez más deformada, dominada por el imperio de la razón. El lenguaje como código separa, opone, relaciona dentro de las leyes de la lógica. Posee una importancia tal que las representaciones se hacen más relevantes que la realidad misma.

El yo se ubica en el centro, relacionando significantes y en una búsqueda constante de sus significados, dentro de la lógica del pensamiento racional. Hemos llegado a colocar nuestro pensar como centro descodificador de la realidad, anteponiéndolo a la existencia misma de los hechos. El "pienso, luego existo" cartesiano se ha convertido en axiomático, como intento de dominar lo incontrolable e inquietante: la vida.

Primero, el yo idealiza la experiencia elaborando una hipótesis posible sobre ella, en aras de poder actuar. Pero esta acción aparece a partir de una representación simbólica que controla la angustia ante lo desconocido. Freud mismo, cuando elabora su teoría de la angustia, transfiere la tensión surgida por el fracaso —ante la descarga pulsional (necesidad y demanda)— a una "señal" que representa el peligro de una posible repetición del fracaso. Freud resuelve el dualismo descarga-repetición del fracaso, con otro dualismo peligro-permiso, el cual nos aleja aún más del miedo original que para él es el desamparo. Todo modelo mecánico se desarrolla a través de un dualismo progresivo que descarta aquello que considera falso o verdadero. Los opuestos los resuelve con otros opuestos más elaborados, en un afán de mayor objetivación, es decir, delimitación, definición y oposición, que permitirán al yo identificarse con una menor ambivalencia. La ciencia también realiza este trabajo al buscar una mayor objetividad.

Planteamos, pues, el problema de que toda oposición de términos consiste en un dualismo para el yo. Y si éste no presenta una crisis, su progresivo desarrollo nos alejará cada vez más de la realidad auténtica, la cual puede ser suplantada por una realidad "oficial" alienante y anestesiante, una realidad que imperceptiblemente se impone por "la pereza" natural que el hombre tiene para construir desde lo inesperado. Perdemos la capacidad de asombro, al reconocernos y reconocer a otros en sus múltiples e inagotables posibilidades. No sólo "la pereza" nos mantiene en esta ilusión, sino también la pretensión de una supuesta objetividad que permite manipular todo y nos hace sentir importantes e imprescindibles.

El "pienso, luego existo" se ha extendido y deformado de tal manera que el conocimiento idealizado nos ha alejado de la vida. Nietzsche afirma que "el conocimiento nos aleja de la vida y la vida nos aleja del conocimiento", por ser la vida la única cuestionadora de nuestras ilusiones. Cuando las ilusiones se instalan en nombre de la comodidad racional, los fanatismos religiosos, las ideologías o la ciencia, pueden tener consecuencias nefastas, pues no tienen otra finalidad que ocupar liderazgos usurpadores, cuya tarea radica en congelar la inestabilidad de los ideales vitales en problemas tales como la droga, el sensualismo, el mercantilismo y toda moda social de manipulación.

Si el yo deja de ser el centro pensante y elaborativo, ¿desde dónde nos interrogamos sobre nosotros y las cosas?, ¿desde dónde procesamos los estímulos y la información? Hemos postulado la necesidad de suspender el yo y todas sus "evidencias racionales", para dar lugar a las "evidencias originarias" (Husserl) surgidas cuando damos cabida al inconsciente cultural que hemos rescatado teórica y operativamente.

Al suspender la identidad proveniente de las identificaciones realizadas por el yo, aparece un sentimiento nuevo de identidad grupal que nos convierte en sujetos de experiencia singular, el cual coparticipa en un todo posible donde surgen imágenes creativas. Ya hemos señalado que les ha sucedido algo parecido tanto a los físicos como a los pensadores que se basan en los nuevos paradigmas, al perder de vista el campo de objetividad determinado en el tiempo y medido por el espacio. La pérdida de la percepción objetiva y el descubrimiento de estructuras "disipativas" han llevado a cuestionar la entropía y la objetividad científica. Hemos abierto un indeterminismo similar en el campo de la psicología, desde el modelo de crisis vital.

Es importante resolver los opuestos sin exclusiones a partir del modelo que presentamos y vivir el espacio entre ambos como un campo participativo, de donde emergerán nuevas formas como resultado de haber vivenciado los opuestos desde un todo que incluye a las partes. Antes que diferenciar y oponer (como el lenguaje) es fundamental "dudar", poner en crisis los opuestos que nos tranquilizan y vivirlos como partes de un todo que los incluye. La confusión surgida al romperse la tensión entre opuestos se transforma en un campo de energía potencial donde ya no es posible una síntesis de lo anterior, sino la creación de una nueva configuración. Se ha roto la cadena del lenguaje, donde la oposición permite definir y combinar con las leyes de una lógica hipotético-deductiva. Se abre entonces un campo difuso, sin fronteras claras entre los términos que liberan un coeficiente de infinitas posibilidades. En este campo, que denominamos inconsciente cultural, las "evidencias son originarias" y anteceden a las racionales. La palabra nueva no será consecuencia de un suceso lógico, causal y deducible, sino que aparecerá como la "palabra viva" del acontecimiento, hecho que carece de explicación por la lógica clásica. Las cosas se nos revelan, al suspenderse las evidencias objetales, desde un vacío creador cuyo sentido se capta holográficamente. Nos encontramos, pues, ante el *acontecimiento*.

EL ACONTECIMIENTO

Si la consistencia de un signo consiste en remitir a otro, no existe decisión alguna. Para decidir es necesario que exista un sujeto, un hombre que habla, no tan sólo que sea hablado. En el estructuralismo todo permanece inmanente dentro de la cadena de significantes, sintaxis que valoriza lo sincrónico hablado en cualquier contexto y en la cual hacemos una lectura de textos cuya relación es comunicar *desde otro*.

Ricoeur propone reemplazar "la palabra como significante en cualquier contexto" por otra palabra ("la frase"). Ésta no remite sino que dice algo en sí misma, pues este autor apunta a un "contexto con identidad". De ahí que la relación no sea comunicar desde otro, sino *para otro*. También es significativo señalar que, además de leer, fundamentalmente interpreta. [1]

Decimos que esta nueva palabra no surge del *suceso* determinista sino del *acontecimiento*. Dicha palabra se caracteriza por los aspectos siguientes: a) se realiza en un tiempo histórico; b) se reenvía a un sujeto que la emitió; c) el sujeto relaciona las cosas de un mundo *real* que pretende representar; d) es comunicación en acto, no

---

[1] Desde otro, para otro, *en otro*. Podemos comunicar "desde otro", desde un lenguaje que hablamos. Podemos comunicar "para otro" como sujetos de experiencia, no lingüísticos, y podemos comunicar "en otro" como pensamiento libre entre el espacio y el tiempo, coparticipando de "la falta", a través de lo que denominamos identidad grupal. Interpretar no es explicar, pues se tradujo en Freud como interpretar a esclarecer o explicar (Laplanche, J. y Pontalis, J.B., 1971).

mera lengua que interpela (E. Roca). Cuando esta palabra es emitida enriquece con autonomía a todo el sistema (individual o grupal) que se autorregula coherente y expansivamente.

La palabra del acontecimiento es similar a un puente, en el cual se incluyen un lenguaje inconsciente que nos habla y una cultura de la que somos protagonistas. Busca como ideal no sólo alcanzar una mayor conciencia ("presencia"), sino el incremento de la disponibilidad a todo proceso reflexivo vital. Es producto de una relación viva entre un singular vivo y un código, es decir, un hecho singular y único, no deducible como el suceso. [2]

¿En qué se apoya el acontecimiento? E. Roca afirma que se sustenta en lo biográfico: 1. "bio", el *cuerpo vivo* como centro de perspectiva, no sólo receptor, y 2. "gráfico", el *mundo histórico* (no la historia descriptiva) o cultura viva. Ambos se condensan en un contexto con identidad grupal. Allí lo singular y uni-versal participan de un inconsciente cultural.

Al dirigirnos allí, *donde nada conocemos*, hemos descubierto aquello que siempre falta: *el misterio*. [3] Hemos roto la cadena de un inconsciente descriptivo.

---

[2] *Texto-contexto*: Cuando leemos textos que han perdido su significación al perder la palabra oculta por la represión y logramos encontrar dicha palabra, ésta es anónima en sí misma, no tiene densidad, sólo un lugar en el código que hace coherente el texto en la nueva significación. El peligro de mantenerse sólo en este nivel es que permite adecuar "la palabra" al modelo teórico del terapeuta. Cuando nos incluimos en el contexto y encontramos "la palabra", ésta no es anónima sino con sentido. Surge, pues, de una organización de significaciones realizada libremente, que usará el código lingüístico pero manteniéndose unido al acontecimiento que compromete tanto al paciente como al terapeuta. El texto no puede así divorciarse como dos niveles (el vivido y el hablado) sino que se encuentra integrado. La coherencia lógica tiene una atadura con lo vivido imposible de ignorar.

[3] Para Lacan el falo es una falta que divide, sexualiza. En el

El hecho de no saber no nos remite a lo oculto reprimido, pues eso, en última instancia, es no conocer. Saber consiste en participar de "lo real", donde la parte nos dice algo del todo. El acontecimiento, pues, es un acto de sabiduría, no de conocimiento, ya que éste es posterior.

Se comienza a saber ante la duda profunda de encontrarnos frente a una crisis vital. Esta duda fundamental aparece con la paradoja, en la cual lo que "veo" *no es*; aquello que percibo no sirve para construir juicios valorativos que logren objetivar como verdad. "No sé" es un "no" que nos saca de lo sensorial conocido y nos sumerge en "el misterio profundo" (G. Marcel), donde crece la posibilidad de la verdad como valor, no como objeto.

Esta *duda* nos introduce en lo desconocido. Nada hay oculto (inconsciente cultural); todo es posible en este "vacío", que consiste en el no saber cuándo principia toda crisis vital. Es el acto sublimatorio por excelencia, donde el yo, suspendido de sus "evidencias racionales", nos coloca como singularidades (antes que sujetos) participando de lo real.

Nos encontramos, pues, en un estado naciente, originario, mítico, donde el inconsciente cultural se manifiesta a aquellos que se *desprenden* o dudan (*kenosis*), disponiéndose (*kairós*) a renacer, a crear. Emerge del tiempo de adviento (Heidegger), es decir, el que transforma la palabra en historia. Decimos que surgió de la cultura como marco histórico de infinitas combinaciones.

Al suspender el yo, el cuerpo se vuelve vivo, no sensorial sino vivencial. Se encuentra en *disponibilidad* de captar entidades heterogéneas. Y éstas se configuran en escenas que se registran holográficamente. El yo se ha transformado en un "sujeto de experiencia" comunitaria,

---

modelo de crisis vital, hablamos de una falta que integra, contextualiza, posibilita.

cuyas partes figurativas y sonoras comunican cualidades y totalidades (símbolo vivo). Esta transformación es previa a todo conocimiento, y al disponer de la representación activa de la imaginación, prepara el conocimiento simbólico a un desarrollo cognitivo.

Hemos descrito la génesis del símbolo que permite la captación inmediata de la realidad y su manifestación como palabra-acontecimiento. Todo acontecimiento, pues, es original.

Lo real se vive a partir del cuerpo, no desde la mente racional; es un lenguaje del cuerpo implicativo (ante-predicativo); aporta el saber a través del símbolo vivo (imaginación activa, poesía) y facilita un nuevo conocimiento. Además, nos conecta con el inconsciente cultural como marco histórico de infinitas posibilidades. Es, ante todo, un contexto de transformación y creación.

Lo real está en *el vacío* o *cero*, pero no entrópico o fálico, sino que consiste en un misterio fecundo que hoy la física subatómica ha rescatado como energía en permanente expansión (teoría disipativa de I. Prigogine).

Toda crisis vital nos conecta con lo real antes de emerger el yo de la ilusión y la imaginación pasiva. Coincide con el acontecimiento fenomenológico, con la teoría disipativa de la física actual, y con lo mítico y lo poético. [4]

---

[4] La "flecha del tiempo" —la supremacía del tiempo sobre el espacio— es un concepto de la física subatómica que despoja la supremacía del espacio que mecanizó la ciencia, convirtiéndola en una mera construcción matemática. Este concepto brinda al tiempo un valor menos relativo, conservando su carácter de ordenador de sucesiones de un proceso entrópico irreversible que convierte el pasado en muerte. La creación es muerte y resurrección (crisis vital, imaginación activa) que asumimos en un *presente* abierto a un futuro. Toda terapia es resucitar a un "muerto".

Al ser pronunciada la palabra del acontecimiento se sale de lo real y mítico, y luego entramos en relación con el lenguaje, cuyo código permite al yo comunicarse con las formas que hacen posible el pensamiento racional, representaciones simbólicas que se oponen a la fisura con lo real para imaginarnos la realidad, una ilusión del yo surgida como decisión que aleja de la inmediatez de la experiencia y nos coloca como sujetos del lenguaje que designa con nombres lo vivido. Esta palabra ilusoria o hipotética en parte es creada y en parte está determinada por la cadena de significantes y la pulsión.

La aparición del yo y el objeto (salida de la identidad grupal donde se condensan lo singular y lo universal) permite entrar en escena a nuestro cuerpo. [5] La libido se fija a través de las relaciones objetales. La pulsión, cuando choca con el objeto, se difunde en una fantasía interminable que es la matriz de los nombres anónimos (sin pronombre). Seguimos, pues, creando fantasmas que intentarán subsanar la fisura entre el hombre y la realidad.

De una estructura sin "objetos" (lo real) —sólo funciones que genera la palabra— hemos pasado a una estructura ilusoria y narcisista, donde lo imaginario como imaginación pasiva intenta dar cuenta de la fisura con la realidad. Luego, a partir de esta "castración", el hombre entra en el registro *simbólico representacional* que lo aleja aún más de lo real, intentando cubrir el vértigo del misterio con la curiosidad por lo oculto.

¿Será a raíz de esta situación que Lacan sostiene que "la ciencia en sí es un delirio (sin delirante)"?

---

[5] Nos referimos al cuerpo que tenemos objetivamente. No al cuerpo vivo que participa o reconoce. Aquél no se relaciona ni se identifica.

Cuanto más nos alejamos de lo real, más tendemos a convertir las cosas en objetos de identificación para su apropiación y control. Esto consiste en una tendencia inevitable a la fijación, en la búsqueda de un equilibrio más estable de aquel originario de los estados nacientes en la crisis vital. Este equilibrio estable podrá permanecer como estructura apta para un ciclo determinado de la vida personal y grupal. Si se convierte en un fin, se rigidiza y la vida se empobrece. Normalmente su caducidad provocará una tensión que augura una nueva crisis, garantizando así el margen de creatividad humana y la superación de la pereza, los poderes explotadores y todo determinismo usurpador de la libertad creadora del hombre.

Nos hemos instalado en un espacio no medible, sin objetos perceptuales, sólo vivido, donde nuestra conciencia ha dejado de ser atención para convertirse en "presencia" que capta "impresiones" de un todo: un contexto de infinitas posibilidades. Esto es el mito como campo de transformación (Fernández Mouján, 1981).

EL MITO

En el lenguaje común se ha confundido mistificar con mitificar. Sospechamos que esta situación no es fortuita. Es una forma de descalificar la fuerza transformadora del mito con su función mitificadora, una forma que el hombre ha desarrollado desde todos los tiempos, rescatando así su impulso vital natural y creador.

Mistificar es un mecanismo defensivo que tiende a ocultar una verdad perturbadora o simplemente algo desconocido. Freud denominó a este acto de mistificación acertadamente, "la novela familiar"; siempre tergiversa la realidad con la finalidad de paliar la angustia de los hechos dolorosos y traumáticos. [6] En la jerga popular se define mistificar dentro de esta orientación ocultista, significando, en la mayoría de los casos, una exageración o deformación de la realidad, que puede mantenerse como creencia con un fuerte contenido emocional. Y además con una marcada resistencia a cualquier cambio a través del tiempo.

Cuando el mito se transforma en fin —y no en medio—, tiende a mistificar la ciencia, la política, las instituciones, etcétera. Esto es debido a que se considera axiomas a los mitos.

Hace años que intentamos rescatar la riqueza del mito en la práctica psicológica (Fernández Mouján, 1981, 1978). Pensamos que ahora es oportuno volver a este intento para fomentar el enriquecimiento de los conceptos de acontecimiento, imaginación creativa y creatividad que estamos desarrollando.

El pensamiento mítico es la única forma donde "el todo" (no desde la óptica del objeto ideal) puede estar incluido en la parte como inconsciente cultural. E. Roca lo define como una "estructura sensorial capaz de representar el todo en su nivel". Heidegger lo sintetiza como "horizonte hermenéutico". Es decir, nos hallamos ante un "todo" u "horizonte" fuera del espacio-tiempo métricos, el cual no podemos explicar pues el hombre no ha participado del origen del mundo. El mito permite reconstruir el origen por participación, sin pretensión científica; busca relacionarse analógicamente y deja un margen eficaz de incertidumbre (tropo), susceptible de ser interpretado. Con el mito rescatamos el valor del contexto que da sentido y significado. De este modo, se abre el ingenio del hombre, el cual no pretende demostrar todo.

---

[6] La corriente sistémica en terapia familiar también toma el mito con este significado de connotación negativa.

El mito tiene una estructura sin espacio medible. No hay referencia a otro, sino al origen. Todo origen es mítico porque es imposible ser testigos de él. Es por ello necesario definir su campo para entender el contexto creativo que, como tal, no está predeterminado. Es francamente temporal, generando un campo cuyo dinamismo tiende a ser evocativo: "el punto del triángulo evoca (mitifica) los otros dos" (Leibniz). Su estructura es de posibilidades, como el inconsciente cultural, ya que al no constar de partes identificables [7] nos obliga a participar vivencialmente de contextos originarios, donde nuestra identidad se exitende en la naturaleza (ecosistema) y hacia el futuro.

Es en esta experiencia mítica en la que el hombre, como sujeto debilitado por la experiencia, capta o intuye el advenimiento al ser, ante el cual no podemos poner distancia o mediatizar, y tenemos que vivirlo. Son las "evidencias originarias" que menciona Husserl.

El mito como instrumento, una vez arribado a este nivel de lo real, recoge in-formación de los elementos sensoriales que resuenan evocando imágenes "poiéticas". Por analogía, ciertos elementos se integran configurando científicamente imágenes absurdas (así burla la censura racional), pero que evocan argumentos o relatos orientadores (M. Eliade los denomina "ejemplares" [8]). El trabajo del mito, pues, es el de penetrar en la masa de sensaciones de la cultura viva. Consiste en recoger in-formación de un campo sin formas definidas (partículas con energía

---

[7] Leibniz llama "mónadas" a estas "pequeñas percepciones" que no se perciben conscientemente, pues son inconscientes y dinámicas.

[8] Grandes pensadores tuvieron que expresar sus reflexiones en relatos que burlaban la censura racional (alquimistas, esotéricos, etc.) para no exponer su vida. Otros la perdieron, como Giordano Bruno. Y a otros los acusaron de "brujos", según las normas imperantes en la época.

cuántica, como diría un físico actual) y desde allí evocar, intuir una imagen o símbolo vivo que dé cuenta de "todo" lo vivido. Cuando Heidegger afirma "el movimiento del hombre abre espacios", quiere decir que es una configuración imaginaria la que sugiere cómo el hombre crea espacios y formas. ¿Qué diferencia hay entre estas palabras y los versos de Antonio Machado, cuando dice: "Caminante no hay camino, se hace camino al andar"?

Imágenes poiéticas que interpretan una vivencia y proponen una conducta "ejemplar". "El hombre se descubre participando de la naturaleza a través del mito", sostiene E. Roca, lo cual implica que el hombre, al recubrirse de un símbolo vivo, actúa por la imagen, con fuerza tal que nos anima a interpretar creativamente. Rompe o transgrede lo establecido, en nombre de la autoridad que da el espacio ético de la identidad grupal, vincular o cultural. A partir de lo dicho surge el consenso a través del portador que interpreta. E. Roca afirma que "la imagen mítica es el centro organizador de imágenes". Esto significa que como centro de gravedad confiere al hombre la capacidad de ser creador, convertido en sujeto viviente. Esta impresión nutre, de manera inmediata, los primeros sentimientos que desarrollan nuestra identidad personal. La identidad del yo, edificada sobre estas bases, tendrá una autonomía capaz de tolerar con más éxito las crisis narcisistas necesarias para el crecimiento y la socialización.

Esta concepción del mito, como fuerza creadora surgida de nuestra "participación" en "el inconsciente cultural", toma distancia no sólo de toda concepción mítica popular, psicoanalítica o sistémica, sino incluso del estructuralismo de Lévi-Strauss. Para él, el mito señala lugares de oposición y contrastes, [9] lenguaje de "cosas", como el

---

[9] Lacan se basó en estas reflexiones.

pensamiento racional que es lenguaje de signos. Es pura relación sin significación propia, sacando al hombre de sus orígenes e insertándolo sólo en el plano social. [10] Para él el hombre está dado, transcurre de la naturaleza a la cultura. No necesita, pues, advenir al ser y crear un mundo.

M. Eliade, en cambio, afirma que como el hombre posee la imperiosa necesidad de advenir a la naturaleza, relata mitos cuyas imágenes sugieran su origen al inconsciente —de una manera coherente y con sentido—. Es obvio que nuestro enfoque coincide con esta última postura, rescatando especialmente nuestro interés en la constitución de un inconsciente "difuso" y dinámico, rico de in-formación cuya finalidad nos brinde la posibilidad de ser creadores de una manera "semejante" a Dios ("Génesis"). En realidad, nos encontramos ante una densidad mítica que nos sumerge de lleno en la tarea de ser co-creadores. Y además nos permite tomar una distancia adecuada de la historia cronológica, y de sus presiones sociales y pulsionales, no para alejarnos de la realidad, sino para volver a ella con la autonomía propia del hombre auténtico. Necesitamos el refugio periódico en el mito, para que la historia (no la descripción cronológica de los textos) nos comprometa como protagonistas. [11]

En los fundamentos del modelo de crisis vital, pues, se encuentra la propuesta siguiente: toda crisis, cuando es de índole vital, necesita tener un momento mítico que le permita volver a lo originario, participando del futuro y desde allí crear imágenes que nos permitan "soñar" en ese "otro" con poder. Y aunque nunca se alcance, cumple con la función de autosuperarnos y transformar la rea-

[10] "Lévi-Strauss confunde mito con 'emblema'. Este último sólo ocupa un lugar en la relación" (E. Roca).
[11] Es oportuno recordar el significado del concepto hierofanía: el tiempo de los orígenes del hombre como tal.

lidad cotidiana. La crisis, cuando se vuelve vital, como el mito, es nuestro margen permanente de esperanza. [12]

LA IMAGINACIÓN CREATIVA O ACTIVA

Todavía nos resta señalar un punto antes de llegar al acto creador. Lo construiremos reflexionando sobre el tipo de imaginación que Bachelard denominó creativa. Aunque su concepción es antiquísima, fue G. Bachelard quien le dio su debida importancia en nuestra cultura. Y nosotros la tomamos para diferenciarla de la imaginación que emplea el psicoanálisis, especialmente el lacaniano, cuyo carácter es francamente representacional y pasivo.

Con la imaginación pasiva dominamos las cosas que suscita su ausencia: una imagen representacional que hace posible definirla, nombrarla para que así acceda a la conciencia. Este recorrido se inicia en el campo de evocación que pasivamente recibo (estímulos, afectos) y que el fantasma lo rodea de un halo de significación. De este modo, nos aleja del determinismo pulsional, ampliando el mundo de posibilidades combinatorias en un espacio que da "figura" al "fondo". Es decir, nos permite superar el tiempo medible (con la imaginación representacional o pasiva puedo estar en dos tiempos medibles simultáneamente) sin salir de un espacio que objetiviza, materializa y permite la repetición. En Freud, el concepto de pulsión se desarrolla a través de esta imagen desiderativa ligada a la "primera satisfacción". La necesidad de descarga se transforma en deseo imposible de alcanzar (primera experiencia de satisfacción), pero sí de duplicar como ideal imaginario sustitutivo. Se aumenta la distan-

---

[12] Un mito típico de la antropología actual es "el guerrero" de Don Juan, citado por Castaneda. En otras épocas lo fue el santo, la heroína y tantos otros.

cia al origen cronológico con un ideal, a través de imágenes y objetos sustitutos que enriquecen a la persona; un escenario fantasmático o imaginario representacional, el cual nos determina y nos ayuda a esperar, desplazar y sublimar hacia objetos cada vez más socializados. [13]

Como vemos, nos hallamos ante un imaginario que recoge la carga pulsional desde el determinismo biológico y la convierte en una fantasmática que ordena la pulsión más allá de la descarga, hacia deseos que, aunque imposibles, mueven la voluntad a objetos más sublimatorios.

Pero, para entender cabalmente el acto creador, nos interesa reflexionar e incursionar en otro imaginario cultural o activo, que sale no sólo del tiempo sino también del espacio. [14] Es una imaginación planificadora a la que no le interesa el detalle pulsional, pues para ella todo se vuelve importante. Toma el tiempo como acontecimiento, no como suceso de un acto sublimatorio ni como "deseo" ideal que siempre solicitará nuestra voluntad. Además, el espacio que lo nutre no es sólo biológico sino "cultural". Esto quiere decir que nuevamente reconocemos un inconsciente cultural, originario y mítico. Ya no es el cuerpo biológico el generador de una fantasmática. Es el cuerpo vivo que participa de una identidad cultural donde se impregna de vivencias, que enriquecen y contextualizan los instintos en un campo de in-formación energético, transformándolos en un factor no determinante sino integrado.

El yo permanece suspendido dentro de este "espacio y tiempo naturales", pues no hay objetos de deseo, ni pulsiones. El sujeto de experiencia emerge libre de todo determinismo y ahora es capaz de transferir esta experiencia sin "fronteras" a imágenes creadoras, poéticas,

---

[13] También las "protofantasías originarias" (Freud) son deterministas, pues obligan a la imaginación, ligada al miedo, a la castración, abandono o seducción.

[14] El tiempo, al salir del espacio, deja de ser medible.

fuera del tiempo-espacio de la ciencia. Éste es el mito originario del hombre natural y la intuición creadora que forjará imágenes activas que, como vectores, orientarán nuestro viaje tanto a lo originario como al futuro.

Por lo expuesto, queda suficientemente claro lo importante que es para nuestro enfoque el poder asociar —tanto en la teoría como en la práctica clínica— inconsciente cultural, identidad grupal, espacio y pensamiento mítico, imaginación creadora, contexto de creación y campo originario. Ahora, pues, tenemos abierto el camino para hablar del acto creador propiamente dicho. El yo o el hombre corriente, ante la imagen, tiene dos opciones: o rescata el aspecto creativo transformador de la imaginación, o continúa en la línea ilusoria de alejarse sublimando, olvidándose del potencial creativo que es la cultura viva. El peligro de tomar esta línea como única es la posibilidad de precipitarse en la idolatría y el delirio. [15] Nuestra sociedad actual vive sumergida en la idiolatría de las imágenes, fomentada por la hábil e interesada manipulación de las técnicas de propaganda. La otra elección profundiza la desilusión de toda percepción objetivista, hasta tal punto que entra en un campo natural donde se genera un coeficiente de irrealidad objetiva, que anhela dar nuevas formas.

Rescatamos entonces la imagen creadora nutriente del pensamiento mítico, analógico y poético. Esta capacidad pensante nos permitirá entrar y salir de lo real, para remontar el humilde camino de la ciencia, sin ninguna pretensión de verdad objetiva absoluta. En este viaje, en vez de reemplazar la realidad, la vivimos imaginariamente. Con la lógica difusa relacionamos ciencia con mito, naturaleza con cultura.

[15] Ejemplos cabales de esta situación serían los fantasmas ideológicos y el "cientificismo".

11. IDENTIDAD GRUPAL: DE LA REPRESENTACIÓN SIMBÓLICA AL SÍMBOLO VIVO EN LA PRÁCTICA CLÍNICA

LEYES DE PARENTESCO COMO FUNCIÓN

Al igual que Max Scheller, nos hemos preguntado desde el psicoanálisis cómo podemos sublimar si no hay cultura, [1] cómo es factible la sublimación si no existe un entorno cultural con "leyes" que liberen un coeficiente de energía hacia objetos más socializados. Como simples ciudadanos que convivimos en una sociedad determinada, nos hemos interrogado cómo puede haber normas morales sin una ética que garantice la dinámica cultural. Como buscadores de identidades —propia y ajenas—, ¿cómo podemos limitarnos a una cultura científica que se ha divorciado de la naturaleza a la cual pertenecemos?

Hemos visto cómo a partir de los nuevos paradigmas de la ciencia y del modelo de crisis es posible acceder a un nivel de la realidad cultural viva; una cultura viva o natural que nos haga partícipes de un inconsciente prelingüístico donde, conformados en sujetos de una experiencia originaria, somos capaces de generar formas dando vida al lenguaje.

[1] Para Freud sería al revés: la cultura se constituye por la inhibición de la pulsión sexual sublimada, es decir, se refiere a la cultura científica.

A este inconsciente cultural o natural también lo hemos llamado originario. No porque esté al comienzo ni sea infantil, sino porque es primordial, prelingüístico, predicativo y prenarcisista (yo suspendido). Allí no se perciben objetos, sino que participamos de valores culturales imposibles de identificar. En ese estado, nos "impresiona" (no percepción) la inmediatez de la realidad para "decir" la palabra que dé cuenta de lo vivenciado (no sólo "somos hablados").

Es un salto significativo al "inconsciente dinámico", formalizado por Lacan como una estructura lingüística que nos pauta y determina. También toma distancia del "inconsciente colectivo", sistematizado por Jung, quien supone una herencia filogenética que compartimos desde este inconsciente, a través de "arquetipos" que preexisten como estructuras fijas a las cuales hay que develar. A este inconsciente también lo consideramos determinado. Se actualiza en lo colectivo, sin necesidad de desplegarse individualmente, igual que las protofantasías freudianas, que actúan como estructuras dinámicas y nos remiten a historias singulares.

Nada existe en forma deprimida en el inconsciente cultural o natural. En todo caso, se encuentra dormido o encadenado por una cultura científica que rompe o reprime lo natural (lo cultural vivo). La cultura viva nos permite captar la inmediatez de lo real. No desde un yo en relación con un objeto, sino a través de un "cuerpo vivo" o "identidad grupal" que como sujetos de experiencia —insistimos, no sujetos de un lenguaje— podemos generar un *acontecimiento* despojado de toda causalidad o determinismo (pulsional o cadena de significantes).

Definimos este inconsciente, pues, como un sistema o grupo abierto, un campo de posibilidades estructurado como "funciones" diferenciadas, pero en estado difuso (fronteras poco nítidas) y que elaboran la trama de un coeficiente de posibilidades con un alto poder de combinación. Es decir, "leyes de parentesco" estructuradas que constituyen "el cuerpo vivo" o "familiar".

La función de padre mantiene las diferencias entre partes más allá de la prohibición (la "prohibición del incesto", postulada por Lévi-Strauss), en nombre de un "cuarto término", que es "el grupo" como dador de la primera identidad o "nosotros", espacio "ético" que garantiza la unidad sin confusión y sin alienación. La función materna, en este contexto, deja de limitarse a la prolongación de la especie y a la transmisión de la exogamia, descrita por la antropología estructural (factor de intercambio). Su función será la de dar unidad al sistema o "grupo".

Hemos definido la matriz cultural como organizada en funciones. Éstas no interactúan sino por coparticipación en un "todo", [2] permitiendo que cada sujeto singular pueda ir descodificando su experiencia vivida a partir de la intuición. Dicha matriz o inconsciente cultural tiene una función que nos une (materna), generando un "sentir", una identidad grupal, en la cual, en un momento determinado, "todo tiene que ver con todo".

La otra función paterna nos discrimina, reconociendo en cada uno una igualdad de derechos ante "el valor " de la vida. Al "nombrarnos" nos individualiza para unirnos, en aras de no masificarnos ni alienarnos. El cuarto término es "el grupo en sí mismo", lo que llamamos la cultura viva, natura o campo de "valores", un campo generador de voluntad y del auténtico poder de crear. La tercera función o filial es la que nos permite proyectarnos y prolongarnos en el futuro.

---

[2] "Todo" no como objeto ideal sino como campo de infinitas posibilidades. Gabriel Marcel, para diferenciarlo de lo oculto, lo llamará "misterio". De forma similar lo afirmará Bion en el pensamiento psicoanalítico.

Cuando sostenemos en el modelo de crisis vital que primero somos "grupo" y luego individuos, significa que en el origen, en una primera instancia, somos sujetos que coparticipamos de un inconsciente cultural estructurado, como campo de "poder" que "anhela ser", es decir, con una identidad que dé sentido a la vida. Esto significa que con anterioridad a "descargar" o "nombrar", el hombre crea un mundo con sentido. Une el microcosmos (impresionado [3] holográficamente) con el macrocosmos, la cultura natura con la cultura científica, el hombre natural con el hombre social. A este fenómeno lo hemos llamado "identidad grupal".

El ello freudiano, como "caos pulsional", se integra en las "leyes de parentesco" de la antropología estructural y de la naturaleza como fuerza vital. A partir de esta integración hemos elaborado el inconsciente cultural o natural. Al coparticipar, reconocemos, sentimos (*feeling*) e impresionamos una primera identidad grupal.

Todos estos parámetros (ello, leyes de parentesco, fuerza vital de la naturaleza y cosmos) necesitan de un articulador cultural que nos brinde identidad como un "nosotros". Lo "grupal" aparece como valor del cual participamos (primera experiencia). Nos encontramos ante el encuentro con este inconsciente natural u originario, un campo energético sin objetos, formado por partículas que nos permiten participar en una especial simpatía o resonancia morfogénica (Sheldrake, citado en Briggs y

---

[3] Es importante distinguir *impresión* de percepción. Para percibir necesitamos de un yo que diferencie y nombre; la impresión sólo necesita de un "cuerpo vivo" cuyo psiquismo coparticipa de su ámbito. El psiquismo fetal sería un ejemplo; el feto capta impresiones o puras sensaciones que *reconoce* desde su cuerpo vivo sujeto de experiencia. En otro texto lo hemos definido como *vivencia*.

Peat, 1990), gracias a la cual se originan las nuevas formas o poiesis. [4]

Esta identidad grupal, como todo sentimiento auténtico de identidad, responde a la "falta de ser" con la que nacemos. Una respuesta mítica o vital en la cual coparticipamos [5] en el momento vivencial de toda crisis vital o estado contemplativo. El acontecimiento histórico que se genera no está determinado; es creativo, su "vector" orientará con la imaginación el conocimiento que representa la realidad vivida.

Es oportuno no sólo resumir lo afirmado hasta el momento, sino también profundizar algunos puntos ("reflexión" [6]). A partir de esta experiencia inconsciente cultural o grupal dadora de identidad, se puede descubrir la matriz "comunitaria" donde la estructura edípica vuelve a ser leída míticamente. Las leyes del parentesco son ahora "funciones" familiares, estructuradas en la cultura como unidades de un triángulo, cuyas partes, siendo diferentes, están en función de las otras ("la unidad en lo múltiple", de Leibniz), creando un campo creativo u originario. Dicho campo se encuentra definido como un sistema autorreferente y en permanente expansión [7] y se delimita por las características siguientes: a) por la función paterna discriminadora, como registro simbólico vivo portando el valor de lo inaferrable (imposible de incorporar o identificarse): la cultura viva; b) por la función materna contenedora (simpatía) y unitaria, como

---

[4] Más adelante se explicará, a partir de estos conceptos, lo que llamamos en un trabajo leído en A.P.A. (enero de 1987), "La poesis interpretativa".

[5] Es necesario insistir: coparticipar no es incorporar ni identificarse; consiste en "devenir en el otro sin dejar de ser uno".

[6] En esta circunstancia tomamos la reflexión no como un razonamiento lineal o suceso, sino como circularidad espiralada que "gira" sin parar, porque el contexto es infinito en sus posibilidades.

[7] Términos de la cibernética a los cuales nos referiremos luego.

registro imaginario que nos tranquiliza; y c) por la función filial que se proyecta —con autonomía— hacia otro tiempo y otro espacio, es decir, el registro histórico de un devenir no determinado. El "cuarto término" es justamente aquello que la función paterna garantiza: la continuidad del sentimiento de identidad con la cultura viva o "natural".

Estas "leyes de parentesco" juntamente con el "cuarto término grupal", marcan y garantizan las primeras diferencias prepredicativas, anteriores a las sexuales en las cuales se basa el psicoanálisis. [8]

Si no es "incorporación oral" ni identificación, las funciones se integran vitalmente, por participación, a un "cuerpo vivo". De este modo, desde el "cuarto término" cultural, nos conformamos en sujetos creadores (subyacentes a todo atributo).

La fundación de este sujeto de experiencia es, por lógica, antecesor del sujeto de satisfacción conocido por el psicoanálisis. Pues necesitamos, en un primer momento, poseer una noción de nuestra identidad para poder captar algo como satisfactorio.

EL NIVEL MÍTICO EN LA CLÍNICA

Esta experiencia originaria se haya inscrita como ámbito cultural generador de un conocimiento inconsciente, más allá del lenguaje. Y en la clínica se manifiesta como captación intuitiva de una imagen simbólica en un contexto determinado, que posteriormente desarrollará una fantasía con la elaboración secundaria

[8] El "falo" que Lacan divide, es la "falta" que divide, es decir, sexualiza. En este punto y en el modelo de crisis vital, "la falta" integra, contextualiza, posibilita, despierta "el anhelo de ser", en auténtica identidad.

correspondiente. La interpretación que tiende a resolver esta fantasmática se encuentra orientada por la imago que simboliza el contexto grupal-cultural. Ejemplificaremos esta situación, transcribiendo una sesión familiar en la que se encontraban los padres y dos de sus hijos, Luis y Teresa. El motivo de la terapia familiar se debía a que Luis y Teresa se llevaban muy mal. Luis estaba en silla de ruedas debido a un accidente, y tenía 22 años; Teresa, 17. La menor había cumplido, recientemente, 11 años.

Comienza el padre diciendo que, pocos días antes, habían ido al cine. La salida se había malogrado debido a las peleas de Teresa y Luis. Discusiones que se reiteraban frecuentemente. Y agrega: "No puede ser que entre hermanos se peleen así; ellos tendrán que ayudarse siempre".

Madre: Nuestra hija menor es más espontánea. Puede contestarle "no" a Luis cuando éste le pide ayuda. Pero a Teresa le es imposible decirle un "no", y ni siquiera lo puede hacer esperar. Luis siempre las desvalorizó y ellas se alejaban de él. Ahora se pelean (*se refiere a después del accidente*).

Señaló la preocupación por el futuro de Luis, cuando no tenga a sus padres y sus hermanas hayan construido sus vidas fuera del hogar. ¿Cómo se las arreglará? Tanto el padre como la madre contestan que no les preocupa el futuro por el momento. A ellos sólo les interesa el presente. Esta respuesta me llevó a sentirme excluido. Y especialmente a *dudar* de lo que interpreté. Sin embargo, el padre me dice que las hermanas no pueden dedicarle su vida a Luis. Y que él tiene que tener la ayuda de algún enfermero que lo atienda sin la necesidad de recurrir siempre a ellas. Me sentí excluido sin a priori, y más abiertos a la experiencia. [9]

Luis: Ese enfermero del que hablás ya viene a casa. "Yo me arreglo solo." Sólo pido que tengan sentimientos humanitarios conmigo. Y que se den cuenta —aunque en una milésima parte— de lo que puede sentir alguien como yo. Un ser que casi no puede moverse.

Teresa afirma que ella se siente mal porque después del accidente le quitó algunas cosas a Luis, "sin querer".

Terapeuta: ¿Cuáles?
Teresa: El auto que él manejaba, el tablero y otras cosas que él no puede usar ahora.
Madre: Pero vos dentro de poco, cuando crezcas, lo manejarías (*como queriendo justificarla*).
Teresa: Ustedes no me entienden. (*Con congoja*). (*Pequeño silencio*).

Señalamos que Teresa se refiere a que ella se siente culpable, no por razones reales y objetivas. Y que es por eso que se siente "atada" a Luis. Y Luis creo que nos está diciendo que necesita "arreglárselas solo", para no "atarse" a Teresa. Creo que la preocupación de los padres es: ¿qué pasará si se desatan viniendo acá?

Padre: Yo ya hice mi vida, ahora vivo para ellos. (*Haciendo un intento de no ser excluido en "el nudo".*)
Terapeuta: Tan atado se encuentra que ya no siente su vida como propia.

---

[9]   Era fundamental asumir esta duda como algo positivo, pues me permitió desidentificarme de mi a priori y me ayudó a reubicarme en otro contexto con más posibilidades de participar de la experiencia, captar imágenes y poner palabras.

Madre: Yo no me siento atada a nadie y tampoco a Luis. Aunque a veces me quedo pensando, sin poder dormir, en cómo se las arregla. Sé, por ejemplo, que si se le tuerce el pie y no logra enderezárselo, puede tener una crisis espasmódica.

Terapeuta: A eso lo llamo "atadura": por los cuidados físicos y por la culpa. Además, se pierde toda espontaneidad.

(Ya no me dicen "no" sistemáticamente como al principio. Además, hablan con más soltura.)

Teresa: Mis padres todo lo refieren a mí. Me dicen que los problemas son míos. Y que por mí vienen aquí, y que ellos no están atados por la culpa. Yo soy la que estoy atada.

Luis y Teresa están pidiendo que se pongan en el lugar de ellos: uno atado por la dependencia física, y otra ligada por la culpa. Los padres perciben, lentamente, que ellos se encuentran en una situación similar.

Luis: Sucede que por la noche puedo sentirme incómodo y pido ayuda. Pero en Mar del Plata, cuando me fui con mis amigos, no los llamé a la noche, y me las arreglé como pude. Por eso es que ahora quiero irme a vivir solo.

Madre: A mí no me gusta que se vaya.

Padre: Yo creo que hace bien.

Creo que ahora todos se sienten atados, incluso Luis piensa que solo no se sentirá tan atado a sus familiares. En Mar del Plata no tuvo espasmos. Esto es pensar en el futuro desde el presente. Le preguntamos a Luis cómo planea el hecho de ir a vivir solo.

Luis: Contrataré a alguien que me ayude en lo mínimo, también cuento con mis amigos. Además, tengo ejercicios de rehabilitación y mis ocupaciones cotidianas. (*El padre lo mira contento.*)

Padre: Yo lo voy a extrañar, pero me parece bien.

Luis: Además, puedo volver. No me están echando.

Madre: A mí no me cae bien esta idea, aunque reconozco que las hermanas no pueden dedicarle la vida como los padres. Pero sigo sin entender a Teresa. Para ella *todo equivale a un no*, y se pelea constantemente con su hermano. Yo le digo: "¿Crucemos por acá?" y ella me contesta: "No, por allá".

Teresa habla emotivamente (dramáticamente) y sostiene que se la toman con ella. Y agrega: "Los problemas no aparecieron con el accidente, ya venían de antes, siempre nos peleamos y mamá siempre (junto a papá) nos sobreprotegieron".

Terapeuta: A mí hoy me recibieron con un "no" (no nos desaten). No es más que una defensa ante el miedo de desatarse y las ganas de hacerlo. Por eso hay que pelearse, para desatarse. Los "nudos" venían desde mucho antes y ahora se han hecho intolerables.

Teresa: Aun hoy me dicen: "Vos tenés todo lo que querés", pero me controlan... "no se dan cuenta cómo nos ataron siempre". (*Esto lo dice tranquila, sin reproches.*)

Terapeuta: Creo que está claro que el problema es familiar, no sólo de Teresa y Luis. Por eso todos vienen y trabajamos como lo hicimos hoy. Para liberarnos, para encontrarnos de otra manera. Ahora podemos pensar en el futuro, sin tanta preocupación.

Luis: Yo al futuro no lo veo, mejor dicho lo veo todo negro.

(*Silencio significativo.*)

Padre: Sin la atadura no sé qué hacer. Necesitábamos del "nudo". Sin duda sólo nos queda tener fe y caminar. (*Hay emoción en todos.*)

Terapeuta: Desligado todo aquello que nos ataba, entramos en la oscuridad de Luis. Pero esta nueva situación nos toma ahora caminando con fe en el futuro, y este nuevo fenómeno nos sorprende.

COMENTARIO DE LA SESIÓN

¿A qué se debe el rechazo, en un comienzo, de los padres hacia el terapeuta? Esa negativa, ¿es análoga a aquella en la que los padres se quejaban porque Luis y Teresa se peleaban constantemente? ¿Y la sistemática negativa de Teresa a la madre? El "no", ¿es una manera de oposición para una afirmación aún inexistente? Oposición, afirmación y encuentro pueden ser la secuencia de una nueva elaboración.

Se oponen a romper "el nudo" que los aliena e intentan diferenciarse. Este acto de afirmación sienta las bases de un futuro encuentro a través de un espacio-tiempo virtual que dinamiza el campo terapéutico familiar.

Nuestro primer objetivo terapéutico es convocar a la familia a participar en un espacio-tiempo común que la orientará hacia la coparticipación de una misma identidad grupal-familiar. A medida que avanzamos surge "la atadura" como símbolo de denuncia. La culpa y la sobreprotección originan la alienación mutua, a través del campo de las identificaciones e interacciones. ¿Cuál es la fantasmática de la atadura? Luis, desempeñando el rol de víctima, cree que se encuentra en condiciones de exigir todo a los otros. Teresa piensa que le quitó un lugar a su hermano desde el accidente. El padre siente que abandona a su hijo si no se desvive y contrata un enfermero.

Y la madre piensa que decir "no" es excluyente y no discriminatorio. En esta forma no puede desear la autonomía de Luis y el accidente coincide con su deseo más profundo.

La resolución de esta fantasmática es la elaboración secundaria, cuyo desarrollo irá deshaciendo "el nudo" familiar que no les permitía diferenciarse y encontrarse "en familia". Este *nudo que los ata* es, en definitiva, el vector que orientará al futuro desatarse de la alienación psicológica que Luis y Teresa denuncian con sus peleas, sin poder resolverlo. Cuando se rompe "el nudo", símbolo de la sobreprotección y la culpa, se abre un nuevo espacio "negro". Un espacio que nos permitió "resonar" simbólicamente con la "imagen" creativa [10] de "camino". La diferenciamos de la representación psíquica de "nudo" que alude simbólicamente a un aspecto de la realidad externa susceptible de sufrir identificaciones. [11] Con la imagen de "camino" no existe identificación alguna, sólo participamos de su potencial simbólico, el cual es captado por la intuición intelectual. El poder desidentificarse y encontrarse en un contexto más incierto (tanto el terapeuta que asume la duda como la familia) permitió ampliar el campo y coparticipar de la identidad familiar. Y de este modo, vivir todos la misma experiencia de atadura y desatadura.

[10] La imagen creativa es la poiesis para P. Ricoeur y la imagen poética de Bachelard. En psicoanálisis se aproxima a lo que Freud denominó "la imago". Nosotros la tomamos como el punto de partida de la mitificación o de toda intuición creativa. Imagen "configuración espacio-temporal con sentido" (E. Roca).

[11] También Freud ubica en el espacio somato-psíquico la pulsión que buscará un "objeto" creando una fantasmática. Nosotros le damos además a este espacio "entre" un valor propio como campo abierto a la cultura ("el grupo", "el nosotros"), siendo la imagen la expresión en el individuo de la experiencia grupo-comunitaria. Ricoeur la llama "imaginación creativa". En el modelo de crisis vital la denominamos "símbolo vivo".

El "nudo" simbólico permitió representar toda la problemática familiar en un espacio-tiempo métrico y orientarnos como terapeutas en la elaboración secundaria de la fantasmática. Esta elaboración nos llevó, en un primer momento, a entender el nudo como una forma de ser de la familia desde el pasado y lograr luego una menor "atadura" (identificaciones patológicas) con mayor identidad familiar; una segunda instancia nos abrió como grupo hacia un futuro con tristeza, pero con menos miedo y menos culpa. Y, en consecuencia, con una dosis mayor de fe en medio de un camino incierto. [12]

Este abordaje desde la identidad cultural (análoga estructuralmente a la identidad familiar) permite además resolver con más facilidad los mecanismos transferenciales, ya que éstos, cuando son individuales, consisten en una fuente de resistencia al cambio. Pero la resistencia es menor cuando las ansiedades, tanto depresivas como persecutorias, son vistas originariamente como de todos.

Sucede algo curioso cuando la madre, al final de la sesión, intenta repetir la discusión al dirigirse a Teresa, porque dice sistemáticamente "no". Teresa primero entra en el drama familiar, pero lo desplaza del accidente y lo proyecta hacia el pasado, ampliando el campo de este modo. Y luego el terapeuta lo inserta en el campo transferencial actual, invirtiendo así los términos: los padres ahora nos afirmaban el "no". Esta situación nos colocó en un espacio-tiempo no limitado, multiplicando las posibilidades transferenciales del campo terapéutico. Al final, cuando todos se emocionan por "la imagen" viva de un "camino oscuro", saltamos a otro espacio del que "no sabemos nada". Tampoco nos identificamos, sólo copar-

[12] La pulsión nos libera del instinto pero permanece atrapada por el fantasma. El mito es libre del instinto y de los fantasmas porque tiene una función poiética que es la que origina la imaginación creativa.

ticipamos con libertad en un "camino", una senda más vivificadora, pues renació la fe. [13]

La importancia clínica de tener acceso a este nivel de realidad mítica se debe a que cambia el nivel de compromiso del terapeuta, al encontrarse sumergido por igual con sus pacientes (grupo o familia), implicado en una identidad grupal que lo saca como observador. Le permite captar el contexto en el que se desarrolla el drama particular del paciente o del grupo.

Es una captación que más adelante orientará la interpretación de la sexualidad reprimida. Pero antes la palabra será un "decir" que procede de la configuración representacional propia. Y no sólo "lectura de textos", donde hablamos "desde otro" anónimo.

Cuando un terapeuta habla desde un contexto, tiende a comprometerse con sus pacientes. Así participa de una cultura; y cuando "sale", sus palabras marcan una distancia que lo diferencia sin separarlo, creándose un puente permanente entre lo representado y la cosa. Un fenómeno completamente distinto ocurre cuando sólo leemos textos que han perdido su significado propio. Y al encontrar la palabra, ésta es anónima pues pertenece al lugar de un código (de diferencias y oposiciones), sin interesarle primariamente la cosa en sí, sino que ocupe el lugar en un texto coherente, significativo, y que no contradiga los modelos teóricos del terapeuta.

Es la misma diferencia que observamos entre el enfoque estructuralista de Claude Lévi-Strauss y el fenomenológico de Mircea Eliade. Cuando Lévi-Strauss afirma que el hombre primitivo imita al leopardo, lo hace para marcar la diferencia entre éste y los otros animales y

---

[13] *Caminante no hay camino
sólo estelas en la mar.*
A. Machado.

236

vegetales de la naturaleza. Cuando sale de la escena presenta palabras que dan cuenta de esa diferencia aprendida en otro código —la lengua— que marca la distancia insalvable entre naturaleza y cultura. En cambio, cuando Mircea Eliade observa al hombre primitivo en el acto de imitar al leopardo, sostiene que lo hace para vivir un hecho vital; como un rito que une al hombre con la naturaleza. Al salir de ese espacio mítico descubre la diferencia como valor participativo, manteniendo unidas la cultura y la naturaleza.

El impacto que esto tiene en la psicoterapia es enorme, pues la cosa y su representación se proyectan hacia un campo dinámico. Y este campo es la realidad con sus diferentes niveles o "realidades", que nos comprometen con lo vivido, percibido y hablado. No somos sólo observadores que "leemos" anónimamente, sino que también configuramos un decir que comunica lo vivido con una identidad.

SÍNTESIS FINAL

1. Cuando las cosas son en función de su definición;
2. cuando las diferencias de las cosas se trasladan a las diferencias de los nombres;
3. cuando las diferencias son meros significantes encadenados en un lenguaje autónomo de la realidad externa;
4. cuando la representación reproduce autónomamente la realidad y se combina según un código con su lógica ordenadora;
5. cuando la naturaleza se separa del hombre;

entonces nos encontramos ante representaciones que

rigen la acción independientemente de lo que las cosas son. Poseemos mundo aparte, ilusorio.

Siempre y cuando la podamos relativizar, esta separación es válida. En caso contrario, la vida sería sólo una mera ilusión y nuestro pensamiento, por más lógico que sea, no propondría acciones comprometidas.

Es necesario, pues, relativizar la autonomía del lenguaje inconsciente, al cual estamos determinados en la práctica. La cadena de significantes responde a un código propio en el que cada uno de ellos remite a infinitos contextos.

El hombre *necesita* mantener la objetividad. Para ello precisa separarse de las cosas. El inconsciente sería esa "irrealidad" o realidad psíquica que nos permitirá pensar, teorizar, salir del tiempo y el espacio métricos para volver con cierta elaboración. El motor será *el deseo* de alcanzar los objetos. Una situación a la que jamás llegará, pues cuando cree encontrar su significado, surge un nuevo deseo hacia otro objeto diferente (hace lo mismo que el significante).

Pero el hombre también *necesita* alimentarse del ser de las cosas. No sólo desea (demanda de muerte) agotar la fantasía surgida de su mundo representacional, sino que también *demanda amor infinito*. Es la búsqueda constante e infatigable por el ser de las cosas. Esta demanda tampoco tiene fin. Pero sí tiene eficacia en la medida en que lo que se busca no es "un objeto" —ni externo ni interno—, sino la cosa en sí misma, es decir, su identidad.

En esta demanda el sujeto ya no es sólo *hablante* sino además *vivencial*, captador de una realidad a la que pone una palabra surgida del contexto en el que coparticipa. La palabra ya no es un significante-signo que reenvía a otros signos; es un "símbolo vivo" que da cuenta del contexto (la parte representa al todo). Por ello hablamos de

238

sujeto vivencial (o sujeto histórico). Sus palabras no son mera lengua, pues son ante todo una *comunicación en acto* que hace historia. La relación evento-estructura deja de ser una antítesis para convertirse en un campo dinámico o contexto de creación, cuya forma de pensamiento es la imaginación creativa.

De esta manera, la naturaleza no se separa del hombre. Nuestras representaciones autónomas tienen la oportunidad de alimentarse con la vida ("Gris es la teoría, verde la vida", afirma Goethe). Cada vez que entramos en una crisis vital, cada vez que suspendemos al yo en la búsqueda de sus objetos y nos sumergimos en un "nosotros" (grupo), coparticipamos de una realidad sin "entes", donde las cosas son (no por definición). Es en este momento cuando la *falta* y el *vacío* se llenan por un sentimiento de identidad que nos permite *"ser con nosotros"* (no sólo para nosotros).

12. TEORÍA Y PRÁCTICA
DE LA IMAGINACIÓN CREATIVA

MODELO MECÁNICO DEL PSICOANÁLISIS

Nos hemos acostumbrado, a partir del psicoanálisis, a considerar pulsionales a las fuerzas movilizadoras del "aparato psíquico".[1] Dicho concepto se diferencia de lo instintivo y pierde, en gran medida, parte de su determinismo biológico. No obstante, a consecuencia de esto no deja de estar comprendido dentro del modelo "lineal" de la ciencia imperante en la época en la que Freud elaboró su teoría.

Es importante aplicar el modelo mecánico de la ciencia para entender el motor del psiquismo, aunque no deja de asombrar el esfuerzo desplegado por Freud para explicar esta tendencia a la descarga del monto de excitación sexual. El principio de "constancia" puede entenderse dentro del enfoque del segundo principio de termodinámica, donde la búsqueda de estabilidad o equilibrio provoca una descarga o degradación de energía.

El aparato psíquico no es sólo un sistema regulador del monto de excitabilidad (displacer) que trata de alcan-

---

[1] En el caso presente, tomamos al aparato psíquico como "lente" es decir, una metapsicología para "observar" el conflicto.

zar el placer, en un objeto que dé satisfacción, permitiendo la descarga. También es un sistema autorregulable, donde la energía se fija en objetos representacionales que dan "rodeos" [2] y demoran la descarga. Freud mantiene una concepción entrópica de degradación de la energía que conducirá a "cero" (principio de Nirvan). Sin embargo, agrega una capacidad psíquica sublimatoria que permitiría cierta desexualización hacia objetos de características menos perentorias y egoístas. Por un lado, la pulsión se "desliga" buscando la descarga y, por otro, se "liga" en aras de nuevos objetos más sublimados y aceptables que prolonguen la vida. En otros términos, acepta el reto del segundo principio de la termodinámica, el cual tiende hacia lo irreversible y propone que el psiquismo es aquello capaz de demorar este proceso irreversible de desgaste y muerte.

El principio de realidad consiste en encontrar placer al lograr regular la satisfacción no por los caminos más cortos sino dando rodeos. Esto se realiza "ligando" la energía a objetos representacionales, tarea identificatoria que el yo realiza como sublimación.

Nos hallamos, pues, ante un modelo mecánico que permite entender el ello freudiano como reservorio pulsional, y la represión como forma de mantener en el inconsciente ciertas representaciones ligadas a la pulsión y vividas como amenazantes.

En última instancia, cuando se cumple con la tendencia de la descarga a cero (pulsión de muerte), la pulsión, como motor de conducta, se presenta bajo el punto de vista de una amenaza de ruptura de equilibrio. Esta "tensión" o "empuje" tiene su origen en una excitación somatopsíquica provocada por estímulos internos y externos. Consiste, especialmente, en un desafío para el desa-

---

[2] El "rodeo" es lo que en psicoanálisis llamamos psiquismo.

rrollo del aparato psíquico en su esfuerzo de reprimir lo amenazante y movilizar la energía hacia nuevos objetos más sublimatorios. Son éstos los que prolongan la tensión vital (pulsión de vida).

UN PUNTO DE PARTIDA

No es nuestra intención profundizar en una interpretación completa de estas nociones psicoanalíticas, sino simplemente trazar un punto de partida para replantear la concepción mecánica y determinista de la energía psíquica. Por lo tanto, a partir de la represión del yo y del superyó se dará sentido a todo el desarrollo psicológico y psicopatológico.

La pulsión de vida sería la tendencia del yo a ligar su energía con objetos y a éstos entre sí, de tal manera que el yo pueda defenderse de la amenaza entrópica de la pulsión y de sus representaciones. Y cuya sede trascendental reside en el inconsciente, ya sea como ello o como lo reprimido.

El yo como observador se ubica frente a un espacio lleno de objetos, y ante un tiempo-trayectoria que, en secuencia cronológica, deja improntas, sean traumáticas o no. Por un lado, buscará el equilibrio perdido (la falta), tanto interno como externo, en su relación con los objetos —que nos determinan desde lo pulsional— y sus fantasías. Y por otro lado, intentará alcanzar cierto equilibrio ante un tiempo irreversible que transcurre como límite, anunciando la muerte, el misterio. Ambas posturas conciben el espacio y el tiempo como absolutos. Ante ellos, el yo sólo puede defenderse, ya sea patológica o sublimatoriamente.

"El equilibrio" (o estabilidad) consiste en el objetivo más significativo para el yo. La satisfacción en la descarga o en la ilusión de ella es lo que le permite superar la angustia de la castración. Esta angustia aparece alimentada por una amenaza de ruptura del equilibrio, que no termina de tranquilizar el yo ante lo desconocido: la muerte. El yo identificatorio es básicamente defensivo, lucha por conservar la armonía tanto internamente como en las relaciones externas. En esta última, tratará de imponerse a los demás con la esperanza de superar nuevas amenazas que pugnen por fracturar su equilibrio.

Si la pulsión es el motor último de la conducta vital humana, la sexualidad como deseo aparece orientada hacia la satisfacción en las relaciones objetales. Entonces todo el esfuerzo del yo radica en buscar el equilibrio como ideal supremo. El afán de equilibrio nos conduce, como auténtica ilusión humana, no sólo a "rodeos" estables y repetidos de satisfacción personal y social, sino también a creer en un lenguaje que nos encadena, un lenguaje que nos obliga a ver las cosas desde sus significantes establecidos por leyes lógicas de oposición y semejanza, es decir, convencionales en este contexto.

Este afán del yo lleva a pretender conocer, explicar y controlar la realidad. En última instancia, supone que la realidad se encuentra sostenida por leyes inmutables. Y que si bien éstas pueden ser desconocidas, se hallan presentes en potencia. El yo no termina con la ilusión de este supuesto estado de equilibrio u orden inicial, al cual se tiende a regresar. Es por ello que desde el modelo de crisis vital se propone una nueva visión de la angustia de castración o amenaza de ruptura; la castración como amenaza de un espacio incompleto (incompletud) y un tiempo "cortado" (finitud). Sólo la ilusión de volver a un supuesto orden original nos llevará a la calma.

El modelo de crisis vital plantea un estado original no amenazante. Su intencionalidad es, por el contrario, inquietante por el carácter inestable, desequilibrado y extremadamente dinámico de sus características. El espacio, en el psicoanálisis y la física mecánica, siempre es incompleto (sexuado o seccionado) y el tiempo tiende a lo irreversiblemente degradado (entropía). Ambos constituyen un contexto amenazante. En el modelo de crisis vital se presenta: a) un campo carente de objetos sin un yo identificante; b) un campo sin estructuras (relación de objetos) formales estables, sólo "funciones" dentro de un sistema indeterminado y extendido como tiempo; y c) un campo participativo de un valor transmisor de nuevas posibilidades (in-formación) aún desconocidas.

Por estos motivos creemos oportuno denominar a esta experiencia estado original, campo germinal o inconsciente cultural. Delimitan un momento fuera de todo equilibrio, o sea, fuera de todo espacio-tiempo medible que permite percibir lo contiguo o continuo. Es un momento de desequilibrio o crisis que vivenciamos como sujetos de experiencia, captando la in-formación de todo el sistema (holograma) a través de la imaginación creativa.

Cuando una crisis llega a ser vital se desbordan todas las estructuras, para poder alcanzar así la información proveniente de la totalidad del sistema. Un símbolo vivo da cuenta de esta vivencia holodinámica. Denominamos "vivo" a este símbolo para diferenciarlo del lingüístico, el cual da cuenta de algo "muerto". "Todo tiene que ver con todo" en la experiencia participativa de los estados de desequilibrio. Simbolizar no es representar aquella parte que no está para el yo. En el caso del símbolo vivo, simbolizar es dar cuenta de una experiencia totalizadora (participación), donde un "sujeto de experiencia" —no "sujeto lingüístico"— participa y capta, en un momento dado (intuición), la imagen holográfica. Esta imagen no nos habla de algo que no está, sino de algo que aún está como vivencia. Se trata de un fenómeno de simultaneidad, un acontecimiento que sólo puede ser explicado con los elementos de la física actual. Las partículas subatómicas pueden alcanzar velocidad próxima a la de la luz (y aun superarla), y extienden el ritmo del tiempo de tal manera que el espacio lineal desaparece. Todo sucede en todos lados. Pribram descubrió un fenómeno similar en el campo de la medicina neurológica al llevar a cabo sus investigaciones sobre el comportamiento holográfico del registro cerebral. Keit Floyd sugirió un modelo holográfico de la conciencia, al que llamó "pantalla" procesadora de estímulos. [3]

LAS ESTRUCTURAS DISIPATIVAS
Y EL DESEQUILIBRIO DE LA CRISIS

También Prigogine —trabajando en el campo de la termodinámica— demostró la existencia de estructuras desequilibradas, a las que llamó "disipativas". En ellas la función gesta las estructuras y no en forma contraria, como se creía hasta entonces. "En condiciones de no-equilibrio —afirma Prigogine—, los elementos se vuelven *sensibles*, ven señales en todo el sistema." Este gran dinamismo o flexibilidad de la realidad impide encontrar una única solución, pues éstas son múltiples. Así, cuando participamos de esta experiencia, podemos dar cuenta de las

[3] Los trabajos de Einstein, Rosen y Podolsky pretendían demostrar que dos partículas próximas perdían su comunicación cuando se las alejaba en el espacio-tiempo lineal. Los trabajos de Aspect demostraron que estas partículas mantenían una íntima conexión, aunque estuvieran distanciadas.

distintas posibilidades que el símbolo vivo expresa holográficamente.

El cambio es fundamental porque rompe con la asimetría pasado-futuro. Es un acontecimiento que hace historia y se inscribe en un espacio dado, tanto en el cerebro como en otro elemento que registre holográficamente la experiencia del campo morfogenético. El tiempo, en toda crisis vital, desbarata el espacio como entidad absoluta. El campo de "funciones" que surge generará nuevas estructuras orientadas. A estas estructuras las denominamos, genéricamente, *intuición del símbolo vivo*.

Más adelante dedicaremos un capítulo al contexto de creación. Por el momento sólo nos interesa profundizar sobre la existencia de un motor previo a la pulsión, una presencia que surge de un campo funcional como energía vital.

Si suspendiéramos, en este momento, nuestras percepciones internas y externas, aproximándonos a un estado "contemplativo", seguramente vivenciaríamos una extensión del campo participativo. Y si perfeccionáramos esta experiencia, podríamos alcanzar alguna imagen que nos sorprendería. A eso llamamos "información".

Mucho se ha discutido, tanto en el psicoanálisis como en el ámbito de la psicología, sobre el determinismo pulsional y la cadena de significantes que nos determinan desde el inconsciente. El "somos hablados" de la escuela lacaniana es una moneda corriente en el campo terapéutico. Las construcciones siempre son determinadas. Se deduce de una verdad parcial (que el lenguaje y las pulsiones determinan) una verdad total y se coarta, de este modo, todo un campo de posibilidades terapéuticas. Estas nuevas posibilidades, pues, son las que ahora pretendemos esbozar.

No nos referimos, por cierto, a cualquier desequilibrio sino al desorden que existe al perder un sistema su estructura objetal (espacial), debido a la alta velocidad impuesta por el calentamiento o la liberación de energía. Cuando se pierde la percepción de un espacio (o al suspender el yo) se genera un campo invisible, pero de índole más real, pues lo que se manifiesta es la energía. Ésta aparece como "cuantos" ("paquetes") a través de las partículas, las cuales alcanzan velocidad próxima a la de la luz. El espacio se desvanece y el tiempo se libera del pasado y adviene, generando acontecimientos, es decir, gestando una historia que transformará el curso del sistema. Surge del mismo "campo" dinámico y, por lo tanto, es coherente con la identidad de aquél.

El desorden en el plano de los objetos nos enfrenta con un desequilibrio fuera del espacio y tiempo medibles. No obstante, simultáneamente, genera un nuevo orden; de este modo, el tiempo, liberado del pasado, desempeña una función orientadora.

No nos hallamos ante un desorden en las estructuras que pugna por imponer otro orden de objetos. Esto generaría un conflicto que aumentaría el desequilibrio hasta que una de las dos fuerzas anulara a la otra. Lo que intentamos conceptualizar es la existencia de un desequilibrio generado por la pérdida de una estructura objetal; un desequilibrio que no lucha por imponerse ni intenta reemplazar a otros fenómenos, lo que chocaría con sus partículas "sensibles". Se trataría más bien de la aparición de un campo sin espacio, donde las funciones (todo tiene que ver con todo) orienten coherentemente el sistema hacia una nueva estructura. Es un desequilibrio donde el desorden y el nuevo orden se dan en una suerte de simetría. Su objetivo consiste en quebrar la linealidad espacio-tiempo presente e irrumpir en un futuro-espacio que adviene, desafiando la entropía irreversible.

En esta experiencia "desaparece" el espacio controlable (desequilibrio) pero "aparece" el tiempo como un acontecimiento coherente, no relacionado con los objetos sino con las partículas que subyacían a esos objetos.

Dicho en términos psicológicos, esto significa que la coherencia tiene que ver con la identidad grupal, no con la identidad ilusoria del yo. En los momentos críticos es cuando recuperamos la identidad cultural que nos arraiga y libera de todo determinismo, y nos transforma en seres libres. La angustia vivida es existencial, no consiste en una "señal" de peligro. Al contrario, nos encontramos ante una señal reveladora de un "augurio", en el sentido de un vector que viene o adviene del campo participativo.

No aparece como impuesto por otra estructura o prejuicio, sino que adviene, al ampliar la conciencia, a una totalidad [4] desde la cual la imaginación creativa tiene vigencia.

Es importante comprender que no existe un conflicto en esta estructura desequilibrada o funcional. A través de la resonancia, simpatía o participación de valores, se es parte de una identidad grupal. Ésta es además un contexto creativo. Por eso Bohm llamó a este campo "vórtice" fuera del espacio-tiempo, donde todo es posible y coherente y "todo tiene que ver con todo". Esto equivale a afirmar que "todo es posible y coherente cuando asumimos una crisis y la convertimos en vital".

Prigogine (1991), en este aspecto, es terminante: "La ignorancia no es la única fuente de sorpresas. *Existe una*

---

[4] Es importante destacar que en el desequilibrio no vemos sólo lo inmediato. También se presenta la "totalidad" pues el tiempo se ha "ampliado".

probabilidad independiente de la información que tenga-mos. Existen sistemas dinámicos tales que ningún cono-cimiento finito de las condiciones iniciales permite prever el resultado". A estos sistemas los llamó estructuras disi-pativas.

La noción de conflicto se debe a que estamos acostum-brados al concepto de trayectoria de la física mecánica, en la que todo es una relación de puntos en sucesión espa-cial o temporal. Es por ello que la ruptura de un sistema se manifiesta por nuevos "puntos" u "objetos" que fuerzan un cambio. No hay en este caso un sistema o grupo abierto que den coherencia, es decir, que brinden identidad. El "grupo" como identidad no se caracteriza por una relación entre los objetos, sino por la participación de los valores.[5]

Si las partículas consisten en la manifestación de la energía liberada por el átomo, existe, pues, un sustrato vital del cual participamos y nos in-formamos. Un sus-trato, en definitiva, en el que decidimos libremente nuevas formas o estructuras objetivables.

IMPORTANCIA DE LA IMAGINACIÓN CREATIVA EN LA CLÍNICA

Este fenómeno tiene una importancia clínica funda-mental, que seguramente cambiará nuestra forma de curar en el futuro. Es algo que hasta ahora no se tenía en cuenta, pues se ignoraba la magnitud de su importan-cia.

Reflexionemos ahora sobre lo que esto implica en el modo de vivir la angustia. Hay un cambio y, por lo tanto,

---

[5] Obviamente no estamos hablando de valores morales sino de valores culturales que, como afirma Nietzsche, simbolizan la vida. Éstos cambian en la cultura viva, y no por el progreso de la civiliza-ción.

una modificación en la estructura de nuestras defensas. El desequilibrio provocado por cualquier crisis es considerado también como la posibilidad de aproximación a otra realidad en la que participamos de campos de energía mucho más poderosos, que nos brindan "in-formación". Esta experiencia crítica (desequilibrada) nos integra íntimamente no por percepción sino por resonancia a identidades globales que, con cierta coherencia, in-forman una solución posible. Este desequilibrio no significa un peligro para el yo, sino sólo inquietud por la sorpresa de la irrupción de la imaginación creativa. No sólo disminuye el desgaste energético que conllevan las defensas del yo, habiendo consecuentemente mayor disponibilidad, sino que también surgen soluciones nuevas, creativas y coherentes, que estamos capacitados para asumir con plena libertad.

Más adelante, en un capítulo especial, desarrollaremos el tema de la cura. Ahora es oportuno profundizar el concepto de imaginación creativa no como forma pasiva del pensamiento que utiliza imágenes representativas de una realidad ausente, sino como proceso activo ante la captación de la realidad.

Al perder la objetivación para alcanzar la participación, por analogía simbólica, se pierde la forma perceptual de la molécula en aras de alcanzar el átomo y el campo energético de las partículas subatómicas. Sabemos que, cuando los físicos abrieron la molécula y se encontraron con partículas que se movían a velocidad próxima a la de la luz, perdieron el espacio y la objetivación de la realidad. Lo mismo nos pasa cuando asumimos una crisis y la convertimos en vital: nos encontramos con otras realidades que nos sorprenden con hechos nuevos y azarosos.

Los físicos hallaron leyes estadísticas que les permitieron prever y ordenar ciertos hechos azarosos. Las experiencias implementadas a estas velocidades siempre manifestaron importantes desequilibrios, pues son imprevisibles e incontrolables. Sin embargo, eran traducidas científicamente por leyes estadísticas que permitían trasladar una experiencia indeterminada a términos razonables.

Otro tanto nos sucede cuando intentamos captar las experiencias originarias vividas en los momentos participativos. ¿Cómo superamos la objetivación pérdida cuando suspendemos el yo y afrontamos el misterio? ¿Cómo integramos las partes de un todo que da coherencia y sentido? ¿Cómo interpretamos en la tarea clínica?

EL SÍMBOLO VIVO

En última instancia, estamos realizando una aproximación a otra realidad, no percibida ni ausente, sino vivencial. Una realidad que totaliza toda experiencia puntual. No nos encontramos ante una pulsión con su idea desiderativa ligada ni ante lo oculto reprimido ni ante lo ignorado. Nos hallamos frente al misterio, fuente de lo aún no creado en el mundo científico y convencional.

Podemos llamarlo futuro y estaríamos de acuerdo con los últimos avances de la física cuántica y termodinámica.

De este "vacío" o capa germinal originaria, no hay testigo, ni existió testigo alguno en el pasado, ¿cómo objetivarlo entonces?

Al símbolo vivo lo consideramos como la imago capaz de dar cuenta del contexto de la experiencia en un ahora, una circunstancia en la que "el todo" adquiere forma integrada en una imagen viva y responsable de la imaginación creativa.

Es importante señalar algo más, ante todo, una diferencia. El símbolo lingüístico y científico representa algo "muerto", algo que no está. En este vacío el símbolo construye la imagen que manifestará aquello que falta. Toma distancia de la experiencia viva para poder operar sobre ella en un nivel de realidad en el cual se privilegia el pensamiento racional.

Es porque pienso, que existo ("pienso, luego existo"), tal como lo presentan el símbolo lingüístico y científico. Este símbolo necesita, para operar, reglas de formación (código químico, código lingüístico, etc.) y reglas de transformación convencionales que limitan su libre funcionamiento. Por eso dichas pautas no son polisémicas como los símbolos sagrados. Sin embargo, también éstos tienen ciertas normas de correspondencia, aunque se caracterizan por poseer una fuerza no determinada debido al lugar que ocupan en el código. Esto les da una eficacia que se explaya mucho más allá de la connotación o verificación.

Tanto unos como otros se determinan, en grados diferentes, por estructuras sociales o biológicas. Los científicos y lingüistas buscan tranquilizarnos frente al vacío. Los místicos, en cambio, nos conectan con él.

Todos necesitan además de un relato que pueda operar en niveles racionales o suprarracionales. En el primer caso (lingüístico y científico) nos conecta con una realidad acotada; en el segundo, con la cosa misma que se pretende representar.

El símbolo vivo no representa cosa alguna; es "vivo". Vale decir, nos conecta haciéndonos partícipes de toda la experiencia a través de la imagen. Existo primero, luego pienso. Vivo primero, luego hablo. Participo de la totalidad, luego me individualizo.

Es necesario insistir en uno de los postulados fundamentales del modelo de crisis vital. Primero somos "grupo", luego somos yo. Participo de un todo que me da identidad, luego me separo.

Esta experiencia originaria, que supera toda dualidad, necesita en primera instancia ser vivida para así pensar racionalmente.

El pensamiento primitivo partía de una experiencia de globalidad, para incursionar después en cada parte. Sus símbolos eran vivos cuando podían integrarse con la naturaleza y el cosmos, y de este modo operar sobre la realidad cotidiana.

En este sentido, el símbolo vivo permite unir una realidad objetal (que podemos percibir y, de alguna forma, controlar) con otra realidad sin objetos (en la que la materia aparece como energía, donde el tiempo rompe todo límite espacial integrado, mediante la velocidad de la luz).

El símbolo lingüístico es el signo representacional de algo ausente. Además se caracteriza por emplear la imagen pasiva para desarrollar un recorrido, que al ignorar el tiempo suele extenderse como fantasía. Suscita en la conciencia fenómenos de especularidad, reversibilidad, simetría y omnipotencia, ampliando de este modo el mundo de posibilidades ilusorias. Sin embargo, el espacio los mantiene confinados a la repetición y materialización.

El símbolo vivo, por otro lado, al no ser un signo representacional sino una imago holográfica —que da cuenta del contexto totalizador— puede no sólo superar el tiempo medible sino también el espacio; un campo donde "todo tiene que ver con todo" y en el cual se forjan las imágenes fuera del tiempo y espacio métricos. Así pues, el lenguaje y el pensamiento quedan superados por la vida polivalente y múltiple (pura in-formación), tal como acontece en el inconsciente cultural.

Este símbolo vivo nos implanta en el origen, donde no hay nada que ocultar pues todo está en estado potencial, preparado para suscitar un acontecimiento creador. La imaginación es activa y crea imágenes desde un campo sin formas primordiales o arquetípicas que la determinen. En la imaginación creativa no hay significante inicial o noción fundamental. Ella crea toda imagen capaz de dar cuenta de la vivencia de participación, en un holodinamismo energético sin objetos.

Desde el punto de vista psicológico, lo realmente significativo es que la imaginación creativa o activa no conoce la angustia de castración suscitada por "la falta", sino que sólo accede a la angustia existencial, angustia que motiva la libre decisión de elegir la imagen, que nos permitirá salir del "paraíso" participativo de una totalidad.

EL EQUILIBRIO DEL MITO

La vergüenza ligada al sexo (incompletud) fue la segunda angustia que tuvo Adán al ser "echado" del Paraíso. Había experimentado la primera ante la prohibición de Dios ("no comerás"), que lo colocó ante la libertad de tomar o no la decisión de ser semejante a Dios, es decir, creador de una imagen que promueve la conducta que lo sacará del espacio equilibrado del Paraíso.

"El mito es la única estructura sensorial capaz de representar el todo en su nivel."[6] La participación con el todo consiste en la matriz del mito, la forma donde el todo está incluido en la parte. Recoge in-formación que es evocada como símbolo vivo y transmite mensajes "ejemplares" que orientan las nuevas formas. El mito como símbolo vivo radica en una referencia al origen, no a otro que no está, sino a lo que nunca estuvo. Tiene que ver con un tiempo imposible de acotar, permitiendo al hombre vivir experiencias fuera de la historia cronológica. Nos hallamos frente a verdaderos momentos de autonomía de todo objeto y pulsión. Es decir, un momento contemplativo

[6] Roca, Edmundo, comunicación personal.

donde la energía-entropía se entremezcla con el poder creador. Sólo podemos intuir esta experiencia (Fernández Mouján, 1978) antes de interpretarla.

En la tarea de interpretar o exponer hipótesis explicativas a nuestros pacientes (o en nuestros "diálogos") siempre esperamos una convalidación en las respuestas. Por lo general, convalidamos científica y socialmente lo que desde el punto de vista teórico se formula respecto de lo que observamos (Popper). En nuestro caso, proponemos otra forma, que si bien no descarta la anterior, afirma que lo convalidado es la experiencia vivida o sentida (*feeling*), la cual se capta a través de la imaginación activa. Fue Feyerabend quien inauguró, para todo acto de conocimiento, esta forma de flexibilizar la convalidación epistemológica.

13. MÁS ALLÁ DE LA SUBLIMACIÓN: LA CREACIÓN

EL CONTEXTO

Cuando en una sesión de psicoanalítica o psicotera-péutica hablamos de contextualizar, lo que intentamos destacar es el fenómeno de "deslindar". Dicho concepto se interpreta en el sentido de "suspender" los estímulos externos o internos que nos determinan, para crear "un mundo" a partir del coeficiente de libertad que genera la acción de deslindar. Esto permite la manifestación del contexto metabiológico denominado "dominio" (Keeney, 1987) por los epistemólogos no a consecuencia de un yo dominante, sino porque se genera un campo de dominio original y propio. Se sostiene que primero dominamos y luego nombramos. Esto significa la necesidad de alejarnos de todos los estímulos que la atención del yo selecciona y así "deslindar" el atributo del ideal subyacente como fuerza del campo polivalente, generado en el nuevo contexto de la sesión. Este contextualizar es un transitar entre la atención de la conciencia externa y lo pulsional fantasmático.

Ya no somos sujetos de un objeto interno ni externo. Nos liberamos de todo código establecido, sea lingüístico o social. De este modo, rompemos con el equilibrio esta-

257

blecido y entramos en crisis. De un sub-jeto que subyace a todo atributo real o fantasmático, nos transformamos en un "sujeto" de existencia, un sujeto que vive de ese supuesto ideal en el cual se manifiesta —con poder propio— el campo simbólico polivalente. Esto es, un coeficiente de irrealidad que no pretende coincidir con la realidad (representación) sino "abrirse" hasta la aparición del hecho natural (el hombre natural de todo rito de iniciación). Y que sólo aspira a "semejar" (pensamiento analógico), desprendiéndose de todo sujeto que pretende representar y fijar la realidad.

La imaginación simbólica creativa no pretende representar nada sino producir una nueva realidad. Al comienzo es acción [1] no conocimiento o explicación. Se trata de inventar, crear un mundo no objetivado por un yo, "presentado" a un sujeto de experiencia que está "siendo" en el campo inagotable del inconsciente cultural o campo morfogénico. Nos encontramos, pues, ante una nueva forma de razonar, que se caracteriza por su orientación no cartesiana. [2]

Cuando contextualizamos, la suspensión del yo se gesta simultáneamente con la acción de atender y observar. ¿Cómo es posible? Pues deslindar y deslindarnos progresivamente de toda objetividad establecida elabora una novela marginal propia de la relación terapéutica, la cual tiene un coeficiente cada vez mayor de irrealidad (transferencia recíproca), donde lo pulsional y lo cultural viven un campo indeterminado de atributos. El sustantivo y el adjetivo ceden lugar al verbo. Todo es movimiento y conlleva una fuerza vectorial hacia el sentido que permita

---

[1] "El Verbo se hizo carne... y habitó entre nosotros", San Juan, *Nuevo Testamento*.

[2] "La 'razón', tanto para Kant como para Heggel (*Vernunft*), es además 'construcción vital' y se alimenta de la intuición, no sólo de la inducción y deducción" (Edmundo Roca).

comprender y no explicar desde la vivencia y no desde la percepción conciencia.

Las fuerzas vectoriales no se pueden sumar; sólo tienden a una resultante cualitativa (sentido) imposible de ser calculada o determinada.

La contextualización como técnica consiste en un campo dinámico, que progresivamente pone en "crisis vital" todo lo establecido —aun por el terapeuta— hasta alcanzar la suspensión del yo y el desprendimiento de todo objeto. Se genera entonces un campo participativo de poder, que en física se llama electromagnético y al cual Max Scheller denomina "simpatía"; un campo vectorial (no relacional) cuyas "fuerzas" forman una compleja red, donde el acto existencial se orienta hacia el sentido global (holográfico), y crea configuraciones entre las diferencias permanentes de in-formación simbólica, es decir, aquello que constituye la capa germinal de la cultura viva o inconsciente cultural.

Esta permanente diferencia, con precarios momentos de equilibrio, es la relación misma, la "falta" o "vacío" potenciador de poder o fuerza. No hay sublimación, sino salto cualitativo, creativo, a una configuración objetal, la cual sí será susceptible de carga libidinal y relacional sublimatoria.

No se opone a lo que Freud denominó sublimación, como una vicisitud de lo pulsional, sino que la trasciende para luego retomarla. Sin embargo, le infiere un matiz vital no determinado por la sexualidad, pues coloca a ésta ante la libertad de decidir al tolerar lo indeterminado.

Sublimar es desexualizar todo objeto real o psicológico, dirigiendo la descarga entrópica hacia otros objetos más idealizados que orienten al yo hacia relaciones sociales.

Al alejarse del objeto, la libido se "narcisiza" como energía sexual y regresa al yo, el cual puede deprimirse, vanagloriarse, quejarse, etcétera. En el mejor de los casos, cuando se aleja de un objeto muy determinado (ligado a la pulsión sexual), vuelve al yo que elabora y puede así esperar y recrear la situación. Éste es el camino sublimatorio que se realiza en todo trabajo de duelo normal. Es decir, será sublimatorio porque desexualiza al objeto. Pero sexualiza [3] al objeto representacional con el cual identifica lo perdido. Lo ausente llega a ser tolerable y permite buscar nuevos objetos, supuestamente más sanos y socializados.

PROCESO IDENTIFICATORIO

La madre, a medida que el bebé crece, le señala cada una de sus experiencias con distintas palabras. Ambos inician así un proceso identificatorio, activo para la madre y pasivo para el bebé. Este mecanismo orienta sublimatoriamente al sistema pulsional que busca la descarga. El narcisismo, como proceso identificatorio del yo, busca compensar todo aquello que pueda perturbar su autoimagen. Esta situación, en un principio, la plantea la madre y la sufre el bebé. Normalmente produce una ilusión que tranquiliza al bebé ante las demandas pulsionales, en tanto la madre "lo deja soñar" (Winnicott). De este modo, se orienta la pulsión en un destino sublimatorio.

Sucede lo mismo en "el aparato psíquico" de un adulto; una demora en la descarga puede implicar un destino sublimatorio. La idealización sería, en psicoanálisis, el camino fundamental para el proceso sublimatorio (Hornstein, 1988). Que en cuanto objeto ilusorio, motiva y orienta al yo en sus relaciones socializadas.

---

[3] Es decir, lo carga con energía sexual para la satisfacción.

Desde nuestro punto de vista, la sublimación supone la presencia de un objeto para la descarga, aunque ésta se dé sobre relaciones valederas para el desarrollo personal y social. Sublimar siempre consiste en una búsqueda de mejor satisfacción. Dicha satisfacción permite evitar la frustración y moviliza el pensamiento hacia "rodeos" del conocimiento y la acción social.

Desarrollaremos ahora este concepto sublimatorio enfocándolo hacia un fenómeno que tiende a trascenderlo. Cuando el yo suspendido se libera de todo objeto y representación, permanece sumido por participación en un contexto inconsciente, ampliado hacia la cultura viva. De una relación cada vez menos sexualizada (demandante, código de necesidad de descarga) da un "salto" cualitativo hacia un encuentro participativo, en el cual los objetos de la pulsión dejan de tener vigencia y la sexualidad se diluye en algo que lo contiene. Nos referimos a "la fuerza vital", tal como la definieron Nietzsche y Heidegger.

Esto es, desde el modelo de crisis vital, la vida como valor, un espacio ético no moral, donde lo bueno y lo malo, la parte y el todo, la verdad y la mentira son trascendidos por la autenticidad precaria del acto liberador creativo. Ya no se necesita un objeto para la descarga sino una "voluntad de poder" para la creación.

En la sublimación siempre existe un determinismo que el yo puede desplazar hacia lo social, liberando energía sexual en dirección a otras formaciones sociales más adecuadas. De este modo, el yo se mueve dentro del campo de una moral cada vez más compartida y menos egoísta o fanática. El pasaje de un objeto a otro más sublimatorio también incluye el proceso de cura, el progreso de la ciencia y la socialización en el mejor de los sentidos.

Es un camino que nos conduce a una mayor autonomía y "desapego". Siempre se aleja de un objeto necesitado a otro deseado, como modalidad de des-sexualización y de lucha contra la entropía en aras de buscar el equilibrio total: la muerte. Se arriba a un punto en que este proceso sublimatorio es trascendido por el acontecimiento. Éste revierte el peso de la gravedad, en el movimiento entrópico lineal, para convertirlo en un vector creativo circular. Ya hemos observado un proceso similar en la física cuántica y en la nueva termodinámica (Prigogine), al superar el segundo principio de la termodinámica que supone la irreversibilidad del enfriamiento.

Este camino hacia "el vacío" nos inquieta, pues dejamos de percibir o pensar con ideas (representaciones). No hay descarga o búsqueda alguna, lo cual provoca un "sobresalto" al comunicarnos con el misterio, el lugar donde emerge "el poder" creativo. Dicho "sobresalto" no posee inercia, sólo se vivencia su actividad sin percibirlo, intentando atraparlo en el acto creador. Un sobresalto o extrañeza ante situaciones de riesgo, entregas orgásticas o contemplativas, situaciones absurdas y paradójicas que nos dejan sin palabra ni acción. De ellas emergemos (si lo superamos) como un ave Fénix, mediante la imaginación creativa.

Socializar es una *idealización* progresiva dentro de una estructura edípica (al inicio fue narcisista) que tiende hacia relaciones más socializadas; un *proceso* que supone momentos de cambio con liberación de la energía sexual ligada. Este cambio se da dentro de un continuo causal que progresa gracias al coeficiente de libertad, el cual emerge de una estructura determinada a otra más social para el yo. La libertad alcanzada no supone indeterminismo pulsional, y menos aún del inconsciente dinámico. El fenómeno de sublimar se plantea siempre dentro de un sistema de relaciones de objeto, establecidas por las identificaciones determinantes y determinadas que permiten nuevas configuraciones a partir de las anteriores. Por lo tanto existe una continuidad espacio-temporal, es decir, *un proceso*.

La *creación* tiende a ir más allá del proceso de desexualización, pues supone la suspensión del yo y, por lo tanto, de sus relaciones objetales. Como la sublimación supone cambio libidinal hacia objetos ideales sociales, este proceso también queda suspendido junto con el yo. Si bien la socialización permanece suspendida, se da un salto a la cultura viva en la que no cabe un yo observador sino que vivimos un espacio "vacío" participativamente. De este modo, como sujetos de experiencia capaces de un *acto existencial* o *creativo*, captamos la experiencia holísticamente.

La sublimación consiste en un *proceso* que descubre objetos "maduros", tanto mentales como sociales. Ambos suponen una liberación de energía sexual reprimida (o desviada) en objetos cuyos fines son poco saludables, una liberación dentro de un proceso curativo que no deja de ser determinado por la pulsión y el inconsciente reprimido.

La creación no puede ser nunca un proceso, pues no existe determinismo previo. Ninguna situación, pues, la explica o condiciona, es un acontecimiento que surge de un contexto creativo y no de un descubrimiento, como el caso de la sublimación. La creación no descubre objetos ocultos o desviados, sino que crea nuevos objetos para la pulsión y el lenguaje. La misión del yo consiste en captarlos, recreando su mundo, es decir, no sólo modificando aquello que tiende a determinarlos.

ESPACIO ÉTICO

La *idealización* se caracteriza (mecanismo identificatorio desexualizador) porque nos permite pasar de una sexualidad-necesidad a una sexualidad liberada por el deseo, como trabajo sublimatorio que el yo realiza sobre la pulsión. De la misma manera, la *participación* en un contexto creativo —el cual nos brinda identidad grupal— nos permite pasar del código presente, en el deseo sublimado, al código de la libertad creadora. Pero no para separarse de la necesidad o del deseo sino para volver a ellos, integrándolos en el campo de los valores. El contacto con lo vital como "fuerza" creadora confiere al sexo y a la sexualidad un matiz de "respeto por el otro". Este respeto nos ubica dentro del campo de la ética, donde la fuerza no es competitiva sino que se orienta hacia el bien común, sin abandonar lo propio.

No obstante, siempre existe cierta dificultad para lograr este espacio ético, debido a que no hay ideales ni objetos que nos orienten. Generalmente, en un momento vivimos suspendidos hasta que la sorpresa o extrañeza nos impulsa a reaccionar. Esta reacción se proyecta con la imaginación creativa cuando es producto del encuentro participativo. De este modo, cuando la reacción se exagera, la imagen radica en una representación del objeto que nos vuelve al proceso de satisfacción pulsional o sublimatorio.

El código de la libertad no tiene determinante pulsional ni prejuicio ni representación inconsciente. Sólo se manifiesta en su *poder de representación* a través de la imaginación. [4] La imaginación crea representaciones. La pulsión es una fuerza ligada a una representación. En cambio, "el poder" provoca reacciones (Nietzsche), que son las representaciones mediante las cuales objetivamos. Esta reacción consiste en el estremecimiento creador similar al que imaginamos en los sueños, en la poesía, en

[4] *Vorstellung vermögen* = representar poder = imaginación (Schelling).

la mística y en otras formas del sentir. Sin embargo, cuando estas reacciones son exageradas, como en el caso del inconsciente freudiano, se tiende a sublimar a través de representaciones que nos liberen parcialmente del código de la necesidad, proyectándonos así hacia el deseo.

La cura corre grandes riesgos cuando se confunde sublimación con creación, pues la fuerza transformadora se ignora y tiende a suplantarse por la idealización de aspectos del mundo representado, donde la pulsión y lo reprimido buscan alivio y un mayor contacto con el deseo personal y las expectativas sociales. Es oportuno señalar que no se sale del suceso según los objetivos previstos por aquellos sistemas donde vivimos.

La sublimación actúa sobre representaciones que ocupan el lugar de lo que no está. Es decir, la pulsión en busca de la satisfacción en un objeto empírico, que se encuentra cada vez más socializado y alejado de la fuerza original. Es también una forma de reaccionar, cuyo objetivo es alejarse de las tendencias narcisistas que intentan fijar el objeto ideal. La sublimación no sólo interroga; también descubre nuevos objetos, más adecuados al deseo de ser aceptados.

Al trascender la objetivación, pues, aparece el sentido (lo posible) por el cual se captan las globalidades. Este fenómeno nos lleva a interrogarnos sobre el ser de las cosas y por la identidad abierta al tiempo que adviene. Esta nueva situación nos brinda así la coherencia con lo vivido, no con lo representado.

Al superar la objetivación, salimos del espacio que mide y dibuja un suceso sublimatorio (o no) para interrogarnos en un tiempo vital. La respuesta, en definitiva, será el acto creador.

Desde la óptica posmoderna, el espacio determinista cedió ante la presencia manifiesta de un tiempo vivo, no medible, donde el "ser" humano se presenta sin determinismos, permitiendo el fluir de una identidad constantemente autosuperada. [5]

Trataremos de profundizar este análisis a partir de la secuencia siguiente, donde integramos algunos aspectos de los nuevos paradigmas de la ciencia y la filosofía con el modelo de crisis vital. Es necesario puntualizar que hemos apelado a una exposición en forma de relato, en aras de respetar la forma en la cual se nos presentó el problema del tiempo y sus implicancias en la tarea de la psicología clínica.

1. Si el tiempo consiste en una continuidad, el pasado no existe y es necesario representarlo en un espacio que permita comparar, explicar y manipular. El símbolo lingüístico permite, en un espacio dado, formular de manera diferenciada lo que no se encuentra presente: el pasado.
2. La pregunta se plantea cuando se modifica aquello que suponemos inmodificable: el espacio y el tiempo. Estos entes han sufrido una transformación radical, pues pasaron de ser cuantificables y métricos a convertirse en fenómenos relativos. Es decir, en un campo sin objetos; con un mundo de partículas cuya velocidad se aproxima a la alcanzada por la luz y, por lo tanto, el tiempo tiende a dilatarse y el espacio se contrae en la dirección del movimiento.

[5] Fue F. Nietzsche quien afirmó que el hombre es el único ser que se supera a sí mismo, que busca ser más hombre, un superhombre en pos de su destino.

3. ¿Cómo puede el lenguaje dar cuenta de lo que realmente acontece? Si el lenguaje se expresa por un símbolo representacional, se remite a un acontecimiento que no existe en el tiempo continuo. Sin embargo, y esto es realmente lo significativo, se encuentra en el tiempo cuántico dilatado. Y si además el espacio tiende a contraerse, esta situación significa que se privilegia el instante de la formulación.

4. Creo que estamos frente a una experiencia en la que lo afirmado tiene que ser materializado y formulado no por un símbolo lingüístico sino por un símbolo vivo, que dé cuenta de la vivencia en el presente y no en el pasado.

5. Un espacio donde el tiempo se dilata. Y cuya velocidad próxima a la que alcanza la luz llega a ser un campo no medible. Lo que equivale a decir que el punto (instante) es todo y la totalidad se encuentra en el punto. Se necesita, pues, de la imagen de un símbolo vivo donde el punto o imagen den cuenta del todo, o tiempo dilatado. Esta imagen es la imaginación creativa.

   No hay causas, explicaciones ni sucesos; se trata de un acontecimiento en el que se manifiesta el poder creador en su mayor plenitud.

6. En este campo o espacio-tiempo míticos, las redes de significaciones aumentan de tal manera que todo tiene que ver con todo (con sentido). Y, de este modo, el valor simbólico de la lengua pierde vigencia, es decir, permanece *muda* hasta que un nuevo símbolo vivo da cuenta del acontecimiento en el acto creador.

7. Existen dos tiempos diferenciados. Uno se establece *entre los objetos* observables o fantaseados y se caracteriza por aumentar o disminuir su ritmo o

267

frecuencia. El segundo se manifiesta cuando nos desprendemos de todos los objetos. Es un tiempo vivo entre partículas con velocidad próxima a la de la luz (300.000 km/seg). Ambos se encuentran relacionados en el hombre. Cuando nos desprendemos de los objetos (suspensión del yo) la conciencia se amplía, y así el espacio exterior se contrae y la relación se convierte en contemplación. La quietud de los objetos se correlaciona con la aceleración de las partículas que entran en un campo potencial de nuevas formas y objetos. "El espacio, pues, es dominado por el tiempo."

8. Cuando el yo se encuentra fuertemente apegado a los objetos, "la relación de objeto" hace privar el movimiento dentro de un espacio medible y controlable. La conciencia se reduce, focalizándose de objeto en objeto. La quietud pasa a ser interior, pues las partículas están contraídas dentro de los viejos objetos que aseguran "la supremacía del espacio sobre el tiempo".

"La supremacía del espacio sobre el tiempo" es una característica del inconsciente dinámico freudiano. Éste presenta una tendencia a la repetición, por el miedo que suscita el futuro como "misterio", al cual no podemos descubrir ni inventar. La sensación de desprotección aparece cuando nos desprendemos del espacio y damos supremacía al tiempo. Es en este punto donde radica la mayor fortaleza del inconsciente: su capacidad creadora. Es por ello que se manifiesta como una estructura indeterminada y desequilibrada, donde se generan nuevas formas por ser un campo de pura información, en espera del acontecimiento, la "flecha del tiempo" como acontecimiento que se traslada del futuro hacia el pasado, invirtiendo la dirección de la pulsión. No es un yo quien capta este fenómeno sin espacio (sin "relación de objetos"), sino que se presenta desde un "mi" como sujeto de experiencia cultural viva (y cósmica), el cual intuye a través de la imaginación creativa. En otros términos, es en este "tiempo vivo" donde captamos el profundo sentimiento de identidad como seres vivientes capaces de tomar decisiones en libertad. Esta situación fue la que impulsó a Kant y luego a Heidegger a definir al hombre como "tiempo", es decir, el sentimiento de identidad del hombre se despliega (fluye) en un tiempo vivo.

CRISIS VITAL Y TIEMPO VITAL

El hecho de poder tolerar el "vacío" de objetos identificables por un yo es lo que nos permite recuperar nuestra capacidad creativa, verdadero sustento que implica una confianza básica. No es la identificación con algún objeto ideal, sino la capacidad de vivenciar la "fuerza" interior y decidir libremente (no confundir con lo instintivo ni con lo sublimatorio), cambiando "la orientación" del yo hacia el futuro; una actitud francamente saludable, que no significa volverse ingenuamente optimista, sino "abrirse" positivamente hacia el misterio.

El "no sé" es una posibilidad. El miedo al cambio se torna en inquietud por lo que adviene. La energía se dispone a la creación. Los intentos de olvidar, reprimiendo lo doloroso, se transforman en intentos de interrogarse por "el camino". La necesidad de descarga o deseo del objeto ideal se convierte en anhelo del "encuentro" amoroso (más que relación). Todo se dispone a la espera abierta del futuro. Y así se reorienta, cambiando la fuerza vectorial de la energía como posibilidad, sin objeto fantaseado previo.

Esta nueva situación nos mantiene alertas, tolerantes

a la duda por lo conocido, desapegados, sostenidos por el sentimiento de identidad como hombres-tiempo que enfrentan el futuro sin determinismos espaciales. Nos encontramos, pues, solos con nuestra confianza básica como sujetos de una experiencia participativa.

En síntesis, la aproximación a este inconsciente cultural vivo tiende a cambiar el peligro que siente el yo ante la desprotección de la pérdida objetal defensiva, ocultada por lo traumático reprimido. Este significado atemorizante se reorienta desde un tiempo que adviene ("flecha del tiempo" de Prigogine), desafiando a los nuevos objetos posibles, esto es, la angustia existencial ante lo desconocido. La muerte se resignifica como una "aliada", pues es capaz de generar energía al asumir la pérdida objetal y poder captar la vida como "valor". Si éste es nuestro último acto, por la incertidumbre de la muerte posible, debe ejercerse en libertad e intentando presentar todo y lo mejor de nosotros. Si no hay objetos que perder, nos quedamos solos ante el destino humano de la autosuperación.

Hemos definido en varias oportunidades el modelo de crisis vital como un proceso en espiral de "valorización de objetos y objetivación de valores". Se trata, pues, de un valor de la vida en su libre manifestación de permanente superación hacia nuevas y desconocidas formas.

Para el modelo de crisis vital, "la valoración de objetos" significa trascender los objetos que representamos, identificamos y con los cuales interactuamos. Desprendernos de tal forma, que dudemos de toda percepción o pensamiento, de modo que el yo se suspende y nos encontramos en una crisis cuando ésta se hace "vital", es decir, en un campo de participación de valores. Para el sujeto de experiencia de una crisis vital, el tiempo aparece como adviniendo. Emerge desde lo desconocido, desde el vacío participativo. El futuro, pues, se presenta como misterio (no de lo oculto) en el cual nace la inspiración, un tiempo vital, liberado del espacio, capaz de sugerir la imagen creadora.

La "objetivación de valores" constituye el camino de regreso hacia los objetos y la razón lógica, pasando por la ilusión orientada, es decir, por la configuración creativa. Consiste en una ilusión que, como en toda crisis, transita por la desilusión hasta aproximarse a la realidad instalada, pero ante la cual nos mantenemos más independientes y solidarios.

La dialéctica de toda crisis vital se presenta como una "valorización de objetos y objetivación de valores". De este modo, es factible asociarla con la dialéctica entre el inconsciente ampliado —cuyo "poder" se manifiesta en la creación— y el inconsciente dinámico como sistema de "objetos" y "códigos" que determinan la trayectoria de la pulsión hacia la descarga. En "la valorización de los objetos", el tiempo es vital y su dirección se dirige desde el futuro hacia el presente-pasado. En cambio, en el proceso de "objetivación de valores", la dirección del tiempo está determinada por el espacio, desde un pasado que mantiene su influencia en el presente del sueño, el síntoma o la transferencia.

Una vez quebrado el espacio del inconsciente dinámico y la física mecánica, nos eyectamos fuera de toda posible medición. Y nos convertimos en "sujetos participantes" de un tiempo dilatado, cuya misión radica en brindarnos identidad grupal. Desde un cuerpo vivo vivencial, "intuimos lo interno como viviente", tal como lo afirma E. Kant. El "somos tiempo" de Heidegger también se encuentra en esta misma línea de pensamiento. Al participar dejamos los objetos, tal como sucede en la física al dejar el átomo. Todo son partículas fuera del espacio, pues se mueven a una velocidad próxima a la de la luz. El tiempo es la totalidad y el espacio desaparece como protagonista. Es por ello que participamos de una identidad grupal, en la que "intuimos lo interno viviente" en resonancia con el contexto totalizador de la cultura viva.

En definitiva, "todo con todo ahora" consiste en la flecha del tiempo que adviene como imaginación creativa en el momento del acontecimiento. Todo, pues, es resignificado desde el acto creativo del sujeto. Y en consecuencia, permite al yo tomar conciencia de un profundo sentimiento de identidad como ser [6] viviente, capaz de tomar decisiones en libertad.

RESIGNIFICACIÓN

Desde esta óptica, el concepto freudiano de resignificación posee una importancia capital, pues es en el a posteriori (el futuro) de la sesión donde se encuentra el sentido de lo sucedido durante su transcurso. Es decir, se halla en el futuro el verdadero significado. A partir de este enfoque, Freud se aproxima a Heidegger, ya que invierte "la flecha del tiempo" y la hace "advenir" desde el futuro.

No obstante, aquí se presenta un problema de índole técnico y teórico. Si en el inconsciente dinámico freudiano, lacaniano, kleiniano, etc., el tiempo es "ignorado" y el espacio no, éste continúa su determinación desde la secuencia pasado-presente. El yo, en el pasado, permanece fijado (lo reprimido inconsciente) y sirve como fundamento explicativo al síntoma. Si es así, por más resignificación que exista, ésta no alcanza la dimensión que supuestamente logra en el campo teórico. Vale decir que no pro-

---

[6] Como consecuencia de este fenómeno, tanto Kant como Heidegger definen al hombre como tiempo, imaginación trascendental (*Crítica*, 1ª ed.) y cuidado (*Cura-sorge*) respectivamente.

viene del futuro (no invierte la flecha del tiempo) sino que continuará el espacio determinando en el suceso de resignificación, desde el pasado que se hizo presente en la sesión y después de ella. En este último caso diremos que tarda en llegar a la conciencia. Si no se cambia la estructura teórica de un inconsciente que sólo "ignora" el tiempo y no el espacio, es imposible recuperar el tiempo vital.

La resignificación, pues, se reduce a configurar los elementos (objetos) que ordenan el suceso pasado-futuro en una dirección más saludable. Por lo tanto, conserva un inconsciente que se encuentra a la espera de nuevas resignificaciones. Esto también es importante desde el punto de vista de la cura, pero no llega a la dimensión del tiempo existencial o vital que el *inconsciente cultural* alcanza en cada *acontecimiento*.

Es por ello que consideramos fundamental incluir este inconsciente dinámico en un *inconsciente* descriptivo *cultural*, el cual se difunde en la noción de misterio que nos rodea. Ya no hay "objetos" de identificación. Por lo tanto, el yo permanece suspendido. Sólo vivenciamos —como sujetos— una experiencia participativa en un campo sin objetos donde todo *resuena*. Un campo de energía cuyas partículas se integran en una identidad grupal cultural. Aquí ignoramos el espacio y también el tiempo del suceso medible cronológicamente. En definitiva, el tiempo sin espacio es libertad, "fuerza", "poder".

Al *resignificar*, la flecha del tiempo genera un *acontecimiento*. No se limita a liberar un suceso detenido, además crea nuevas formas. Se fundamenta en una nueva realidad a partir de lo totalmente nuevo: lo creativo.

De este modo, cuando se introduce el acontecimiento o acto creativo, lo realmente significativo es que ya no interesa tanto el pasado reprimido, pues ahora se privilegia *el cambio de orientación del yo* por el acto creativo, un yo cuya característica principal será no estar tan ligado a los "objetos" internos o externos, pues en el momento presente toma una actitud desapegada, positiva ante el misterio, sin tanta preocupación por lo oculto que tiende a amenazarlo.

El "no sé" cambia su significado; es un campo de posibilidades abierto a un tiempo pleno de adviento que inquieta y nos sorprende en el acto creativo.

Voz entrañable
que mis oídos no distinguen
penetrante luz
en mis extasiados ojos
piel burlada por esta universal caricia
placer indistinguible de nostálgico aroma
sutil manjar
que a mi corazón confunde
¿Cómo alcanzaron mi intimidad?

Sin palabras
ciego, mudo y sordo
camino
sabiéndote sendero
corazón
porque el llanto junto a la risa bailan
lo importante no inquieta
Yo y nosotros
todos
aun la muerte
en la tierra de nadie nos citamos

Porque no el clavel
también el grillo o el delfín
hasta la acogedora arena
conmigo laten

Caminando por la tierra
bosque encantado
regado con la sangre
que juntos vivimos

Paz, que por momentos
a mis sentidos
sorprende.
Hoy por la tarde
por ejemplo.

Al llegar a esta "identidad grupal" el suceso definido estalla en un acontecimiento, donde participamos con nuestro cuerpo vivo que ahora descodifica lo vivido en sorprendentes imágenes pletóricas de sentido y cuya misión es ayudarnos a comprender a nuestros pacientes en ciertos momentos, en los cuales el mundo determinista ya no tiene nada que aportar. Es por ello que "la flecha del tiempo" nos anuncia una buena nueva en el proceso terapéutico: el acto creativo.

14. ACCIÓN TERAPÉUTICA DE LA "PARTICIPACIÓN"

NIVEL FUERA DE CONFLICTOS: EL INCONSCIENTE PARADÓJICO

La teoría del "doble vínculo" sirvió de base a la teoría sistémica para explicar la etiología de la esquizofrenia. Gregory Bateson (1976) y sus continuadores sólo repararon en la contradicción material en la cual un mensaje se destruye al chocar con otro opuesto ("te ordeno que seas más libre").

Ellos sólo se mueven en un campo de interacción entre "objetos", diferentes en sí mismos dentro de una trayectoria. No reparan en la contradicción formal de nociones, sutilezas y partículas, ya que para ser definidas necesitan de los opuestos. En resumen, no afirman ni niegan nada; cada término convoca al otro, abriendo una pura relación en un campo de sorpresas.

El inconsciente no contiene "negación", por lo tanto no hay contradicción; en él moran contrarios que conviven sin anularse. Si no hay negación tampoco hay afirmación. El reino de la paradoja se instala en el inconsciente. La paradoja no consiste en una contradicción; es redundante, absurda, sugestiva, abierta a lo posible, no clausura ni fija nada.

En consecuencia, "la doble" vía sistémica es trascen- dida [1] del mismo modo que la disociación o escisión del yo psicoanalítico determinadas por las fantasías incons- cientes reprimidas. En este inconsciente paradójico e inde- terminado, todos conviven en un contexto "abierto", gene- rador.

Es la "poiesis interpretativa" (Fernández Mouján, 1987b).

Hablamos, pues, de un nivel inconsciente que no causa enfermedad. Y también nos referimos a un sistema (o eco- sistema) que tampoco genera conflictos patológicos: el inconsciente cultural no determinado y un sistema en los cuales no existen las "dobles vías", sino "senderos" para ser recorridos, libremente, en la polivalencia de sus múl- tiples sentidos.

Nuestra intención es estudiar la psicopatología que, sin negar el determinismo natural, amplía el inconsciente dinámico o los sistemas interaccionales biológicos, dentro de un contexto donde aún no se ha establecido ninguna "vía" de relación yo-otro. Más bien es un campo partici- pativo previo al narcisismo, donde "todo tiene que ver con todo", un campo germinal o contexto creativo, con un sujeto de experiencia holística que registra transitoria- mente (míticamente) una experiencia no representable: "lo real". Sin embargo, es necesario comenzar un recorrido desde el absurdo impensable hacia lo racional coherente o mundo que el yo representa.

El inconsciente freudiano está compuesto por un con- junto de "representaciones-cosas". [2] Éstas se enlazan en el preconsciente con las representaciones verbales corres- pondientes, para luego hacerlas pensables.

---

[1] Roca, E. Resistencias - inversión - paradoja. Comunicación per- sonal (octubre de 1991).

[2] Registros de experiencias (catexis esencialmente visual).

El punto de vista freudiano aboga por un sistema mecanicista, donde las partes separadas se integran formando nuevos elementos [3] que tranquilizan, puesto que explican con razón suficiente al brindar un dominio y conocimiento de lo desconocido (el inconsciente). Debido a esta explicación, se privilegió la curiosidad sexual infantil como descarga en el conocimiento del origen, centrado por intermedio de las relaciones sexuales parentales. La pulsión de saber se origina a partir de interrogantes sobre la experiencia y que, al formularlos, crean el objeto de conocimiento. Se necesita "observar" desde un modelo; para ello, es necesario pasar del terreno de las cosas al de las ideas pensables, y así sosegarnos ante lo desconocido.

Nos tranquilizan, pues, porque permiten alejarnos de lo vivido como desconocido y amenazante a través de ideas, números, fenómenos que, al ordenarlos dentro de un código o fantasías, describen la realidad vivida tratando de hacerlas coincidir. Esto es, una ilusión especular de la representación psíquica que permite operar con bastante eficacia sobre las cosas.

Si nos imponemos la tarea de observar el inconsciente como el reino de la paradoja, ya nada nos amenaza, nada nos amedrenta. El temor se torna en el fundamento inevitable de una nueva creación. Lo desconocido es también paradójicamente lo conocido, lo blanco y oscuro conviven, cohabitan al unísono, como las cosas y las palabras, la naturaleza y la cultura científica. Nos sumerge, lenta pero vívidamente, en lo absurdo y desconocido ("vacío"), no sólo en lo reprimido. Llegamos al límite del "no saber", potencia que espera el acto que inicie otro proceso a partir de

---

[3] El empleo del término "análisis" para designar la técnica terapéutica proviene de la química cuya función principal es la de separar e integrar los elementos.

la libre decisión poética de la imaginación creativa. [4] La palabra tiene entonces otro recorrido, otro significado plural. No se encuentra constreñida ni aherrojada por un pasado cronológico (inconsciente dinámico) sino que proviene de un campo de posibilidades indeterminado, donde un sujeto "abierto" toma la decisión de iniciar algo. Nos hallamos ante un instante no determinado. Estamos frente a los umbrales de la oportunidad de tomar una decisión que implica observar la realidad de otra manera, el verdadero salto o impulso cualitativo que supone un espacio lúdico donde todo es posible. Trocamos, libres, el espejo del psicoanálisis por el bruñido e infinito espejo de *Alicia en el País de las Maravillas*, en el cual, como Carroll, no sólo salimos del tiempo sino, además, del espacio, impidiendo todo cálculo.

MÁS ALLÁ DE LA CAUSALIDAD

La física moderna llena este nuevo "espacio" de partículas subatómicas con in-formación. En tanto que la filosofía posmoderna (Heidegger y Nietzsche) denomina "poder" que surge de la "apertura" a lo polisémico del símbolo, al cual nosotros, con el modelo de crisis vital, lo llamamos "espacio de participación" con carácter mítico. Si intentamos liberarnos de lo determinado, nos convertimos en sujetos "abiertos" a lo absurdo y desconocido, hasta que la vivencia de esta experiencia arriba a un punto límite y decide generar una imagen que posibilite volver a nombrar la realidad, haciéndola más rica. Si logramos aprovechar estas oportunidades (crisis vital),

[4] Imaginación, en latín proviene de *imo* (profundo o abismal) y *ago* (obrar o actuar). Dicho término, pues, significa literalmente "actuar en lo profundo".

se debe a que nuestro inconsciente dinámico se expandió en la cultura y despertó en nosotros la imaginación creativa, expresión de libertad, más allá de la repetición y resignificación.

Nos encontramos, pues, ante un inconsciente paradójico, absurdo y caótico; un inconsciente que posee sus propias leyes, ajenas a la lógica deductiva, impregnadas por un concepto de índole "difusa", donde las diferencias no son claras. De este modo, crea circuitos de retroalimentación extremadamente complejos, en los que deja de ser importante la causa anterior relacionada con un efecto determinado. [5] En términos psicopatológicos, diríamos que al ampliar el inconsciente, las causas de los síntomas dejan de tener importancia, pues lo imprevisible del acto creador puede modificar totalmente la estructura anterior. Debido a esta situación se torna difícil determinar el tiempo de la cura, pues un "efecto mariposa" [6] puede modificar todo "horizonte predictivo". El inconsciente cultural siempre expande el inconsciente dinámico, donde éste tiende a ser mucho más indeterminado y presenta un mayor número de oportunidades para el cambio.

EL INCONSCIENTE INDETERMINADO

Proponemos, pues, expandir el inconsciente dinámico freudiano en aras de modificar las posibilidades de cambio

[5] Las estructuras de la naturaleza introducen la probabilidad, independientemente de la información que recibamos. En la secuencia de una trayectoria, suceso o evolución, la información del paso de un punto a otro se sustituye por la información de "sistemas de puntos" imposibles de medir, debido a que son sistemas inestables y en permanente expansión.

[6] Se trata de una figura ideal que plantea la imposibilidad de calcular con exactitud, "si una mariposa se echa a volar puede generar un cambio meteorológico en cualquier lugar del planeta".

y multiplicar las oportunidades creativas, expansión cuyo objetivo es limitar las representaciones y leyes de la lógica, para lograr que nuestras experiencias sean coherentes y comunicables.

"La expansión y el enfriamiento del universo han dado lugar a 'espacios de libertad' que enmarcan y limitan la omnipotencia de las leyes naturales", sostiene el astrofísico Hubert Reeves, señalando la flexibilidad de las leyes naturales que, desde un determinismo necesario, se mueven hacia lo azaroso indeterminado.

Cuando nos abrimos a este campo indeterminado participamos de la naturaleza y el cosmos, con las partículas elementales que nos componen. Vivenciamos, nos integramos, "simpatizamos", resonamos con todo aquello que nos rodea. Así nos cargamos de in-formación hasta alcanzar "el límite" sugerente, donde *decidimos crear* una nueva configuración del mundo. Rompemos con un pasado que nos enmarca rígidamente, pero no nos determina. Luego, cuando este "momento" pasa, reaparece el yo en pos de representarse ilusoriamente una realidad transformada, con la cual se identifica y estabiliza. Se inicia otro movimiento de "descenso" (desilusión) hacia la realidad objetivada y convencional.

La fijeza del yo y las leyes de las estructuras sociales y naturales dejan de alienarnos y determinarnos en la repetición y presiones pulsionales o sociales.

ENTREVISTA COMENTADA

"No sé si puedo dejar esto. Fui a un casamiento con Luis. Había muchos amigos, todos drogados, aparentemente se divertían muchísimo." "No quiero esto para mí", le dije a mi novio. El contestó: "Por supuesto, el día que nos casemos no lo haremos". Pero yo le contesté: "Ni ése ni nunca más. ¿Podré?"

Es interesante introducirnos como espectadores en este comienzo de sesión (paciente mujer, de 23 años, a quien llamaremos Lucrecia). Aquí nos atañe un problema fundamental: ¿es factible desprendernos de esta tendencia a tranquilizarnos con "objetos" intelectuales, sensibles, sociales, físicos? Podremos lograrlo siempre y cuando abandonemos el papel de meros observadores o espectadores, para proyectarnos en "el campo" terapéutico como un participante más.

Muchos tendemos a tranquilizarnos haciendo nuestras las palabras de Luis: "Ese día no"; y otros sostienen: "Yo domino el cigarrillo, puedo prescindir del consumo". Es difícil vivir sin "tranquilizantes". Empero, constantemente nos engañamos con ilusiones de seudolibertad en nuestras decisiones.

Volvamos a Lucrecia. Brevemente nos dice que sus padres son separados, vivieron viajando y le dieron cuanto ella deseaba. Citemos una frase típica de la madre: "Hacé lo que quieras", como sacándose un problema de encima. Luis y Lucrecia están de novios desde la temprana adolescencia y viven complementariamente. Lucrecia dice: "Cada uno cuida al otro". Estos datos nos sirven para poder explicar un texto, donde el sentimiento de *desamparo* ha sido compensado con objetos de todo tipo (afectivos, sensoriales, de consumo, etc.) los que, en definitiva, han alienado a Lucrecia. Cuando se le pregunta por qué viene, contesta: "No sé qué me pasa, no sé lo que quiero".

Hasta aquí lo macroscópico, con la finalidad de poder ser incluidos tanto desde el lado del paciente como del terapeuta. Nos identificamos de alguna manera con el sentimiento de desamparo inconsciente pero presente en todos nosotros.

El desamparo es una experiencia que atañe particularmente al ser humano, debido a que el hombre trasciende lo instintivo y el determinismo físico y biológico. Gracias al desamparo el hombre necesita nuevos determinismos, tales como la pasión, el lenguaje, las normas, los conocimientos previos, las representaciones, etcétera. Pero sobre todo es "la presencia" del desamparo, como sentimiento profundo, el que denuncia la conciencia ante lo desconocido, en especial, la muerte y el misterio que nos embarga. Paradójicamente, este "vacío" de objetos de conocimiento nos puede arrojar-participando del futuro (desconocido), y nos convierte en creadores potenciales. La pregunta, pues, es la siguiente: ¿por qué a Lucrecia la proyecta a un pasado repetitivo?

El desamparo nos lleva a construir un "mundo" que nos tranquilice. Y en un grado extremo nos convierte en consumistas de tranquilizantes de todo tipo. Suponemos que estas construcciones dejan de ser alienantes, cuando "las series complementarias" que constituyen nuestro psiquismo nos muestran aspectos tan narcisistas en su estructura individual y vincular como los que se presentan en nuestra paciente. Sin embargo, siempre la presencia del narcisismo como mecanismo ilusorio aparece de alguna manera determinando nuestra conducta. Se trata de un determinismo fundamentado por nuestra alienación pulsional o fantasmática y por la cadena de significantes, que si bien superan el determinismo instintivo biológico, no lo logran respecto a la pulsión y el lenguaje.

El psicoanálisis nos ha instalado ante lo desconocido, como en un espacio de angustia. Y el conocimiento nos tranquiliza al intentar su explicación. El origen de la curiosidad sexual del niño se inicia en las relaciones sexuales parentales, campo identificatorio que en unos momentos nos sostiene y en otros nos abandona. La pulsión de saber nace de interrogantes acerca de esta experiencia que, al formularlos, de alguna manera, crean el objeto de conocimiento. Si pensamos en el caso de Lucrecia, sostendríamos que su experiencia traumática infantil la identificó inconscientemente fijando sus deseos. Y éstos se manifiestan a través de formaciones de compromiso de índole narcisista. La situación no tiene solución, pues sigue preguntando por su identidad alienada por estos "objetos" infantiles que la determinan.

El determinismo es fundamental para el pensamiento científico, por la sencilla razón de que, conocida la causa de la enfermedad, podemos explicarla e implementar los adecuados métodos terapéuticos, es decir, desarrollar teorías refutables y técnicas terapéuticas que puedan servir para convalidar las teorías y aliviar al paciente del inconsciente determinante.

La objetividad científica *necesita observar* la realidad a partir de un mundo o modelo determinado, para llevar a cabo sus investigaciones y el conjunto de sus acciones terapéuticas. Los peligros de esta situación son los siguientes: o se centra en demasía la importancia en los modelos teórico y técnico que operan como determinantes, o se le otorga una significación radical al alivio del síntoma a través de una explicación desarrollada por una teoría que compartimos con el paciente.

Ambas situaciones se encuentran en un contexto de representaciones que tienden a provocar el alivio. Este alivio no supone necesariamente que las representaciones ("objetos psi") sean suficientemente flexibles. En realidad, supone una transformación, es decir, cierto "rodeo" para que la descarga de placer se cumpla con la menor frustración posible.

Las representaciones, frente a la angustia y al miedo, se transforman en estructuras rígidas. Y cuanto más álgido se manifiesta el grado de angustia, mayor es la intolerancia a renunciar al mundo que elaboramos para tranquilizarnos. "Hay mundo establecido —sostiene

Nietzsche— porque tengo miedo." Sin embargo, si el miedo disminuye y hasta desaparece, aunque sea por un instante, existe una coincidencia con lo real. La representación, pues, cede su lugar y se abre un espacio desconocido sin objetos, indeterminado y discontinuo.

Ahora cabe una pregunta que consideramos fundamental: si no hay objetos, ¿el yo no tiene función y la pulsión se queda sin objeto para su descarga? ¿Qué permanece? ¿Se puede vivir sin "mundo" (de "objetos psi")? ¿Hay algo más allá de la pulsión y el lenguaje?

Gracias al modelo de crisis vital hemos podido experimentar, en el campo terapéutico, que al alcanzar el sentimiento de "identidad grupal" nos convertimos en puro sujeto de experiencia de un campo de valores (cultura), donde "la vida" fluye como tiempo fuera de todo espacio medible. Vivenciamos (no percibimos) un nosotros por la participación (no identificación) de un todo no ideal, sino "real". En este campo, la imaginación creativa plasma lo vital como fuerza integradora de lo biológico, antropológico y cósmico. Nos referimos al inconsciente cultural del cual actualmente la ciencia nos brinda ciertos elementos para reflexionar.

En nuestro modelo planteamos momentos lógicos que se corresponden con el "primer año de vida". Al inicio, en los tres primeros meses, cuando el bebé aún no percibe "objetos" ni tiene desarrollada una identidad del yo, se sostiene por una identidad grupal mientras dura la simbiosis dinámica con la madre hasta la constitución del yo. La especularidad durante este período simbiótico normal, no es plana ni visual sino de índole vivencial, e intervienen todas las sensaciones. Consiste en una imagen inconsciente holográfica, aportada por el cuerpo vivo, la experiencia participativa de una totalidad cultural viva o cósmica. Es el espejo de Alicia, no el de Lacan, ni el de Winnicott, el que permitirá iniciar este viaje imaginario creativo. Este período inicial en la vida del bebé reaparece como "momento" culminante en el modelo de crisis vital. Se trata de un momento que emerge del tiempo medible; un momento mítico originario, que no da cuenta del origen de un niño sino del significado de la vida para el hombre. Un instante donde nada se sabe. En él mora lo desconocido en sí, lo real, donde aún no hay palabras, sólo vivencias que darán vida a las palabras y a todas las formas. Éste es, pues, el contexto de creación del cual se sale con el acto creador.

> *Por si no lo saben*
> *de eso está hecha la vida*
> *Sólo de momentos*
> no te pierdas el ahora.
> J. L. BORGES

"No se trata sólo de explicar lo desconocido —afirma Edmundo Roca— y el temor no es reacción primaria a él y la curiosidad no es el ingrediente necesario, ni indagar causas." Lo desconocido consiste en un polo de atracción donde el hombre recupera su condición de creador, alentado desde su participación del campo germinal al acto existencial o intuición.

Veamos cómo finaliza nuestra entrevista con Lucrecia:

"Creo, Lucrecia, que tú estás planteando si podrás decir 'no' a todas las cosas que te han venido consolando, no sólo la droga sino también el hecho de ver a tu novio como un cuidador. Y se me ocurre pensar en nuestra relación: ¿será lo mismo o podremos superarla?" Me sorprende su respuesta: "No voy a ser tan tonta de perderme esta oportunidad".

"Oportunidad", momento de decisión cuando experimentamos esa crisis vital desde un inconsciente paradójico que nos hace dudar de todo, y preguntarnos como

Lucrecia "¿Qué me pasa?", "¿qué quiero?". No para quedarnos preguntándonos o esperar pasivamente una respuesta a modo de consuelo sino, a partir de esta "apertura" participativa que nos desprende de todo, poder buscar con sencillez respuestas provisorias sobre nuestra identidad y las relaciones con los otros, objetivo terapéutico que trasciende la verdad objetiva para alcanzar la autenticidad.

REPENSANDO LA RESIGNIFICACIÓN

La sesión de tratamiento psicoanalítico —o de cualquier psicoterapia con su orientación— posee una característica "dramática" que es importante subrayar. Se trata de establecer "la novela" que gestan, al unísono, el paciente y el terapeuta. Es una "ficción" que emerge de la relación que denominamos transferencia y contratransferencia. Esta relación tiene el objetivo de actualizar las situaciones reprimidas del paciente y del terapeuta. De este modo, los fenómenos traumáticos del pasado de aquél se presentan en "el aquí y ahora" del campo terapéutico. Recíprocamente también al terapeuta se le actualizan sus propios conflictos, que supone elaborados, aunque ignora la existencia de otros (los llamados "puntos ciegos"). La resultante de esta "alquimia" de identificaciones cruzadas e interrelacionadas es la posibilidad de "resignificar" sucesos que afectaron al paciente en su pasado.

Pero para que dicha "resignificación" tenga efecto curativo se requiere la presencia de algo más que un mero contexto dramático (o "novela") elaborado, como hemos dicho, entre el paciente y el terapeuta. Ese "algo más" es el a posteriori de la sesión que encuentra el sentido del suceso pasado en la entrevista. O sea que buscamos en el futuro de la sesión el significado del trauma generador de síntomas. Freud nos ha brindado los elementos necesarios para superar la descarga entrópica de la pulsión, al trascender el espacio cronológico de la transferencia, saliendo al futuro para entender el pasado, el presente de la sesión. No obstante, esto no significa limitarse a una mera repetición del pasado en el "aquí y ahora" de la sesión.

A este "a posteriori" generalmente los analistas y psicoterapeutas no le otorgan la importancia que realmente posee, debido a una propia limitación de la teoría psicoanalítica. Ésta concibe al inconsciente como una estructura lingüística y pulsional que "ignora el tiempo" cronológico, pero que se halla pautada por el determinismo del espacio. Por lo tanto, la lectura siempre se realiza en relación transferencial y no como "adviniendo" del futuro. Es decir, el psicoanálisis no reparó ni desarrolló, teórica ni clínicamente, esta posibilidad que presenta el "a posteriori" de la sesión.

El inconsciente dinámico tiene aspectos del pasado heredado y olvidado por distintos grados de represión. Pero el inconsciente cultural, desarrollado a partir del modelo de crisis vital, al "ignorar el espacio", convierte el tiempo en vital. Esto nos integra por "participación" con el futuro, única dimensión capaz de generar acontecimientos y permitir el advenimiento de situaciones inéditas hasta el momento. Así (con la dimensión creativa) se amplifica el campo de resignificación más allá del "a posteriori" de la sesión, merced a la nueva forma que orienta el advenir.

De este modo, el inconsciente se transforma en una dimensión de "cultura viva", donde participamos como "sujetos de experiencia" de un campo sin "objetos" identificables, sólo partículas con in-formación (lo que hoy la física cuántica llama energía), cuya misión será generar nuevas formas. La resignificación, pues, se limita a una reconfiguración de elementos de un suceso continuo en el tiempo.

La resignificación posee varios elementos que es importante desglosar:

1. Algo del pasado ha permanecido como una marca traumática generadora de síntomas.

2. Cuando dicho suceso encuentra su significación, pierde importancia y entra en vigencia la nueva significación, liberándose o aliviándose así la marca traumática. Hay un tiempo pasado que perdura en el presente y busca su liberación en cada sesión, donde el acto creador dará el significado desde el futuro hacia el pasado.

El inconsciente dinámico tiene sólo un significado de pasado, pues, al ignorar el tiempo (lo heredado, olvidado, reprimido) éste se hace presente. Nos hallamos, pues, ante un determinismo generador de síntomas que es necesario resolver. Si damos a este inconsciente una dimensión más amplia, puramente descriptiva, nos encontramos con un inconsciente cultural que ignora el tiempo y el espacio vulgares. Es por ello que al resignificar el hecho traumático del pasado, éste se integra en un "horizonte" sin medida que nos libera de todo determinismo histórico cronológico, generando nuevas formas (acontecimiento) que reorientan el pasado hacia el futuro con fuerza sanadora. Sin esta dimensión del inconsciente cultural, la resignificación pierde la capacidad generadora del acontecimiento y, por lo tanto, de permitir el advenimiento del futuro, es decir, lo desconocido, el misterio. A raíz de esta situación es que en el psicoanálisis la resignificación permanece reducida a la "reconfiguración" de elementos de un suceso que alivia, aunque continúe orientado hacia los elementos del pasado, en espera de otras reconfiguraciones.

Un criterio diferente consiste en cambiar *la orientación* del yo hacia el futuro, como actitud saludable. Esto no significa una posición optimista a ultranza, sino disponerse en actitud positiva hacia el advenimiento del misterio. El "no sé" es posibilidad creadora. El miedo al cambio se torna en inquietud por lo que adviene, las capacidades defensivas se vuelven creativas, los intentos de olvidar y reprimir lo doloroso son ahora propósitos de interrogarse por "el camino". La necesidad en la descarga o deseo placentero de la sexualidad yoica se transforma en ternura amorosa. El encuentro es más alentador y vivificador que la relación misma.

Reorientar consiste en cambiar la fuerza vectorial de la energía como posibilidad. Todo se dispone al servicio de la creación: el acontecimiento, la pulsión, la novela sexual, la necesidad de ocupar un lugar que nos tranquilice (con palabras, "objetos", ideas, personas, cosas). Todo se encuentra al servicio de una "espera" abierta al futuro creador. Nos mantiene alertas con "los ojos abiertos" en aras de lo que vendrá, como afirma en sus memorias Marguerite Yourcenar; nos hace tolerantes a las dudas de lo establecido, nos posiciona en una actitud desapegada para que el amor y la creación se manifiesten en plenitud. La libertad no es hacer aquello que deseamos o liberarnos a secas de las ataduras. Es, ante todo, una disposición, un estado de apertura reflexiva hacia el futuro en pos de una identidad que elaboramos, arduamente, con decisiones responsables, con decisiones libres.

El yo, por ser objeto y sujeto de identificaciones, tiende hacia el pasado en la búsqueda de la tranquilidad perdida, ofreciéndole un espacio definible. Pero si el yo tiene momentos en que es suspendido, se transforma en "sujeto" singular "abierto" a una experiencia sin conflictos que permitirá superar el miedo al pasado y al futuro. Se trata, pues, de una experiencia fundante que convierte la repetición tranquilizadora de la resignificación en imaginación creativa.

El futuro, como misterio que adviene, atemoriza al yo, pues no tiene objetos de identificación y carece de espacio. La sensación de desprotección humana se halla más allá de haber perdido el primer objeto de satisfacción, como pensaba Freud; más bien radica en el hecho de quedarse sin objetos, sin espacio, solo ante el futuro.

La necesidad de reorientar el tiempo ante la desprotección y, por lo tanto, de cambiar su significado, no se transforma en un peligro (inconsciente freudiano) sino en un desafío a la capacidad creadora del hombre. El incremento de su fuerza radica en su mayor debilidad. El miedo a enfrentarse con la debilidad se transforma en anhelo de generar un acontecimiento que nos sorprenda y nos disponga a decidir por nuevas formas, hasta entonces desconocidas.

Reorientar el tiempo futuro hacia el pasado es enfrentar el miedo más concreto del yo: la muerte. Esta nueva resignificación se nutre, al trocar la pérdida y persecución de objetos y las descargas que agotan con sensación de muerte, en la génesis de una nueva energía y, por ende, en la presencia de nuevos objetos.

Sublimar es siempre del pasado al futuro. Crear es siempre del futuro al pasado. [7]

La *identidad* es el problema humano a resolver, pues somos "siendo". Si el hombre es tiempo (Kant, Heidegger), resolverá su identidad con el futuro como "flecha del tiempo", no determinada por ningún espacio. La confian-

---

[7] "La sublimación posee su fundamento en el narcisismo" (L. Hornstein). En cambio, la creación lo tiene más allá del narcisismo, en la "identidad grupal" (crisis vital).

za, la autoestima, la creatividad y las gratificaciones más sinceras son sustentadas desde una identidad en su camino hacia el futuro y desde el futuro.

EL "PODER" DEL INCONSCIENTE CULTURAL

El concepto de ampliar el inconsciente dinámico freudiano implica un "salto de nivel" fundamental. Salimos de una estructura determinista pulsional, es decir, de una "cadena de significantes" (lenguaje), para incursionar en un campo paradójico, problemático, donde nada se afirma o se niega, "conjunto" o campo en el cual "todo tiene que ver con todo". No existe, pues, un sujeto determinado por el lenguaje ni que intente fijar nuevamente las representaciones de la experiencia. Tampoco hay un superyó cuya función sea la de reprimir las experiencias infantiles traumáticas, las cuales pujan por hacerse conscientes (vía representacional).

A este inconsciente ampliado lo hemos llamado "inconsciente cultural". Él nos aporta el sentimiento de "identidad grupal", gracias a la participación de un "todo" indeterminado. La suspensión del yo nos aleja del sujeto y del objeto como factores estabilizadores y conflictivos. El inconsciente, tomado como "reservorio pulsional" (estructurado como lenguaje, sede de las representaciones de las cosas, de lo reprimido o de las fantasías originarias), no aparece privilegiado. En el inconsciente cultural se carece de todo fundamento determinista o explicación causal de los hechos. De este modo, se trasciende ampliamente el concepto cartesiano de "pienso, luego existo". Esta manera racional de meditar sobre la realidad se supera por el hecho mismo de estar existiendo, como sujetos inestables que transcurren registrando holográficamente lo vivenciado. A este fenómeno lo denominamos "contexto de creación", con el objetivo de diferenciarlo del "contexto de descubrimiento", propio del inconsciente tradicional que sustenta el psicoanálisis.

Ante la carencia de "objetos" (incluido el yo) la descarga pulsional deja de actuar como factor dominante. Toda repetición en la descarga se trasciende. Lo reprimido puja por hacerse consciente, síntoma o mera transferencia. Incluso —nos animamos a afirmarlo— el dominio del soñar se abre a una realidad sin fundamento, ilimitada, brindándole así una función de índole más extensa e intensa que el "deseo infantil freudiano". [8]

Al manifestarse nuestros sueños, inmersos en el inconsciente cultural, emergen más allá del tiempo y del espacio medibles. En el psicoanálisis freudiano, el espacio "siempre" se encuentra presente, como un eco que nunca concluye. Esta situación permite mantener al inconsciente como un sistema prietamente cerrado y determinista. Bajo estos términos, el sueño es una manifestación de los deseos infantiles. Y estos deseos surgen del tiempo cronológico y se hacen presentes ahora, pero jamás trascienden el espacio que los determina e intenta explicarlos desde una óptica mecanicista. En cambio, en el inconsciente cultural participamos de un "campo" simbólico indeterminado y discontinuo.

Sin embargo, en "el momento" de la apertura al inconsciente cultural, los elementos dinámicos del inconsciente tradicional pierden toda vigencia. Es importante acotar que dichos elementos se retomarán y volverán a tener su cabal sentido cuando nuevamente vivenciemos esta experiencia en aras de poder reflexionar acerca de ella. Empero, este retorno es un "regreso" trasformado debido al tránsito o estadía en el inconsciente cultural.

---

[8] Heidegger menciona la presencia "pensamiento sin fundamento" cuando se alcanza "la apertura", es decir el *Dasein*.

Es necesario el retorno a las representaciones formales, como en la ciencia, pues nos tranquilizan ante lo vital problemático e inquietante. Fue Nietzsche quien desenmascaró los intentos de fundamentar científicamente la realidad, llamando "nihilismo" a esa tendencia de llenarnos de formas sociales carentes de vitalidad. La "crisis nihilista" consiste en poder romper con la totalidad de lo establecido, cuestionarla a fondo y dudar de ella. Cuando M. Eliade nos habla del "eterno retorno" lo manifiesta desde un punto de vista diferente: "el retorno a una primavera que crea". Es decir, que retornamos a las representaciones del inconsciente dinámico, para poder pensar con la lógica racional. También rompemos con la repetición formal, cuando "repetimos" momentos de creatividad, capacitándonos, de este modo, a "jugar" con la imaginación creativa. Se trata, pues, de una nueva forma de pensar guiada por la "lógica difusa".

En otros términos, el "eterno retorno" cesa de determinarnos si no idolatramos la imagen representacional o el lenguaje y, en consecuencia, tendemos a asumirlos plenamente. Arribamos, entonces, a una crisis vital con lo estructurado, y se genera un coeficiente de irrealidad que nos pone en contacto con un campo analógico-mítico no en aras de reemplazar la realidad objetivada sino para asumirla, es decir, vivirla, hacerla parte de nuestra identidad grupal. Todo se hace difuso, por lo tanto coparticipativo, interrelacionado, mítico: "todo tiene que ver con todo". Esto es posible porque estamos fuera del espacio cuantificable. Y la imaginación mítica, libre de ligamentos, ahora desempeña una función motivadora, un rol generador de imágenes que ya no tienen necesidad de consultar al tiempo ni al espacio. Esta imagen tiene un verdadero "poder" creativo, y nos libera de la repetición del inconsciente reprimido y de los sistemas sociales e ideológicos.

Tal es el caso de "la castración" freudiana observada como mito y no definida desde la fantasía o "imaginario". Pues así se le confiere otra fuerza que nos remite a una angustia existencial que no despierta miedo sino la inquietud del poder creativo.[9] Esta fuerza creadora interroga sobre lo desconocido. Nos encontramos, pues, ante la apertura y, sobre todo, frente a la libertad de pensar fuera del "eterno retorno" de la ciencia, las religiones, las ideologías y los sistemas "oficiales" (Fernández Mouján, 1992).

Al moverse en esta dimensión del inconsciente, cambia la fuerza de la palabra o la "potencia de la palabra", como afirma Edgar Allan Poe cuando se refiere a su inconmensurable poder creativo. Es necesario transitar por estos contextos creativos, fuera de todo determinismo o lógica racional. De esta manera, la nueva lógica de lo difuso nos permitirá vivenciar "el poder" de lo vital, que revierte el entrópico camino del "objeto" psíquico o material. Al no haber identificación, todo es tránsito y creación; lo verdadero es tan débil y precario que "la verdad no me engaña", como sostiene Nietzsche.

La crisis vital nos confunde, nos obnubila, rompe con "el eterno retorno al pasado", nos llena de "ebriedad", nos torna dionisíacos. Confiere a todo lo determinado una tendencia vital e ineludible (no mortal de descarga y entropía) hacia el poder creativo. Muchos tienden a confundir creación con sublimación. Esta última realiza la transferencia de lo pasional-sexual hacia objetos cada vez más socializados. En cambio, el poder creativo no traslada energía o libido a algún objeto; su papel consiste en crearlos.

---

[9] En "Lo siniestro", Freud se aproxima a este concepto al hablarnos de "la inquietante extrañeza". No obstante, se limita a la angustia de castración.

Esta palabra —imagen creativa— intuye lo vivido; "no describe, pero da el ser primero a todo lo que tiene que ser descrito". Y más adelante continúa G. Bachelard (1980): "El vocablo es entonces de la respiración, se coloca en nuestro aliento... Traduce una convicción vital, íntima. Nos trae el eco de los clamores secretos de nuestro ser. Es hostil a los excesos del lenguaje que dictamina. Se quebraría en una dicción sujeta a la medida. Es preciso que esta palabra se extienda sobre el silencio apacible del ser".

El genio de Bachelard le permitió captar la palabra poética o creativa como forma previa a la representación de cosa (descrita por Freud) —la cual participa de lo vital como el aliento mismo— y atrae en este acto libertario lo reprimido y lo pulsional en la búsqueda de nuevas configuraciones. No consiste en una resistencia entre "objetos" sino en un intento de romper con lo establecido y recuperar al "hombre natural", en cobijarse bajo "la inocencia perdida".

Es por ello que hemos insistido tanto en ampliar el inconsciente restringido del psicoanálisis, que se encuentra inspirado y constreñido por la realidad mecánica de la ciencia previa a la física cuántica. El inconsciente se explaya y se contrae en una dialéctica que genera un "espacio poético" (el "punto límite" de Piaget o los "compartimientos vacíos" de Lévi-Strauss) o contexto creativo con una fuerza propia de creación ilimitada.

Es oportuno volver nuevamente a Bachelard para comprender la importancia de superar al yo, a los "objetos" (fantasías), al lenguaje y a las pulsiones. El hecho de conferir el espacio poético a un objeto radica en brindarle una mayor dimensión objetiva o, para decirlo de otra manera, consiste en continuar la expansión de un espacio íntimo no medible. De este modo, cuando se trata de una imagen creativa ("palabra") de índole tan significativa que domina el espacio y dicta su ley en él, nos hallamos en un inconsciente allende el tiempo y el espacio vulgares. En el modelo de crisis vital, lo hemos denominado "inconsciente cultural"; obviamente, no nos referimos a la cultura científica sino al hecho y al contexto cultural como fenómeno "vivo".

CAMPO PARTICIPATIVO O INCONSCIENTE CULTURAL

Para la ciencia en general y el psicoanálisis en particular, todo tiene su causa en algún fenómeno. El paciente no sueña o habla por azar; existe un inconsciente dinámico que lo determina. Tanto la ciencia mecánica como el psicoanálisis necesitan repetir (la verificación y la estadística reiteran, la transferencia y el síntoma también) para poder restringir la energía libre en una masa medible. El "poder", [10] como tal, no se toma en cuenta en este caso.

Esta concepción de la realidad propone una tarea ineludible: el descubrimiento de lo oculto. Tanto el pasado (lo reprimido, las estructuras psicosociales, las fantasías, los genes) como el presente (pulsiones, instintos) nos determinan, como en las leyes ocultas de la naturaleza que pautan nuestro futuro.

Estas concepciones siempre poseen ciertos límites específicos, un fundamento equilibrado, que, al perderlo, tratamos afanosamente de recuperar. El ideal consiste en lograr un equilibrio en la búsqueda de relaciones que tranquilizan y en la liberación de aquellas que angustian.

Ya afirmamos, en capítulos anteriores, que este enfoque entraña ciertos peligros. Y éstos se presentan cabalmente en la rigidez de la estructura en la cual se

[10] En este caso, entendemos el concepto como fuerza vital y creativa (F. Nietzsche).

fijan los ideales como valores, al transformarlos en idealizaciones identificables, ya sean políticas, religiosas, ideológicas, teóricas, científicas o vínculos caracteropáticos. De este modo, pues, nos alejamos cada vez más de lo vivido, de la naturaleza, de la cultura, de los otros como "otro", en fin, de todo contexto real.

Consideramos, pues, que dicha concepción de la realidad es menester ponerla en crisis y recuperar así nuestra capacidad de transformar la natural tendencia entrópica, en la no menos natural tendencia antientrópica: la infinita capacidad creativa del hombre. Hoy más que nunca es necesaria la tarea de descubrir lo oculto, de crear espacios "vacíos" donde nos abramos a realidades potenciales embargadas por la noción de "lo misterioso" del universo. La pérdida de la relación con el objeto material y psíquico deja al yo "suspendido", desidentificado, a la espera de un nuevo objeto con quien ligar su libido. Existe, pues, un *espacio-tiempo entre* el yo con objeto y el yo suspendido sin ese objeto, y con energía libre disponible. Es en este espacio —el segmento "entre"— en el cual nos interesa profundizar.

Cuando la pérdida no reside en un ente sino en todos los objetos, el yo como objeto también se "pierde". Sólo el "sí-mismo", el "yo superior" o el "sujeto de experiencia" permanece vivenciando (experimentando, no percibiendo). Esta forma de existir se presenta sin relación; es *pura interacción o participación*. "Todo tiene que ver con todo." Las diferencias, entonces, son de grado; no hay dinámica susceptible de conflictos. Lo que realmente se manifiesta es un movimiento generador de nuevas configuraciones objetales donde "todo es posible".

Aquello que nos interesa ampliar es la reflexión sobre este *espacio*, el cual "no es de nadie y por eso es de todos". No hay yo, sólo "nosotros" junto con todos los elementos que constituyen la naturaleza y el cosmos. En ese espacio somos universales por participación, porque nos hemos convertido, intensa y vívidamente, en "partículas" de un todo.

Cuando recibimos el impacto de una paradoja, de un enamoramiento, del misterio o la muerte, cuando nos cobijamos en el verdadero "silencio", cuando suspendemos el yo o intentamos "parar al mundo", se nos abre el *espacio* sin objetos que nos angustia como un abismo, ya que entonces no podemos controlar, comparar, explicar; sólo nos resta vivirlo con intensidad. Rápidamente tendemos a ampararnos en el poder creador de la imaginación, fuerza germinal que, como ilusión reparadora, nos calmará al ofrecernos objetos tranquilizantes.

Es importante estudiar lo que sucede si logramos "esperar" la configuración de cualquier ilusión. *Esa espera* es angustiosa al principio, pues vive en lo desconocido como sujeto de experiencia, "sujetando" la experiencia participativa. Cuando necesitamos de la ilusión, si se registra holográficamente tendrá un efecto significativo. Ésta, la ilusión, no se fijará y transitará sin problemas hacia la aceptación del objeto externo tal cual es. Esta situación es posible, pues no existe un sujeto fijo o yo identificatorio; sólo se manifiesta el tránsito de un sujeto "abierto" (Heidegger).

Este reconocimiento del otro tal como es, vale decir, la aceptación de una dosis mayor de la realidad, está avalado por la vigencia del "espacio" de pura interacción, un ámbito que no fomentará la apropiación narcisista y fanática de las cosas y de los fenómenos, un espacio que nos dispone a transmitir "vida" y a crear nuevas formas de ella.

Nos encontramos ante una dimensión en la cual se proyecta un nuevo campo inconsciente indeterminado. Pues nada está fijo y oculto, como tampoco existe un objeto donde descargarse. El yo como sujeto en relación se encuentra suspendido, permitiendo constituirnos en sujetos transitorios, abiertos a un campo de posibilidades o contexto de creación. A este inconsciente lo denominamos, en un capítulo anterior, "inconsciente cultural".

Nuestra intención es, pues, diferenciar plenamente la existencia de un inconsciente dinámico —sede de lo pulsional y reprimido—, de un inconsciente cultural —sede de lo vital e indeterminado—.

Freud encaró la descripción del inconsciente aceptando, desde un comienzo, su inaccesibilidad. El inconsciente nos influye a partir de lo pulsional y la fantasmática que permite cierto rodeo (espera). No obstante, Lacan penetra en lo inaccesible y tiende a formalizarlo como sede de la simbolización humana al definir una forma gramatical (lenguaje) para el inconsciente. [11] Tanto uno como otro niegan la libertad formal, pues para ellos estamos atrapados por lo pulsional o la gramática. La libertad, no formal, es trascendente a todo objeto o regla; sólo se organiza por intermedio de los "valores" que contextualizan campos de in-formación.

El inconsciente dinámico se nos muestra como sede de "lo perdido", el cual es menester recuperar para liberarnos de la insistencia de su regreso a través de los síntomas. Es un inconsciente de índole "enfermiza" cuyo fin consiste en organizar el texto determinante, sobre el cual el yo se instala en su relación con los objetos.

La cadena de significantes consiste, pues, en un código fonético en el cual los hechos se precipitan por identificación. Si mi madre, Teresa, ha fallecido y sueño que un tero me persigue con la intención de picotearme, puedo inferir que Teresa, como lugar anónimo en la cadena, se

11 "El inconsciente está estructurado como un lenguaje", es decir, una cadena de significantes como código descifrador de lo perdido (J. Lacan).

relaciona con el tero, también anónimo, a través de la cadena fonética. El sueño, en el caso presente, es el intento de elaborar un duelo.

El otro aspecto determinante del inconsciente dinámico es lo pulsional, esto es, tanto las pulsiones del yo con objetos específicos como las sexuales carentes de ellos. Ambas son motivadoras de fantasmas, unos más originales que otros.

Las fantasías inconscientes y la cadena de significantes obran como anónimos. No obstante, ante determinadas circunstancias se concretan (catalizan) ciertos vínculos afectivos por identificación. Los distintos contextos, incluido el terapéutico, sirven para explicar la infinita variedad de experiencias catalizadoras del juego pulsional y la cadena de significantes. De este modo, el condicionamiento lineal de lo reprimido atrapa al contexto.

Necesitamos, pues, contextualizar el inconsciente, no sólo para intentar su explicación (lo que es parte de la verdad) sino también en aras de abrirnos al inconsciente mismo y no caer en la tautología de afirmar algo que se explica por sí mismo. Este inconsciente ampliado, indeterminado y discontinuo consiste en el aspecto no consciente de la cultura viva. Es un contexto indeterminado, un campo de posibilidades que nos da identidad grupal ("nosotros") gracias a la participación. A partir de este contexto nos encontramos en condiciones de protagonizar un acontecimiento único "para otro" (y no desde otro). No existe, entonces, un orden "lineal", cronológico, sino "circular", de índole abarcativa, es decir, holográfico, el cual se proyecta desde el tiempo-espacio métrico para entrar en una dimensión a-histórica que protagoniza y gesta la historia.

Para identificar o nombrar algo se supone la condición primera que no estuvo alguna vez. El padre, al no estar "alguna vez", funda la posibilidad de nombrar, debido a que se proyecta desde lo desconocido, en tanto que la madre, por el contrario, "siempre estuvo". Esta posibilidad simbólica representacional permite el salto de la naturaleza a la cultura científica, del inconsciente reprimido y pulsional a la conciencia. En otros términos, de la representación-cosa inconsciente a la representación lingüística.

En conclusión, lo que ahora proponemos es un salto de otras características. No ya de lo ausente a su representación, sino de un orden "circular" (naturaleza, cósmico, grupal, cultura viva, primordial, originario, etc.) —del cual coparticipamos en cada "primavera" (crisis vital)— a otro de índole "histórico-social lineal" (cultura científica). En este nuevo orden participamos como sujetos en tránsito, "abiertos" a una totalidad, de cuyo contexto intuimos nuevas configuraciones sin lograr nombrarlas. Sólo podemos vivenciarlas, para luego intentar su desarrollo en una escena mítica (no social), donde la imaginación creativa capta y elabora un símbolo vivo que da cuenta "holográficamente" de la complejidad de la experiencia. Esta vertiente mítica permite el tránsito del "caos vital", en el cual participamos vivencialmente de lo originario y lo reconstruimos, para dar un significado provisorio a la experiencia vivida. [12]

El nombre no proviene sólo del padre que representa lo ausente por primera vez, constituyéndonos en sujetos de un lenguaje de representaciones. Además, "nombrar" adviene de un nosotros cultural, que no trata de llenar ningún vacío sino de interrogarnos sobre el vacío como campo de posibilidades, donde participamos del juego de

[12] Vivenciar es vivir con-otro, y percibir consiste en vivir por-otro. Si vivenciamos el contexto totalizador, la palabra formulada es un "símbolo vivo" y la manifestación de un "siendo" irrepetible. Si percibimos, nos referimos a la repetición de una realidad que señalamos. Al vivenciar participamos del "poder" propio del contexto.

la vida con identidad. Nombrar es nombrarse, diferenciando la identidad del yo de la grupal. El deseo de ser, pues, sostiene al deseo de tener objetos de identificación, más aún si éstos se han perdido en un pasado traumático. [13]

---

[13] Lo primordial, para Martin Buber, es lo que denominamos "lo originario" es decir, identidad grupal o cultura viva inconsciente, un "mundo" sin objetos, la "pura relación". El contexto "yo-tú" de donde surge el yo que percibe los objetos en relación, el "yo-ello" de Buber, similar a la identidad del yo en relación con los otros (objetos).

15. LA CURA POR LA CREACIÓN

EL "FONDO" DEL CAMPO TERAPÉUTICO

Según la física cuántica, existe más allá del mundo empírico un "fondo" de partículas no observables, es decir, "otro" universo que supera todo espacio medible debido a la velocidad de sus partículas. Se presenta, de este modo, un "ballet" caótico, desequilibrado e inestable, donde a pesar de los permanentes cambios e infinitas transformaciones locales existe un motivo constante o invariancia del sistema global.

En este fondo no se manifiesta la materia inerte sino una infinidad de "campos", donde el orden y el desorden, sin oponerse, son simultáneos, unísonos. En estos campos, el movimiento desordenado no pierde coherencia ni ilación alguna. Entre ellos existe una sensibilidad especial denominada resonancia, análoga a lo que Max Scheller llamaba simpatía. Las partículas elementales no son, pues, objetos, sino el resultado provisorio y precario de interacciones incesantes entre campos inmateriales.

"La teoría cuántica relativista de los campos" considera a la realidad esencial como un conjunto de campos que interactúan en forma permanente. Son vibraciones asociadas a partículas (manifestación natural) elementales que se localizan en un espacio determinado, lo cual lleva a pensar en un "conjunto indivisible e interrelacionado". Esta imagen del universo dio origen al trabajo de Einstein, Podosky y Rozen (1935), ya clásico, donde demostraban que "no existe correlación" entre electrones cuando se alejan de manera considerable.

Esto es, que no admitían la globalidad indivisible de dicho "fondo". Sin embargo, en 1982 Alain Aspect demostró lo contrario, dando así un fuerte y decisivo apoyo a la teoría cuántica.

Nos encontramos, pues, ante universos invisibles, los cuales producen efectos, realidades posibles carentes de consistencia o materia identificable, hasta que un observador les dé forma. Podríamos denominarlo campo cuántico de in-formación.[1] Se caracteriza porque, en el momento de la observación (creación), la "función onda" tiende a derrumbarse y una partícula logra así materializarse, desvaneciéndose el resto. Dicho acto de observación es una libre decisión ante un campo de in-formación en perpetuo movimiento.

El presente rodeo a través de la física actual nos permitirá medir la importancia fundamental de rescatar el inconsciente cultural en el proceso de la cura mediante la creación. Hemos hablado de "campos participativos" donde no hay objetos (formas identificables), sólo "efectos" vivenciables en el "cuerpo vivo".

En otros términos, decimos que en el momento participativo (leyes de toda objetivación) de las crisis vitales se forma parte de una globalidad a la cual llamamos "identidad grupal". Ésta desempeña el rol de brindar coherencia en el momento de máximo desequilibrio.

---

[1] In-formación está tomada no como conocimiento (Aristóteles), sino como posibilidad o ignorancia (Shannon) que interroga hasta la creación de una nueva forma.

Además, es necesario agregar que todo resuena simpáticamente en un cuerpo vivo que funciona como "sujeto existencial" (no sujeto-objeto). Al "derrumbarse" el yo o sujeto, la vida puede fluir como "poder" creativo dentro de un campo de pura in-formación, esperando objetivarse (materializarse, tomar forma) en una imagen. El resto de la in-formación se desvanece. ¿Cuándo cesa este momento?: en el instante de la libre decisión, a la cual hemos denominado el acto existencial, creativo o "logos".

Esta apertura "al campo" del inconsciente cultural quiebra todo equilibrio estructural, y genera un campo funcional con capacidad suficiente de crear una nueva estructura. [2] Es decir, salimos de un inconsciente relacional y nos extendemos a un inconsciente funcional, donde "todo tiene que ver con todo", fluyendo o circulando en él la vida misma como "poder" o su expresión casi análoga de energía. [3]

Lo realmente significativo para el tema de la cura es que, al romperse el equilibrio estructural del yo en sus relaciones objetales, dejamos de observar los objetos y, por consiguiente, sus secuencias próximas, para poder así captar vivencialmente los hologramas a través de la imagen creativa. Este nuevo poder creativo ahora obrará sobre aquello que estaba trabado por la fijación narcisista y nos obligaba a repetir fantasías que deformaban nuestra comprensión. Esta resistencia, entonces, se disuelve ante un campo de sensaciones [feeling] que preceden a toda comprensión, pero condicionan una nueva forma de comprender los hechos (precomprensión).

En este tránsito, incorporamos todas las propiedades (físicas, químicas, ecológicas, cosmológicas, sociales y psi-

[2] "La función crea la estructura" (Prigogine, 1991).
[3] El poder es el aspecto activo (no inercial) de la energía, sólo se vive su actividad, y se reacciona a él.

cológicas) que constituyen el universo al cual pertenecemos ("identidad grupal"); un campo de in-formación donde el tiempo vital se inscribe en la materia y en el acto creador; fuerza creadora que se manifiesta como el resultado simbólico de la multiplicidad de estructuras que contiene potencialmente la vida.

Con esta extensión del campo terapéutico a través del inconsciente cultural, trascendemos todo determinismo, aun las protofantasías freudianas y arquetipos junguianos y por ende, con más razón, el determinismo del inconsciente reprimido y las pulsiones subyacentes a los objetos.

En realidad, no hacemos más que describir "el fondo" del campo terapéutico, donde el proceso de la cura se liga cálida e íntimamente con el acto creador. Este ligamen transforma el acto creador en un momento fundamental e insoslayable durante el proceso de la curación, sin tener en cuenta para ello el modelo teórico en el cual se sustente.

El "acto de observación" es la finalización del fondo de partículas indeterminadas, en permanente movimiento. Y su papel principal consiste en materializar la "función onda" en objetos observables y susceptibles de ser verificados por la ciencia. La in-formación, pues, genera una nueva forma.

En el campo terapéutico, el acto creativo consiste en el fin del momento participativo de la identidad grupal. De esta manera, la imaginación activa orienta la interpretación de lo vivido para comenzar a percibir la imagen o símbolo vivo. Dicho símbolo permitirá el desarrollo de una nueva configuración y, lo que es realmente importante, liberará al yo de sus ataduras patológicas.

Recibimos, hace poco tiempo, la consulta de los padres de Rosario, una jovencita de 13 años. El motivo radicaba en que Rosario, desde pequeña, se lastimaba el cuero cabelludo al rascarse continuamente. Por otra parte, los especialistas de la piel habían descartado un origen biológico y se hallaban desconcertados.

Asimismo, Rosario ha sido tratada —hace años— por distintos psicoterapeutas (analistas y sistémicos), sin arribar, desgraciadamente, a ningún resultado alentador. Como la madre se encuentra en vísperas de emprender un largo viaje con una amiga, es el padre quien toma nuevamente la iniciativa y nos solicita una consulta para Rosario. Ella aún no se ha desarrollado, es menudita y despierta, aunque en nuestra primera entrevista manifiesta una total resistencia a colaborar.

El padre nos informa que últimamente ya casi no se expresa, y cuando lo intenta es a través de monosílabos. Esta situación ha llevado a sus padres a un estado de franca desesperación, pues no observan mejoría alguna y sí un progresivo e inexorable deterioro físico.

Cuando nació Rosario tuvo con su madre un vínculo muy fuerte, relación que aún (desde la madre) perdura. Esto hace pensar que, ante la proximidad del viaje, la crisis se haya agravado. Rosario tiene tres hermanos mayores —también preocupados por su estado— y una hermana pocos años menor, a la cual le hecha la culpa de lo que le sucede. Curiosamente, esta hermana, Josefina, siente por ella una gran preocupación, acompañándola a muchas sesiones, sin entrar al consultorio debido a la "resistencia" de los terapeutas tratantes.

Finalmente resolvimos reunir a ambos padres y a Rosario, en una sesión tensa por la ansiedad de los primeros y que la paciente manejó con cierta autosuficiencia y frialdad. Así las cosas, resultaba claro que Rosario siempre sería "una reina" si lograba mantenerse en esa postura. La desorientación nos contagió cuando luego de varios intentos de concentrarnos y de proponer una serie de hipótesis, éstas fueron displicentemente ignoradas por Rosario. Una de ellas, aceptada por los padres, fue rechazada por ella, cuando más o menos planteamos lo siguiente: "Me parece que nadie sabe qué hacer con esta bebita, ni vos, Rosario. Los tres nos mirábamos con preocupación y totalmente desorientados, y vos te callabas para que no te dejemos de cuidar. Si hablás, vos pensás que te vamos a dejar de cuidar como beba y puede surgir entonces una adolescente". Por sugerencia del padre, la próxima sesión se programó con la presencia simultánea de Rosario y Josefina. En determinado momento, antes de finalizar la sesión, decimos que tal vez dejando la bebita a Josefina podamos conocer a la adolescente.

Sin embargo, al llegar la sesión se presentaron ellas dos solas, sin los padres, pues los habían convencido de que no vinieran. En el ínterin la madre me había llamado para informarme que, paradójicamente con lo que aparentaba, Rosario le había dicho que yo le era simpático y que decía verdades duras, pero que no le dolían. La madre, extrañada, le dijo: "Pero si rechazaste todo lo que dijo", y ella le contestó enigmáticamente: "Pero, mamá, no hablo de verdades para decir sí o no".

La entrevista con Josefina y Rosario no fue tensa, pero sí sorprendente. Incluso sorprendido de mí mismo, cuando nos encontramos jugando a representar cada uno a un chico o chica que en algo se dañaba. Uno, por ejemplo, se comía las uñas; otro se arrancaba el pelo y el último se rascaba hasta lastimarse (ese papel no lo hacía Rosario, sino Josefina). Empero, antes de contar esta experiencia, es necesario comentar lo que me sucedió, hasta que se me ocurrió proponer el juego (aclaro que no suelo proponer juegos).

Rosario continuaba muda al comienzo de la sesión, y además teníamos a otra "muda" (por tímida), Josefina. Esta nueva situación me desorientaba aún más. Mi ignorancia acerca de aquello que tenía que hacer o decir era total; sin embargo, actuaba con humor, hasta que en un momento dado mi tranquilidad me sorprendió. Reflexioné sobre el hecho de que los tres participábamos de un estado de extrañeza o de asombro semejante. ¿Qué hacíamos los tres ahí, sin los padres, sin hablar de ningún síntoma? Un fenómeno extraño comenzó a impregnarme, como una sensación de estar abierto confiadamente a lo que vendría. Esta situación me predispuso hacia una sensación placentera y de un buen humor —aunque la inquietud no me abandonaba— que finalmente resonó en ellas. Y cuando propuse el juego (que me sorprendió) lo aceptaron de inmediato.

Empezamos a jugar libremente, cambiando los roles y haciendo soliloquios. Y en determinado momento, gracias al clima de distensión que reinaba, la inquietud me abandonó. Poco después propuse un cambio en el juego; consistía en que Rosario y Josefina relataran aquello que sentían. Básicamente experimentaban rabia, Josefina más ligada a la exigencia de estudiar y Rosario a la necesidad de ser especial. En ese momento tuve la tentación de interpretar "verdades absolutas", pero la rechacé. Le sugerí a Rosario que acaso le "picaba" la rabia de tener que ser especial para su madre. Es decir, le inquietaba dejar de serlo cuando creciera y por ello obraba para que sus padres se preocuparan. A Josefina le comenté una situación relacionada con la rabia de observarse como excluida. Como ambas no aceptaron las interpretaciones, me precipité en una desorientación serena y, dejando a un lado mi apresuramiento, recordé la frase de Rosario: "No hablo de verdades para decir sí o no". Ya no podíamos regresar al juego, y esta frase además me enseñaba un hecho fundamental: no debía pugnar por establecer una relación racional, en la que las verdades definidas tienen que ser verificadas por datos objetivos y no por sentimientos.

Luego invitamos a Rosario a que nos contara un sueño y a Josefina, un recuerdo infantil. Esta invitación surgió de la repercusión que tuvo en mí la enigmática frase de Rosario sobre aquellas verdades no definidas. Fue en esta instancia cuando las chicas comenzaron a hablar despreocupadamente. Josefina recordaba cómo una noche se despertó creyendo que había ladrones en la casa; se levantó e inmediatamente fue al cuarto de sus padres para despertarlos (lo que confirmaría la hipótesis de la exclusión que veníamos trabajando). A continuación, Rosario narró que una vez soñó que tenía un perrito pequinés (y aclara que ella siempre quiso un perro). De repente, se vio sorprendida cuando le pregunté si alguna vez quiso ser varón; no obstante, no vaciló en contestarme: "Sí, muchas". En medio de la risa general, pudimos sólo entonces comenzar a definir "verdades" racionales, ligadas a los celos que hace sentir el conocimiento como "robo", y el desarrollo puberal como la pérdida definitiva del deseo "escondido" (bebita) de tener un pito-pequinés.

No es necesario continuar el presente relato, pues sólo nos interesa estudiar el proceso de la cura en el momento "originario", en donde el suspenso (sobresalto) nos lleva a la extrañeza (ignorancia). Y desde allí, con plena libertad, lograr el acceso a la imaginación creativa. Esta situación es previa a toda explicación racional que pretenda interpretar los hechos, y también anterior a toda intervención lógica que intente cambiar las conductas patológicas repetidas en la relación terapéutica.

El primer comentario a realizar sobre esta experiencia

terapéutica consiste en subrayar la importancia de participar libremente en "el campo" terapéutico, es decir, la necesidad de *vivir la experiencia antes de hablar de ella*. En general, como psicoterapeutas nos hemos acostumbrado a hablar de lo que sucede y nos sucede. Por ello, tenemos que utilizar el lenguaje, vale decir, el intento de olvidarnos de nosotros para objetivarnos (o sea identificarnos). Esto supone un momento previo, participativo, en el cual existe una desidentificación (suspensión del yo) de todo objeto. Durante este instante, la fantasía deja lugar a un "jugar", donde no importa la verdad ni ningún juicio racional. Es un vivenciar que nos brinda la posibilidad de estar "presentes", participando de una experiencia que nos "impresiona" como algo extraño. La inquietud despierta a la imaginación como elemento elaborativo, y no al lenguaje. Surge el símbolo vivo que capta el sentido global desde donde vivimos antes de observar.

La "novela cultural" es de índole mítica, por lo tanto, silenciosa. No hay un yo, sino un sujeto debilitado por estar "siendo" con la experiencia. Desde allí se capta directamente la polivalencia simbólica de la vida.

En algunas sesiones me sucedió que, al hablar desde el yo de la experiencia, las chicas me rechazaron en el proceso de formulación; no obstante, este rechazo no se extendió a la "simpatía". Y al trabajar en el campo vivo de la experiencia, siempre fue posible volver a elaborar todos juntos. Esto es a consecuencia de que el yo tiende a integrar sus mecanismos defensivos ante la angustia, con un activo protagonismo en sus relaciones objetales (tanto dentro como fuera de su individualidad). Por lo tanto, aparece lo antagónico conflictivo en la familia, en el pasado o en el otro. De más está decir que esta situación es motivo de resistencias y síntomas.

Es curioso entonces observar cómo aquello que podríamos llamar lo enfermo (resistencias a la comunicación racional o síntomas) se convierte, en buena medida, en un elemento proclive a cerrarnos al contacto de las relaciones convencionales. Esto nos obliga a abrirnos hacia dimensiones más abarcativas, en las cuales tendemos a vivenciar (nos integramos a una globalidad) más que a relacionar el conjunto de los objetos en una secuencia.

De este modo, el "juego creativo" cumplió el rol de sensibilizarnos a los tres, rompiendo las barreras que nos incomunicaban con el otro (y lo que era peor, con nosotros mismos). Gracias a esto, al final, Rosario logró narrar un sueño de índole tan significativa, a partir del cual fue posible hablar de la experiencia. Así, lo conflictivo ya no era antagónico sino que surgió de un todo participativo al inspirar imágenes creativas que pertenecían a la experiencia como un todo. Aquella "inquietante extrañeza" [4] dejó de ser angustiante cuando ya no constituyó una amenaza. Se convirtió en un "juego", donde no existía motivo alguno de conflicto porque primó "la simpatía" o resonancia afectiva. Al participar de cualidades que no pueden chocar ni enfrentarse —aunque sean opuestas—, se fuerza al yo a optar libremente, sin necesidad de defenderse o de tener protagonismo sobre los otros. Lo extraño se torna entonces "inquietante", como el misterio de la vida que no logra "capturarnos", pues no es evidente (objetivable). [5]

[4] Término que Freud emplea en su conocido artículo sobre "Lo siniestro". En dicho trabajo, Freud no supera el antagonismo y la angustia de castración concomitante ante lo extraño.

[5] En la experiencia especular lacaniana la imagen captura al *infans* porque es evidente para la percepción como objeto.

CONTEXTO CREATIVO: DONDE SE FRACTURA
LA DEFENSA PATOLÓGICA

Centramos, pues, la defensa patológica al fijarse la estructura narcisista del yo, y se cierra así el tránsito del proceso normal de ilusión que posee todo crecimiento. Cuando se fija el yo en el objeto idealizado, es capturado por las representaciones narcisistas, y éstas, al reemplazar la realidad, frenan el proceso de socialización y maduración.

Cuanto más rígidas son estas estructuras narcisistas, más se empequeñecen dentro y fuera del sistema, allí donde el yo elabora sus ansiedades. Por lo tanto, se restringen los factores que lo amplían, evitando, negando o dificultando las oportunidades para el cambio (crisis vital).

Cuando las defensas narcisistas se vuelven patológicas, reprimen y marginan algunas partes del sistema del "aparato mental", y generan ciertos síntomas, tales como las transacciones entre lo disociado de uno mismo y de lo externo.

En la clínica psicoanalítica, el proceso curativo posee, en líneas generales, dos grandes vertientes no excluyentes: a) desarticulan las defensas narcisistas que mantienen alejado al yo del inconsciente reprimido ("hacer consciente lo inconsciente"), a través de la superación de los conflictos que motivaron la rigidez de estas estructuras; b) desarticulan la estructura narcisista patológica, ampliando el sistema hacia estructuras no polarizadas (como la edípica), y abren el camino sublimatorio al reservorio libidinal del ello ("donde está el ello advenga el yo"), recuperando así el interés del yo por nuevos objetos.

La razón teórica de este esquema curativo se funda en el hecho de que el inconsciente estructurado como un lenguaje —y movilizado sólo por la libido sexual— tiende a limitar la tarea de la cura. Si sólo se habla desde el lenguaje, es menester objetivarnos para así identificarnos con alguna representación que nos capture, lo cual mantiene al yo alejado de la zona de conflicto inconsciente. La defensa narcisista, por su carácter disociativo y polarizante, se manifiesta para equilibrar el sistema. Por otro lado, el hecho de que el único móvil sea a veces la libido sexual (que no tiene en cuenta a la vida con su poder creativo) supone la presencia de otro para la satisfacción y la descarga que, irremediablemente, nos lleva a disminuir (degradando) el reservorio libidinal en el curso del tiempo cronológico. Ante esta angustia (de muerte) el yo se defiende dando ciertos "rodeos" para prolongar la amenaza de "fin del tiempo de vida".[6] El narcisismo sería ideal como defensa, pues vive de la ilusión compensatoria de un objeto ideal de satisfacción, el cual equilibra el sistema amenazado por la irreversibilidad del tiempo.

El contexto creativo del modelo de crisis vital ofrece varias alternativas en la cura. Sin dejar de lado las ya conocidas ("hacer consciente lo inconsciente" y "donde estaba el ello advenga el yo"), nos permite desidentificar y descodificar la experiencia vivida desde vivencias corporales. Éstas, a partir de la participación (identidad grupal), ordenan la experiencia e integran el psiquismo en campos totalizadores, donde la realidad es objetivada por la imaginación creativa previa al lenguaje.

Con la suspensión del yo, por otro lado, el sujeto debilitado se "abre" a la experiencia sin intermediación, participando de la energía vital cuyo poder creativo es infinito. Al ser sujetos de experiencia, soslayamos la angustia de muerte (castración) por el tiempo irreversible, dado que el poder creativo capta un tiempo vital que adviene. La angustia de castración, pues, se transforma en existencial.

[6] La sublimación sería la expresión más clara de este "rodeo".

En un momento determinado de la sesión con Josefina y Rosario, la extrañeza se desvaneció y sólo se manifestó la inquietud como un elemento no generador de resistencias. Es por ello que con este enfoque pretendemos extender la línea curativa de "hacer consciente lo inconsciente" y "donde está el ello advenga el yo", hacia un firme intento de "hacer inconsciente cultural participativo el inconsciente reprimido". De este modo, como sujetos de experiencia, intentamos captar "el poder" creador de la vida, flexibilizando el yo en sus relaciones internas y externas.

IMPLICANCIAS DE TRABAJAR MÁS ALLÁ DEL CONFLICTO

Proponemos un campo terapéutico donde nos relacionemos intensamente con lo vital, como campo de significaciones polivalentes que hacen posible la libre decisión de crear imágenes funcionales. Estas imágenes, por su movilidad coherente (con identidad), generan estructuras flexibles, donde los estados de desequilibrio o crisis vitales son asumidos y transformados en oportunidades de cambio.

El hecho de abordar este campo supone una zona libre de conflictos, donde el yo se manifiesta como "acto de conciencia". No obstante, es oportuno aclarar que un simple acto no es "objeto" identificable, por lo tanto no puede fijarse en conflicto alguno. Más bien se desplaza entre múltiples posibilidades de actos, relativizando la fijeza de las relaciones.

Al asumir los campos participativos de las crisis vitales, el yo relativiza cada vez más cualquier tipo especial de enfoque, haciendo mucho más dinámicas las estructuras en las cuales se fija.

La capacidad creativa —que es una consecuencia

inmediata de la resolución de cada crisis vital—, transforma en estructuras poco rígidas el repertorio fantasmático de las representaciones del yo. La angustia por lo reprimido se ha transformado, una y otra vez, en angustia existencial tolerable al yo. De este modo, recupera su capacidad de ser "acto de conciencia", el que se desplaza en una gran multiplicidad de elecciones posibles. Este trabajo terapéutico llevado a cabo mediante el acto creador, convierte al yo en un haz de decisiones [7] personales. El conflicto entre las partes confluye en cada "caída", en un campo participativo o contexto creativo.

Podríamos afirmar que el acto creador de cada crisis vital *flexibiliza al yo*, al convertirlo, en cada sesión, en un *haz de decisiones* coherentes consigo mismas y sus circunstancias.

Esta zona libre de conflictos —o contexto de creación—, además de "flexibilizar" al yo como acto de conciencia múltiple, cumple la función de desarrollar la capacidad de crear imágenes que integran pulsiones y pasiones. Estas imágenes pugnan por manifestarse en un equilibrio provisorio, que afirma la descarga en lo vital creador y no en la concepción de muerte de la tendencia a lo uniforme (inercia entrópica). Son, pues, imágenes creativas que incitan a la autosuperación en nuevos objetos.

La creatividad acrecienta la capacidad del juego y nos sensibiliza, por intermedio de la "simpatía", para la captación de lo vital como elemento potencial de transformación. La "resonancia afectiva" nos inspira constantemente nuevas respuestas que respeten la identidad. "La inspiración —sostiene F. Nietzsche en *Ecce Homo*— no es otra cosa que la fuerza creativa que, habiendo sido atascada por algún obstáculo, empieza a fluir en algún punto de manera imprevisible".

---

[7] Max Scheller define persona como "haz de actos".

Cuando nos desprendemos del yo (desidentificación) ingresamos en una zona sin conflictos. Ya no importa el "yo necesito", sino "mi" fluir vital o identidad, donde la necesidas de la descarga satisfactoria coincide con la libertad de decidir y crear plenamente. No se trata de ir en pos de nuevos objetos, pues siempre nos encontraríamos determinados por alguien que desea. Por el contrario, consiste en un juego de autosuperación, un juego en cuyo "discurrir" o "caminar" se encuentran y elaboran nuevos motivos y formas más coincidentes con un sentimiento de identidad que tiende a integrar pero no a fijar.

Nos hallamos en el núcleo del proceso curativo al sostener que este encuentro con nuestro fluir vital nos tonifica lo pasional y nos libera de toda fijeza objetal. Estamos en la encrucijada de toda sesión terapéutica entendida desde el modelo de crisis vital, cuando lo vivido nos sorprende y extraña. Reaccionamos objetivando para tranquilizarnos, pero sin engañarnos en cuanto a su equilibrio relativo, que sólo marca un camino.

Cuando reaccionamos con la imaginación creativa, las representaciones no ocupan el lugar del vacío generado por la creación, sino que representan el poder de dicho vacío; es una fuerza abierta hacia nuevas experiencias transformadoras. Pero cuando reaccionamos, ocultando lo que no está o no sabemos con representaciones que pretenden ocupar el lugar del espacio de "poder", la fuerza vital es rechazada por algo irreal.

"LA VERDAD NO ME ENGAÑA"

Es importante cerrar este capítulo con un último comentario sobre la sesión de Josefina y Rosario. Cuando Rosario afirmó a su madre que no se trata de "verdades para decir sí o no", no hacía más que abrir un espacio sin objetivación, un espacio que se hallaba amparado por la "simpatía", que nos sensibilizaba para resonar dentro de un campo participativo y cuya misión consistía en orientar toda la sesión desde un cuerpo vivo. Éste se impregnaba de la experiencia silenciosamente, y reaccionaba con la imaginación creativa al proponer juegos o imágenes que representaban el poder propio del grupo que conformábamos los tres. Cuando yo ofrecía nuevas interpretaciones, las chicas volvían a rechazar las propuestas, pero sin perder la resonancia. Todo esto surgía en un campo de "juego" abierto, en la búsqueda constante de una objetivación que tranquilizaba —sin cerrar— el fluir de nuestra capacidad creativa.

Como la conocida frase de Nietzsche que dice "la verdad no me engaña", del mismo modo Rosario no se dejaba engañar con supuestas verdades que le habían producido ciertos síntomas. Rosario estaba decidida a buscar dentro de ella la respuesta que finalmente resonaría con los demás a través del juego. Su sueño no fue casual, era una reacción creativa al acontecimiento vivido. Esto no debe tomarse en el sentido de que el sueño aislado es imaginación creativa, sino que, ante el contexto vivenciado, reaccionamos de manera sorprendente al preguntar por un sueño (no tengo explicación racional de por qué lo hicimos), y ella elige, sin explicación alguna, uno asaz significativo.

El sueño, en el contexto de la sesión, coincide con la necesidad de negar la angustia de castración que implicaba su menarca y la libertad de asumir su identidad femenina, reprimida por el temor de dejar de ser "el falo" consolador de la madre.

16. ALTERIDAD Y TIEMPO DE ADVIENTO EN LA CURA

Vivimos muriendo y morimos viviendo.

O. PAZ

En toda sociedad siempre se ha manifestado una marcada tendencia a marginar la enfermedad y la miseria humanas, tanto en nuestro ser como en el ámbito familiar. Sin embargo, tal como lo hemos observado, los procesos vitales transcurren por otros carriles, agravando aún más el deterioro causado por la enfermedad.

La enfermedad no sólo es un desafío para el sistema individual —en el cual se intercalan tanto períodos buenos como malos—, sino que además afecta a los sistemas grupales y comunitarios. Y estos sistemas suelen reaccionar con sus elementos más vitales (a veces dormidos) en aras de compensar y superar los obstáculos que presentan ciertos momentos patológicos, es decir, la enfermedad como contingencia humana necesita de la integración del "resto" en uno y en los grupos. Aquello que estaba disociado en la enfermedad, desafía su propia integración.

Esta integración necesita de un cambio paradigmático, donde sea posible realizar la participación con "identidades grupales" que nos permitirán vivenciar plenamente el fenómeno de que "todo tiene que ver con todo".

La cura como estado ideal es imposible, simplemente porque la perfección humana no existe. "La falta" y "la caída" son los signos humanos que señalan nuestra imper-

321

fección. No obstante, son los elementos básicos de nuestro potencial de "energía" libre mediante los cuales podemos comenzar a superar la crisis.

El acceso al inconsciente cultural como fuente de "energía" libre nos permite transformar las estructuras existentes, incluso re-crearlas, ampliando el horizonte donde "jugamos" en libertad. En dicho "juego" nos sensibilizamos paulatinamente con este poder vital, una fuerza ilimitada cuya misión consiste en lograr que el yo pierda todas sus ligaduras determinantes.

La tarea terapéutica, sostiene Freud, "consiste en desasir la libido de sus provisorias ligaduras sustraídas al yo, para ponerlas de nuevo al servicio de éste". Los grados de fijeza de estas ligaduras son los que delimitan, en última instancia, la borrosa frontera entre la salud y la enfermedad.

Una cosa es liberar energía y otra alcanzar un campo de in-formación, es decir, una energía libre, a la espera de ser empleada. Además de la energía sexual (libido que busca la descarga), ahora incorporamos el "poder" vital creativo que posee un cuanto de energía indeterminada de todo objeto (no busca la descarga). Su objetivo radica en crear objetos y recrearse a sí misma, rompiendo con los principios entrópicos de la termodinámica en los cuales se basaron las teorías psicoanalíticas y sistémicas.

El modelo de crisis vital plantea un momento libre de conflictos cuando hemos alcanzado la participación en el "fondo" o campo morfogénico, donde el yo suspendido se ha desidentificado de sus ligaduras libidinales, y como sujeto existencial predispone el surgimiento del yo recuperado en su flexibilidad. Es decir, se trata de la recuperación de su función como "acto de conciencia".

Una vez recuperado, el yo tiende a realizar nuevas ligaduras, pero ahora sin fijación, que no obstaculizan el camino a "la fuente original" en cada crisis vital. En otros términos, el carácter narcisista y edípico de sus identificaciones carece de la rigidez de antaño.

Es posible expresarlo de la siguiente manera. A la permeabilidad del inconsciente reprimido, como tarea terapéutica del psicoanálisis, es menester sumarle la permeabilidad de un inconsciente cultural en cada crisis vital, situación que acrecienta la conciencia. Esta última permeabilidad nos permite tener acceso a nuestra capacidad creativa y recuperar, por consiguiente, la flexibilidad del yo como acto carente de fijación alguna.

LA ENERGÍA DISPONIBLE PARA LA CURA

"Hacer consciente lo inconsciente" reprimido o determinante es un grado de liberación que no supone necesariamente el acto creativo, sino también el descubrimiento de faltantes (lo reprimido) que la fantasía compensaba. La creación supone tener acceso a lo indeterminado y desequilibrado del inconsciente cultural, donde los posibles mundos aún no conocidos pueden percibirse.

Si bien estos "mundos" no constituyen la realidad cotidiana y científica, promueven ciertos cambios de contenidos en los paradigmas que pautan la cultura científica. Y estas modificaciones se extienden, además, a las propias estructuras psíquicas individuales y grupales. La tarea terapéutica no sólo consiste en liberar energía para cambiar los "objetos" en el mismo mundo percibido; también reside en crear un universo más apto para ampliar la percepción que nos autosupere.

En un primer momento, ampliamos el mundo donde participamos de una misma "identidad grupal". Luego, en una segunda instancia, logramos crear como sujetos "abiertos" y en tránsito ("siendo" Heidegger). Y para ello se requiere una gran dosis de energía disponible, la cual nos nutrirá en el momento de la participación. Finalmente, sólo en un tercer paso, [1] el yo flexible recupera su función de "acto".

Es oportuno, pues, aclarar y delimitar el confuso término de energía:

1. En un sentido empírico la energía proviene del campo biológico a través de lo pulsional, en donde los impulsos instintivos tienen su correlato mental fantasmático. Esta energía de carácter sexual busca la descarga en objetos que le brinden satisfacción. Y da ciertos rodeos para calmar la angustia al prolongar el tiempo de descarga de la fuerza inercial, la cual busca uniformarse en "cero". Estos "rodeos" o idealizaciones del yo permiten sublimar (realización personal en sistemas sociales) y prolongar la vida. Cuando se fija en objetos patológicos, la terapia intenta cambiarlos. Es así como en este tránsito se libera energía, la que finalmente permanece en disponibilidad. [2]

2. En cambio, en un sentido más metapsicológico, la energía es dialéctica. Surge de la interacción de las partes en un sistema determinado que se dinamiza de manera autogenerativa, según los requerimientos de los procesos de crecimiento de la estructura. En realidad, consiste en algo más que un rodeo sublimatorio. Es un campo autogenerativo cuya misión es prolongar la vida, a partir de ciertos sistemas dialécticos. Por ejemplo, en una pareja humana la buena interacción sexual o laboral puede ser un elemento determinante para

[1] Nos abocamos a describir un esquema lógico, no de índole cronológica.
[2] Todo proceso evolutivo o de crecimiento también deja un coeficiente de energía libidinal disponible.

mantener la unión, lo que no garantiza un contexto creativo, donde "el desprendimiento" genera una tensión en el campo vincular. Esta tensión es, pues, la fuerza nueva "magnética" que los une en libertad.

3. La tercera fuente de energía es aquella que define la física como una "fuerza capaz de generar trabajo". La energía estática se expande, al abrirse la estructura del átomo, como partículas imperceptibles, diseminadas en un horizonte espacial donde su presencia es simultánea, dada sus altas velocidades (próximas a la de la luz).

4. Una cuarta fuente de energía a la cual tenemos acceso en el inconsciente cultural es "el poder vital". Empero, es menester aclarar que en un sentido estricto no se trata de un tipo de energía, pues no posee cierta inercia ni es cuantificable. [3] En los momentos participativos de toda crisis vital, nos abrimos plenamente al ser, del cual sólo se vive su actividad como "poder". "El poder —afirma Edmundo Roca— es el aspecto activo, no inercial, de la energía." No se lo percibe, sólo lo vivenciamos como vacío que nos sobresalta al comunicarnos con el misterio, el asombro y su infinito e incomensurable poder creativo. La energía es, pues, el modo físico del poder.

Muchas experiencias, tales como las de alto riesgo experimentadas en ciertos deportes, el orgasmo cósmico (no el de descarga), algunos ritos, los instantes previos al sueño profundo, los fenómenos de muerte clínica y los denominados "resucitados", y tantas otras experiencias

---

[3] Para Einstein la luz tiene "peso", está afectada por la gravedad y es medible.

humanas en las cuales vivenciamos este sobresalto con "inquietante extrañeza" y atracción creativa de "la página en blanco", en definitiva se trata de experiencias en donde lo opuesto es vivido como alteridad, no como obstáculo o amenaza. [4]

Cuando toleramos estas experiencias límites en cualquier crisis vital, nos hallamos ante los umbrales de este poder creador, una fuerza que nos permite generar o captar aquellas formas que cambian la percepción del mundo y flexibilizan al yo. [5]

LA CREACIÓN COMO CURA

Al disponer de este significativo caudal de "energía" es cuando nos hallamos en condiciones de afirmar que el acto creador surge como efecto curativo.

La cura es ante todo un hecho inalcanzable, tal como se la interpreta habitualmente, pues supone una perfección fuera del ámbito humano. Nos conformamos, por consiguiente, con ciertos "niveles de perfección" que se establecen explícitamente en la cultura científica, cuya influencia se concreta en el nivel social. Pero cuando introducimos el concepto de creación, nos encontramos más allá de estas pautas, pensando en las conductas que se manifiestan en resonancia con los otros como alteridad (identidad grupal).

Preferimos hablar, pues, de algunos "niveles de liber-

[4] Vida-muerte, noche-día, hombre-mujer, amor-odio, etcétera. Son experiencias límite donde cada parte está en función dentro de un todo, formando una "alteridad". A partir de este espacio ético, surge el poder. Nos referimos al poder de la "vacuidad" que da sentido antes que la percepción.

[5] Puro acto de conciencia sin "cantidad" o fantasía (deseo de ser deseado).

tad" mediante los cuales es posible acceder a los sentimientos de autenticidad. Dichos "niveles" pueden coincidir con la percepción de nuestra sociedad al ser aceptados como buenos o sanos. Esta situación plantea la relatividad de cualquier concepto de enfermedad determinado socialmente. En realidad, nos referimos a los aspectos de una dialéctica.

La aceptación de uno mismo, desde la creatividad, supone ir más allá de la percepción. Implica un "sentir" vivencial con el cual intuimos e imaginamos creativamente un mundo liberador. La confianza no será entonces una seguridad de algo externo por la cual nos sostenemos, ni una representación interna que entra en relación dialéctica con un yo más autónomo. Es una fuerza que se expande sin considerar en demasía a la relación, cuya respuesta aumentará o no nuestra autoestima. La confianza básica busca, ante todo, transmitir en resonancia aquello que siente como auténtico.

LA CONFIANZA BÁSICA
EN LA PEQUEÑA ÁNGELES

La madre de una niña nos relató un episodio esclarecedor. A su hija mayor, Ángeles, de cuatro años, la llevó al jardín de infantes una señora que trabajaba en su casa. Al llegar a la plataforma del subterráneo y cuando el vehículo cerró las puertas, la señora quedó adentro del coche y Ángeles en el andén. Cuando llegó el siguiente tren, Ángeles se subió y en ese momento tomó plena conciencia de su soledad. Ese ambiente le era totalmente desconocido. Experimentó, en un primer momento, una sensación entre la congoja y el miedo, y una enorme tentación de llorar. En medio de este sentimiento de desamparo y de peligro, recordó la voz de su madre, quien en una oportunidad le había dicho: "Muchas veces llorar no sirve. Mejor es mirar lo que pasa alrededor para descubrir lo que uno debe hacer".

Ángeles contuvo el llanto y miró a su alrededor. Luego dijo que vio caras feas, caras de personas indiferentes... Pero siguió buscando una cara, hasta que encontró a un señor sentado que le sonreía, como si se hubiera dado cuenta de lo que le pasaba. Ángeles se acercó al señor y se sentó en sus rodillas. Bajaron, sin decir una palabra, en la estación siguiente. El señor le preguntó si quería un caramelo, y le dijo que se tranquilizara, que él la iba a llevar a su casa. Ya fuera del subterráneo, se encontraron con un policía, al cual le explicaron lo sucedido.

El agente, guiado por la niña, la acompañó a su casa.

La madre de Ángeles nos comentó que no pensó en retarla, sino que, por el contrario, le dijo: "¡Qué bien que recordaste aquello que te dije que tenías que hacer si algún día tenías miedo!".

¿Qué es la confianza básica? En este caso, es posible imaginarla como aquello que permanece en la persona Ángeles después de esa experiencia: una significativa seguridad en sí misma, un ángel propio; algo íntimo e importante que le permitió tolerar el abandono y el desamparo, poder oír su propia inspiración y tener un acto de auténtica libertad: tomar una decisión no determinada por lo de afuera, sino desde su propia inspiración. Ella confió plenamente en la decisión de volver a su casa y, de este modo, emprendió el camino correcto. Esto es, por consiguiente, la confianza básica.

La capacidad creadora se encuentra sostenida por la confianza básica y viceversa. Ambas funcionan como unidad, como un fenómeno dialéctico; constituyen modos de reaccionar frente "al vacío" de una estructura determinada (interna o externa) que brinda, en ciertos momentos, la seguridad o la autoestima necesarias.

Ante "el vacío" emerge el poder creador, al cual respondemos con el acontecimiento creativo si existe la confianza básica como sentimiento participativo de una identidad grupal. Cuando Ángeles puede contener su llanto, incursiona en lo desconocido (se libera de lo conocido). Entra en un campo indeterminado y así recupera la capacidad de captar vivencias corporales que "la forzarán" a decidir (no hay conflicto en ese momento). Es en ese instante cuando surge el acto de conciencia del yo: "ve" confiadamente la cara del hombre que la llevará a casa y decide moverse en la dirección de esa posibilidad.

El acto de conciencia creativo sólo es posible con un yo flexible y en un campo participativo.

Se busca más la autenticidad que la exactitud, la posibilidad más que los objetivos claros y deterministas, poner en acto lo vivido más que reaccionar mecánicamente a ciertas causas, intuir lo que adviene de "la flecha del tiempo" más que explicar el pasado, actuar auténticamente más que razonar según una lógica preestablecida, abrirse (contemplar) más que curiosear y, por último, ser participante de la experiencia antes que observador.

El acto creador se nutre recíprocamente con la confianza, generando un hombre que ya no sólo reacciona pasivamente a su medio, pulsiones o códigos establecidos. También nace "un hombre-mundo viviendo símbolos", sostiene Edmundo Roca. Este nuevo "complejo" constituye su identidad, para luego interpretarlo previo a todo conocimiento entre un sujeto y los objetos. Este hombre nuevo —afirma Roca— es "transmisor, interpretador, constructor (no en sentido cognoscitivo) de caminos, signos, circuitos, sistemas e imaginación".

Ya afirmamos, en un capítulo anterior, la confusión que ha ocasionado la traducción en el ámbito psicoanalítico de la palabra alemana *deutung*, con la cual Freud designó el acto de esclarecer y explicar (Laplanche y Pontalis, 1971, pág. 120) el significado de los sueños y la transferencia.

Para poder interpretar, según nuestra óptica, es necesario suspender el yo. No hay entonces "sujeto de un lenguaje"; sólo perdura el "debilitado" sujeto de la experiencia participativa que capta directamente lo vivenciado. Esto es importante pues nos habla del trabajo terapéutico de "apertura" previo, llevado a cabo por el paciente y su terapeuta. Cuando nos abrimos al acontecimiento no hay lenguaje alguno que nos determine, no hay proceso de un discurso o suceso.

Esta participación prelingüística del ámbito terapéutico nos abre al universo de la cultura viva, donde nos nutrimos de todos los mundos posibles (cósmico, ecológico, etc.; es decir, de todo aquello que es imperceptible, impensable con la razón). Sólo se puede interpretar desde la intuición, convirtiendo al terapeuta en "líder portador" de la energía por la cual in-forma de todo este campo de valores.

Este "liderazgo" se comparte con una intensidad creciente hasta el término del proceso terapéutico. En realidad, es un acto creativo por el cual da cuenta de una experiencia inédita, que luego es necesario esclarecer y explicar (*deutung*) para alcanzar una significación apropiada de lo reprimido o no asumido.

La interpretación supone un sentido de lo no objetivable, la captación de lo posible (universo simbólico) como globalidad que nos interroga sobre la energía por la cual se unen las representaciones. No interroga sobre las causas (como en las relaciones), pues no hay ausencia; "pertenecemos" aún al campo marginal participativo de las experiencias límite. Es este sentido el que interpretamos cuando captamos su influencia o sugerencia,[6] un sentido amplio y creador de una visión de las relaciones entre las partes respecto de un todo.

La captación del sentido constituye un camino que nos permite salir de la situación límite (indeterminada) vivida por interpelación, captación que decidimos y concretamos libremente en "el acto de conciencia", mediante el cual se brinda e incrementa una nueva confianza al yo.

De este modo, es posible sostener que la recuperación de la flexibilidad del yo depende de la creatividad. Este fenómeno es el primer paso para renunciar a las defensas narcisista y edípica que nos fijan a objetos por miedo a lo desconocido, haciendo imposible el acceso al vacío potencial y creador. También nos permite posponer las pulsiones sexuales reprimidas, que en lo sucesivo podrán resolverse como consecuencia del acto creativo, pero no como búsqueda específica del acto terapéutico. Esta nueva situación se debe a que el nuevo campo participativo de la terapia relativiza las relaciones del yo con los objetos y, por otra parte, enfatiza un cálido "encuentro personal".

"El hombre —afirma Edmundo Roca— no se vivió primordialmente como espacio, sino como tiempo anterior. Mundo de símbolos y esquemas de acción, tonos, ritmos, que se articulan en un campo de personajes humano-animal-cósmico". Dicha convivencia ecológica facultó al hombre para recibir símbolos, como acto previo a todo conocimiento. Hoy ampliamos a lo cósmico (inconsciente cultural vivo) este campo que nos dispone a lo creativo.

---

[6] La causa determina, empuja y es necesario explicarla.

La tarea terapéutica, pues, reside en superar la interacción conflictiva en un espacio-tiempo que nos determina, para tener acceso a la libre participación, es decir, generar el contexto creativo de la identidad grupal donde los opuestos se vuelven "alteridad".

La cura consiste en poner al individuo en condiciones de asumir y transformar los límites del determinismo pulsional y de las representaciones psicosociales que aparecen como obstáculos generadores de ansiedad ante lo desconocido. En el campo terapéutico propuesto, convivimos con la cultura viva, en la cual captamos creativamente un contexto de símbolos previos al conocimiento reflexivo. Así, lo desconocido ya no es temido ni rechazado; ahora es atractivo por su capacidad generativa.

El momento creativo es, por consiguiente, de índole curativa, porque en él alcanzamos lo indeterminado por el espacio; nos encontramos con el límite del tiempo que adviene desde el futuro (lo desconocido, la muerte). Lo que nos determinaba, lo determinamos desde la creatividad para volver a ser determinados y así sucesivamente. La crisis vital había sido definida en estos términos: "valorización de objetos, objetivación de valores".

La creación se incorpora a la terapia como fin primordial, donde lo que adviene nos ayuda al encuentro con la totalidad (identidad grupal), dejándonos un sentimiento de autenticidad y confianza básica. De este modo, la dependencia futura del yo en sus relaciones será de cariz mucho más relativo. La cura del pasado que nos condenaba, pasa a ser una consecuencia.

La sesión cumple con la misión de despertar esta capacidad creativa. Un fenómeno creador que vive "la flecha del tiempo" como un factor fundamental. Todo se reorienta primordialmente hacia el anhelo de ser, que sólo el tiempo de adviento podrá develar. La satisfacción por el objeto es secundaria.

Este enfoque tiene consecuencias terapéuticas, que es oportuno puntualizar.

1. El miedo al cambio o angustia por lo desconocido se transforma en inquietud por el devenir.
2. La energía empleada para defender al yo de esta angustia es requerida como energía en el acto de decisión creativo.
3. La curiosidad por lo oculto se vuelve en interrogación por "el camino".
4. El esfuerzo del yo por alienarse en los objetos ideales para manipular la realidad (interna y externa) se transforma en "actos de conciencia" que lo libera de ataduras y conflictos persistentes.
5. La necesidad de descarga satisfactoria o de "desear ser deseado", se integra en el anhelo de ser, como autosuperación permanente. El amor a uno mismo y a los otros tiende a coincidir con la identidad grupal.
6. La moral de los ideales sociales que nos determinan desde el superyó o desde la sociedad es ampliada y transformada en el espacio participativo de la ética, donde libremente decidimos en resonancia con la autoridad que emana del consenso cósmico, ecológico, social y personal (cultura viva).

Finalmente nos volvemos tolerantes al "dudar" de lo establecido, haciéndonos libres (desapegados) y abiertos (disponibles) a la creatividad. Lo sublimatorio pulsional encuentra en la creatividad un motor que lo supera y acelera, en una libertad comprometida que no consiste en "hacer lo que pienso" sino en tomar decisiones "auténticas" que avanzan en el camino de la identidad. [7]

El yo, por ser objeto y sujeto de identificación, mueve nuestro mundo relacional en la dirección pasado-futuro. Tiende a tranquilizarnos tanto acerca del futuro como de la angustia de muerte. Debemos, pues, ofrecer un espacio donde ubicarnos en relación transferencial con nuestros pacientes, en aras de no perder un "lugar", en él. Pero si centramos la terapia en "el tiempo vivo", hay momentos en que el yo, tanto del terapeuta como del paciente, quedan suspendidos, dejándolos sin "lugar", abiertos como sujetos singulares de una experiencia participativa. Como veremos próximamente, se cambia el concepto de transferencia en el campo terapéutico. La resignificación no es sólo del pasado revivido, sino también de una nueva forma de estar en un mundo con un futuro incluido. [8]

La reorientación del tiempo como un fenómeno vital radica en enfrentar el miedo que siente el yo ante la muerte y lo desconocido. Tal el caso de Ángeles cuando su yo se transformó en acto de conciencia reorientador de su respuesta frente a lo vivido.

La creación es una respuesta válida, donde la vida se manifiesta con algo nuevo, resignificando el miedo a la muerte y a todo trauma angustiante. Significa, ante todo, una dosis de esperanza en aras de proseguir la gestación "del octavo día".

La identidad es el problema humano por resolver. El miedo constituye su enemigo más acérrimo, pues trata de evitar el encuentro con nuestra desnudez que pregunta ¿quién soy? [9] y ¿cuál es mi destino? Ahí somos, sin com-

---

[7] Se trata de una libertad éticamente responsable, no sólo moral.

[8] El pasado y el futuro no se oponen en este campo; en realidad obran como *alter*.

[9] Es necesario señalar que no estamos preguntando ¿qué tengo?

pasión, lo que cada uno y el otro es, recuperando la identidad como camino, es decir, el "somos".

La superación del miedo, en definitiva, nos dispone al ser de las cosas que están siendo. "El hombre es tiempo" cuando se abre a la flecha del tiempo, en ese momento indeterminado que le ofrece tanto la crisis vital del campo de la terapia como la vida en general.

FLEXIBILIZACIÓN DE LA RELACIÓN TRANSFERENCIAL POR LAS "FUNCIONES"

Ya hemos señalado, en otros capítulos del presente libro, la importancia de diferenciar "relación de objeto" de "función", puntualizando, además, que las partes siempre se encuentran una en función de la otra, esto es, coparticipan. El sujeto está "debilitado", no constituye el centro de referencia (yo) sino un polo de autorreferencia dentro del campo, donde todos están en función (diferenciada y singularizada) recíproca. Suerte de alteridad que se manifiesta tanto en relación con el individuo (infancia, adolescencia y adultez; lo bueno aceptado y lo malo rechazado; lo idealizado y desvalorizado; etc.) como con otro sujeto singular (padre, hermana, jefe, compañero o entes de la realidad).

Si estamos en función de un campo participativo, no es factible aferrarnos a nada, pues no hay objetos identificables. No se presentan cambios en las relaciones ni existe el descubrimiento de algo oculto ni se presentan estructuras para transformar. Nada de esto es necesario; sólo resta, como actividad, la decisión de crear.

Para observar con claridad la propuesta del accionar terapéutico en esta transferencia es necesario, aunque sea en forma sucinta, trazar un perfil de lo que estamos acostumbrados a entender por tal en el ámbito psicoanalítico, donde se encuadra en el modelo de las relaciones de objeto, de la teoría de la libido y del inconsciente reprimido.

En este modelo, los pacientes tienden a transferir al analista ciertos complejos de relaciones infantiles enquistados en su inconsciente. De este modo, repiten con la transferencia —de manera dramática (reviven)— lo que vivieron en el pasado y en los síntomas. Es decir, repiten en la transferencia para no recordar, pues es el analista quien recuerda la historia oculta determinante de las conductas. También influye en la contratransferencia del analista, que moviliza su pasado generando un campo terapéutico recíproco de inconsciente a inconsciente. Se parte de la base de que el analista posee una fluida relación con su inconsciente. En caso contrario, tendría "puntos ciegos" que no le permitirían entender a su paciente, pues, como él, utilizará la transferencia como resistencia a hacer consciente lo inconsciente (revivir pero no recordar y menos aún resignificar).

La complejidad del "punto ciego" es válida y vigente para cualquier terapeuta, aunque el psicoanalista no se lo plantea como problema. A nuestro entender, el modelo de transferencia-contratransferencia moviliza lo reprimido de ambos. El terapeuta lo utiliza racionalmente para esclarecerse cuando interpreta al paciente, pero sin ser parte "funcional" del campo terapéutico.

En el modelo clásico donde el psicoanalista se encuentra en total reciprocidad transferencial, se parte del yo como polo referencial, en el cual las funciones son dejadas de lado, en aras de privilegiar los roles y los "objetos" en relación e interacción. Entendemos que existe una transferencia totalmente recíproca cuando se establece un campo de funciones coparticipativas en el que ambos, el terapeuta y el paciente, entran por momentos en una identidad grupal debido a que son partes de un todo. No hay, pues, oposición ni conflicto, sino pura alteridad que genera desde el "entre" la fuerza creativa y transformadora para todos, incluyendo al terapeuta. Se trata de un campo de valores que nos lleva por igual a interactuar ante lo desconocido.

En este punto reside lo realmente significativo: el terapeuta, al igual que el paciente, pone en juego hasta sus "puntos ciegos". A partir de la identidad grupal se generará una fuerza creadora que le permitirá interpretar, desde la función, a su paciente, sin estar excluido en el efecto terapéutico. [10] Cabe aclarar que este efecto terapéutico es de índole diferente en cada uno de los participantes, pues aunque el futuro que develará el enigma de la sesión es común, el pasado-presente es de carácter histórico individual.

Lo que resulta evidente es el esfuerzo que realizamos como terapeutas al suspender el yo. Sin embargo, el hecho de suspender toda evidencia racional (aunque sea en parte) nos lleva a este "presente", en función tanto paterna como materna o filial.

Esta tarea se alterna con otras técnicas, con las que buscamos constantemente el armado del contexto con el paciente, un contexto que puede ser delirante, pero que se caracteriza por su impronta participativa. Por ejemplo, cuando realizamos algún "comentario hermenéutico", tendemos a hallar un acuerdo básico en la construcción de una escena común.

No se trata de un proceso de identificación transferencial, generado cuando la "ausencia" de un objeto nos lleva a buscar otro o su representación (por ejemplo, buscar en el terapeuta un padre que establezca los

---

[10] Esta situación hace saludable la tarea psicoterapéutica, ya que sostenemos, juntamente con Winnicott, "que nos curamos con nuestros pacientes".

límites) en transferencia. Se trata, por el contrario, de un estado de conciencia particular adquirido por "presencia".[11] Es decir, un momento de pertenencia al campo donde se genera el símbolo vivo de la imaginación creativa.

En definitiva, no reside en sublimar los instantes vividos, sino en estar presentes en ellos, convivir y morar con ellos. Asumimos la experiencia, vitalizando el lenguaje, haciéndolo verbo. Interpretar es verbo en el sentido más profundo, pues consiste en insertar palabras en lo originario. Señalamos que en trabajos anteriores hemos denominado a este fenómeno "poiesis interpretativa".

Esta presencia —como función—, dentro de un campo que trasciende la transferencia clásica por identificación, determina en el terapeuta una actitud de estar "mirando" detrás de lo percibido. No tiene que "sospechar", pues nada se oculta en este campo de in-formación o de poder. En él la energía se semantiza a través de signos, vivencias, augurios, señales y símbolos, formando palabras y conductas que dan cuenta de la inmediatez de la experiencia.

A partir de este campo terapéutico es cuando principiamos a interpretar como portavoces de la fuerza que emana de él. Una vez conocido o interpretado el sentido de globalidad de la experiencia, es factible la presencia de un campo transferencial formado por "ausencias". Éstas son las identificaciones que dan cuenta de lo ya vivido en un espacio-tiempo objetivable, un nuevo espacio que ahora permite al yo explicar, esclarecer y construir la diversa multiplicidad de los sucesos.

En líneas generales, nos hemos abocado a describir

---

[11] La presencia no es identificación sino coparticipación. También podemos denominarla como transmutación, señalando un más allá de la sublimación.

la existencia de un nivel metatransferencial, donde el suceso terapéutico de la repetición de lo reprimido da lugar al acontecimiento vivido en la pura interacción de funciones. Éstas se encargarán de ordenar (no determinar), de forma más flexible, los vínculos transferenciales. Las vicisitudes terapéuticas de la "neurosis de transferencia", en nuestra experiencia, se facilitan al incluir la dramatización de lo revivido infantil en la crisis vital, actualizada en cada sesión. La "alianza terapéutica" entre los aspectos sanos del paciente y el terapeuta se encuentra fuertemente sostenida gracias a la identidad grupal.

En síntesis, la novedad de nuestro aporte —dentro de cada sesión terapéutica— consiste en realizar el pasaje del suceso transferencial al acontecimiento, similar al hecho de pasar de ser "actor a autor". Es decir, junto con nuestros pacientes armamos como "actores" una novela de lo mutuamente transferido. A partir de esta nueva situación comenzamos a vivir lo reprimido juntamente con lo advenido y actual. Y al estar ahí, abiertos como "sujetos debilitados", [12] es cuando se precipita el acontecimiento que nos convierte en "autores", los protagonistas que ordenan el nuevo modo de aproximarse a la realidad.

Este nuevo ordenamiento es de índole creativa y se encuentra acompañado por el sentimiento de identidad, pues "intenta" responder a lo desconocido e insondable que plantean interrogantes tales como ¿quién soy? y ¿adónde vas, caminante?, y señala además, con esta autosuperación, que la resignificación no consiste sólo en la repetición liberadora del pasado reprimido, sino también en el advenimiento del futuro desconocido.

---

[12] Este concepto es diferente del de "sujeto vacío" lacaniano, "intervalo entre dos significantes", el cual es más acotado y determinado; no obstante no puede ser visto ni nombrado (objeto "a").

Lucía nos consultó a raíz de sus ataques de pánico. Éstos le impedían moverse con libertad y además le dificultaban la toma de decisiones. La situación había llegado a un grado tal que se hallaba paralizada ante el hecho inminente de construir, con su novio, la casa donde pensaban vivir. La mirada de Lucía es dulce y penetrante, cargada con una gran dosis de ansiedad, y un anhelo de paz interior que, al no lograr alcanzarlo, la lleva a la desesperación. Es una persona muy agradable, llena de calidad humana, suscitando en el otro un afecto contenedor. Lentamente, tratamos de buscar el campo participativo, aunque atentos a no caer en la sobreprotección que es la fuerza contratransferencial que promueve, y también tratando de evitar, frente a esta fuerza, la distancia o formalidad.

Nos dice que ya no da más, que se encuentra agotada por el miedo y la desesperación. Por momentos, piensa que la muerte terminará por calmarla. También el miedo a la locura aparece al constatar que no puede gobernar su ansiedad ni su miedo. Estas emociones se incrementan cuando se aleja de su casa, pero también si permanece en ella tiene la sensación de un ahogo intolerable. Una situación análoga le ocurre con la sesión. Por unos instantes se calma, pero, cuando piensa que debe marcharse, una sensación de angustia la embarga nuevamente. Nos señala que ya intentó varias terapias. Estamos en un callejón sin salida: nada le brinda sosiego a Lucía y nada nos calma a nosotros como terapeutas. Sin embargo, cuando vivenciamos esta experiencia nos damos cuenta de que nos hallamos en los umbrales de un campo coparticipativo.

Primero observo en Lucía una dosis de calma cuando aludo a que ella se encuentra en un "callejón sin salida".

Pero tengo el reparo de transmitirlo con tranquilidad y en una fuerte resonancia simpática. Cuando Lucía se tranquiliza afirma que algo le da confianza, a lo que acoto enseguida: "Nos tenemos confianza". En este momento ella evoca una imagen. Dice: "Es como una luz de esperanza que aparece, pero temo que se apague cuando me vaya al campo" (vive allí con su novio, donde él trabaja). Atento a esta experiencia que nos mantiene unidos pienso en voz alta: "Me sorprende estar sin respuestas para darte, sólo compartir la esperanza de que algo saldrá a partir de los dos".

Lucía sonríe y me contesta: "¡Qué raro! Saber que usted no tiene respuestas no me asusta. No sé qué es lo que me sostiene tranquila". Para Lucía era algo nuevo estar con quien establece una clara discriminación y, sin embargo, mantiene un vínculo íntimo donde no es necesario "agarrarse" (dejarse proteger o idealizar), sólo vivirlo.

En medio de esta vivencia participativa interpreto: "Yo tampoco sé bien qué nos sostiene; lo que puedo decirte es que me imagino algo de tu temor, de no saber de dónde agarrarse, y sin embargo puedo esperar, igual que vos de mí, tu ayuda cuando te expreses".

Permanecimos un largo rato mirándonos en silencio; luego Lucía interrumpió con una sugerencia: "¿Será esto lo que tanto temo?". Y agregó: "Perder esta paz apenas me aleje de acá y volver a desesperarme con ganas de matarme como salida que me dé paz".

"Lucía —le contesté—, de esto se trata; tus ganas de matarte que tanto te asustan y asustan a todos los que te queremos, tratando de agarrarte y protegerte,... son ganas de agarrar lo inagarrable. Este momento que estamos compartiendo de 'no saber', como la muerte que tampoco sabemos". Hice un pequeño silencio y agregué: "Justamente por no agarrarnos y ambos compartir lo mismo es que podemos abrirnos a lo que vendrá".

"Ahora me doy cuenta de que yo siempre sostuve a todos en mi familia, en especial a mi frágil mamá, a quien siempre tenía que calmar y agradar, para que no se desequilibrara y deprimiera."

Nos hallábamos ante la imagen reiterativa del miedo al abandono. Dado que nosotros no teníamos respuestas seguras para ofrecer, nos dispusimos ambos a buscarlas.

En medio de una fuerte emoción Lucía nos dijo: "Entonces, mientras vaya en el auto o en el ómnibus podré sentirme acompañada por mí misma como vos me sentís aquí". Eso es "reconocerse con el otro y al mismo tiempo con uno", le repliqué. Lucía, luego de un breve silencio, me preguntó: "¿Eso me lo dice porque me imagino acompañada por mí, cuando me vaya?".

No es necesario continuar con esta entrevista ya que, en líneas generales, demuestra lo que hemos señalado. Esto es, una cosa consiste en resignificar el pasado en la sesión y otra cosa distinta es resignificar la propia identidad como "camino" iluminado. De este modo, el futuro, lo desconocido, el no saber, nos plantean algo fuera de toda explicación. Nos encontramos ante la vivencia esperanzada de que "somos" cuando nos desidentificamos tanto del pasado como del presente, y así nos abrimos a lo que vendrá. "Caminante, no hay camino...", pues somos la senda que trazamos con nuestro andar, creando en cada acontecimiento.

Lo realmente significativo en Lucía fue la imagen de la luz blanca del futuro, no la roja que la amenazaba y no la dejaba actuar ni pensar. Esta situación nos permitió resignificar la escena traumática infantil repetida, donde ella era el sostén de una madre débil y, por consiguiente, reorientarla revalorizando la "debilidad" (el "no sé") como condición para sentirse y reconocer la tarea de construir nuestro destino con identidad.

En conclusión, en el caso de Lucía obramos como

actores que vivimos un momento desesperado, donde se revive a una madre frágil que hace reaccionar a su bebé defensivamente, es decir, agradando siempre. Por momentos, el temor irrumpe de una manera incontenible; sin embargo, "la escena" nos tranquiliza porque algo nuevo acontece en el campo mismo de la terapia. Es una "luz" de esperanza que nos convierte en "autores" de un nuevo orden de la realidad. Es el futuro que nos brinda su plena y cálida esperanza gracias al "poder" que surge, como una fuerza avasalladora, de la debilidad de un sujeto abierto y no agarrado ni aherrojado ni determinado.

La seguridad del agarrarse, pues, deja de oponerse a la debilidad del soltarse, al ser vividas como partes constitutivas de la experiencia participativa. Esta experiencia cumple con el objetivo de convertir los opuestos en alteridad. Es desde el espacio virtual de la alteridad donde surge el poder creativo nutrido por el tiempo que adviene.

17. LA ÉTICA EN LA CURA

*Buscad pues, primero el reino y su justicia y
todo eso se os dará por añadidura.*

SAN MATEO, 6, 33

LA CURA NO ES UN IDEAL, SINO UNA ÉTICA

La cura no es un objetivo ni un ideal que facilitará la
sublimación humana. El alivio, la desaparición de los síntomas, el aumento de la capacidad de trabajo y de satisfacción sexual, el poder convivir dentro de un margen
razonable de conflictos con uno y los demás, el descanso,
el humor y cualquier otro criterio de curación son consecuencias por "añadidura". ¿Qué significa eso de ir más allá
de la cura como ideal?

Entendemos la salud como un momento prevaleciente
sobre los momentos enfermos, a los cuales podemos
superar porque hemos alcanzado "la inocencia" del desapego (juego). Todo ello sin necesidad de apurar las reacciones determinadas por las pasiones (pulsiones) y los
códigos sociales y lingüísticos. Así gozamos de la belleza
de ser "guerreros" (Blay, 1993) sin actuar precozmente,
dando espacio al bien, al amor, al anhelo y a la creación.

Decir que la cura es la capacidad de crear significa
haber alcanzado la aptitud para experimentar la vacuidad
del ser que despierta el anhelo de auto y heterosuperación, antes de la idea de un deseo o las ganas de satisfacción. En otras palabras, consiste en asumir una crisis

con plenitud, es decir, transitar por el "tiempo vital" y emerger con un poder nuevo creativo que inventa nuevos objetos, motivando el deseo y logrando estructuras más saludables. Diríamos, parafraseando a Beethoven, que "no hay nada más bello que aproximarse a la divinidad y difundir sus rayos sobre la raza humana".

Esto significa, en última instancia, el haber alcanzado un "espacio ético" donde se juega la libertad conjugada con el cosmos, la mística, la poesía, la filosofía, la ciencia, la psicología y la cotidianidad humana. Sólo así la famosa frase de Anaxágoras —siglo III a.C.— "todo en todo", dará sentido a nuestra conducta que convierte la subjetividad humana en autoría. De esta manera, el hombre puede ser autor (fundador) teniendo en cuenta al otro como *alter*, no como oposición. En el lenguaje y las relaciones socioculturales tendemos a constituirnos a través del deseo del otro. Y por intermedio de los ideales, también nos sublimamos, esto es, el deseo causado por el poder creador en el que participamos y "deseamos con el doble". Los otros como "dobles" o partes constitutivas de mi levedad subjetiva, desde "soy con otro". [1]

No afirmamos que no hay un inconsciente (freudiano) donde sólo está la oposición de la estructura determinada del lenguaje. Agregamos, por otra parte, que además existe una alteridad que está más allá de todo "horizonte predictivo" [2] indeterminado, donde se encuentra la esperanza de la libertad creadora. Allí residen, suspendidos, los ideales de un mundo "equilibrado" como objetivo de salud en la cura.

En realidad, proponemos que las situaciones de desequilibrio son acontecimientos de alteridad provocadas en

---

[1] "Nada es sin su contrario", dice Hegel, para quien la oposición es "separación constitutiva".

[2] Término de la teoría del caos.

cada crisis vital, en su momento coparticipativo donde "todo tiene que ver con todo", la intimidad con el inconsciente cultural como "pura relación", donde el tiempo vivo nos torna capaces de engendrar algo nuevo, inédito, desconocido.

Al ubicarnos más allá de toda relación, nos liberamos del yo y, por lo tanto, de toda moral o ideal por alcanzar. Aunque este deseo o necesidad se encuentren presentes, el acto creativo supone un espacio ético previo, donde sólo los valores participables (no identificables) de la cultura son "los transmisores de la vida" y generadores de la forma (objeto), vale decir, causantes del deseo.

ENCUENTROS, DESENCUENTROS Y EXTENSIÓN CON EL PSICOANÁLISIS

En la escuela lacaniana se plantea el problema de la esencia y el objetivo del análisis terapéutico, dado que el deseo parece "infinito" pues constituye el anhelo un objeto "a" inalcanzable. A nuestro juicio, los lacanianos presentan un planteo sumamente interesante. No significa que el deseo se encamina en pos de ese objeto, sino que dicho objeto "a" es la causa del deseo. Así, pues, para Lacan "rescatar el deseo" como objetivo de la cura es mucho más profundo de lo que a primera vista supone. Tiende a superar los ideales del yo, provocando su inminente caída. En este punto coincidimos en que la cura, más que un hecho moral, consiste en una ética. El polémico concepto de "atravesamiento del fantasma" es importante en cuanto no valora la cura como objeto ideal, sino como superación de un nudo fantasmal que se repite como defensa de una angustia primordial ante el deseo. La fantasía en Lacan no causa ansiedad (M. Klein) sino que alimenta el deseo desde sus múltiples manifestaciones.

No obstante, nos alejamos del enfoque lacaniano cuando define el "rescate del deseo" como del objeto "a" que es su causa. [3] En el modelo de crisis vital la imaginación creativa no surge de ningún "objeto" o protoobjeto ("a") determinante ni determinado: emerge de la globalidad que da sentido a la experiencia.

Algo similar acontece con la teoría desarrollada por Piera Aulagnier, en la cual desde las "primeras inscripciones de lo originario hasta la posibilidad de historizar el antes (trabajo del yo), tiene lugar en el psiquismo del niño una serie de figuras sucesivas que pasan desde la especularidad sí-mismo —mundo de la *representación* pictográfica— hasta el encuentro de un 'exterior a sí'... y el encuentro con una pareja deseante" (Hornstein y otros, 1993). La elaboración de esta "representación será la constante ante cada información"; surge del "entrecruzamiento de lo relacional y lo pulsional".

Está claro que se parte de la pulsión como fundante. Y la madre como objeto permitirá, desde su discurso, crear en el niño sus representaciones, siendo la representación pictográfica la que aparece en primer término. Estas huellas siempre pueden ser recuperadas en un "efecto de develamiento" de este mundo fantasmal, en donde el sujeto del inconsciente anuncia al yo. Se trata, sin lugar a dudas, de una *relación con* algo existente que determina al infante en un orden simbólico y temporal, en el cual el yo se va "historizando".

No podemos negar nuestra simpatía por estos intentos de pensar más allá del yo como "autónomo". [4] Proponiendo

---

[3] Para Lacan el objeto "a" no puede ser representado, y por lo tanto pensado, sin embargo es un sujeto determinante ubicado en el espacio "entre" dos significantes. Nosotros lo entendemos como "los arquetipos lacanianos" (la palabra, la vista, las heces, el pecho, el pene) inspirados en Jung.

[4] Hartmann, desde la *ego-psychology*, postula un yo autónomo

así su debilidad una "imagen engañosa", [5] o su rico "potencial sublimatorio y relacional del sujeto" [6] como "historiador", [7] o como "jugador" [8] de una realidad que lo determina en un ámbito cultural también liberador.

No obstante, de todos estos esfuerzos provenientes del psicoanálisis y destinados a superar el clásico enfoque de la cura freudiana, "donde se encuentra el ello que advenga el yo", es menester *resaltar* el aporte de César Merea quien, respetando la teoría freudiana, realiza una interesante "extensión" al rescatar la dimensión afectiva, que por definición es imposible de encadenar a los objetos de la realidad. En efecto, este autor sostiene que el afecto flotante por la represión (división entre representación cosa y palabra) es convocado junto al recuerdo en el proceso de cura, lo cual facilita la existencia de un pensamiento acorde con la realidad pero, ante todo, afín a sus afectos, que en nuestro lenguaje significa: aquellos afectos que sustentan el sentimiento de identidad.

Lo que nos aproxima a todos estos enfoques es la actitud activa del yo en el encuentro entre la realidad externa e interna. Winnicott llama a esta actitud —más

---

libre de conflictos que, bajo el ensayo y el error, se adapta a la realidad. Este autor tiene una posición contraria al modelo de crisis vital, al debilitar la creación en detrimento de la idealización social y el trabajo útil.

[5] Lacan, en franca polémica con Hartmann y la escuela americana, plantea lo efímero de un yo engañoso contenido desde lo imaginario.

[6] Es oportuno destacar que Luis Hornstein elude la polémica Lacan-Hartmann al plantear un yo generador de la sublimación y privilegiar el proceso identificatorio sobre el de idealización del objeto externo.

[7] Piera Aulagnier (1986) también rescata un yo activo que elabora su historia.

[8] Winnicott reconoce un espacio de "juego" como experiencia entre un objeto subjetivo (yo) previo al objetivo, "entre" los cuales surge lo potencial.

autónoma y conflictiva— "juego" que calma la angustia provocada por la separación o "la falta". W. R. Bion la llama "protopensamientos", cuando los "elementos ß", irreductibles al pensamiento racional (como el objeto "a" de Lacan), esperan convertirse en "elementos α" (suceptibles de ser pensados) a través del jugar. No hay fantasma sino una pura resistencia al conocimiento. [9] ¿No es esto, pues, lo que Lacan llama "atravesamiento del fantasma"?

En su conocido libro *Malicorne,* H. Reeves sostiene con sus palabras y las de un poeta oriental la síntesis de lo que nosotros llamamos nuestra coincidencia "simpática" —con los autores arriba citados— en el proceso de la cura. Al enriquecer la realidad con vocablos, la poesía sostiene nuestra relación con las cosas. De este modo, tenemos la posibilidad de observarla desde otro ángulo. En resumen, nos la deja ver y, al ser nombrada, se vuelve más bella.

> *Vi unas hierbas silvestres,*
> *cuando supe su nombre*
> *me parecieron más hermosas.*

Aquella que podemos inferir a partir de los planteos que hemos realizado acerca de la creación como cura es que ella consiste en un "juego" diferente, un juego que se plantea allende de todo determinismo pulsional y estructural. El yo como sujeto queda debilitado de tal manera que abandona su función de brindar identidad. Este sentimiento no proviene de la identificación sino de la participación en una identidad grupal. Es allí, en ese "campo" totalizador, donde "todo sucede por azar y necesidad"

---

[9] Es de suponer que Merea ubica en este *juego* "la liberación de la afectividad" en tanto que para Luis Hornstein el juego se movilizaría por el "potencial sublimatorio" del yo.

(Demócrito). Y la coexistencia se da a través del "juego", que Wittgenstein lo ubica en un "lenguaje como mundo de libertad". Es decir, un juego humano estructurante que elabora el lenguaje, y no en sentido contrario.

A consecuencia de esta situación, desde el modelo de crisis vital también planteamos la presencia de un "juego" desde lo indeterminado azaroso hacia lo determinado por la necesidad. Ello es previo al juego "entre" el mundo interno y el externo, cuya representación da cuenta de lo ausente.

En el "juego" que proponemos como creativo no hay que dar cuenta de ningún ausente o reprimido, "todo tiene que ver con todo". La cura supone este proceso de desidentificación que nos "desapega" hasta de nuestra propia imagen, para lograr así su plena participación en libertad, "azar y necesidad". Participamos, por consiguiente, de un tiempo vivo azaroso sin dejar de ser sujetos de experiencia atados a la dimensión de necesidad, a la cual también pertenecemos.

Se trata de un juego donde la dimensión creadora vital coexiste con nuestra dimensión humana de necesidad y de protección. El yo surge en la cura desde este juego, en el que el terapeuta y el paciente (o los pacientes), participando de una identidad grupal, se retroalimentan haciendo que cada efecto creativo logrado (imaginación creativa) influya sobre la causa. Y esta causa, es importante destacar, no cesa de influir en una nueva crisis vital de la estructura creada, y así sucesivamente.

La inclusión de dicho "juego creativo" en el proceso de la cura nos sensibiliza a una identidad grupal estructurante. [10] Nos impregna con una nueva totalidad, el "todo en todo" de Anaxágoras. Consiste en nuestra primera

---

[10] Lo estructurante no consiste en un objeto o sujeto por más "a" o "ß" que sea, sino en un contexto creativo.

identidad al nacer, en coincidencia con lo originario del hombre. Esto es, la presencia vivificadora de un vacío o desconocimiento que nos "empuja" con el poder de la vida al acto creador.

Este juego está más allá de todo "horizonte predictivo" y, por supuesto, de todo fantasma. ¿Qué existe allende de todo "horizonte predictivo" o "fantasmática"?, ¿qué existe fuera de lo determinado por la necesidad?, ¿cuál es el acto humano que el azar necesita?

La cura, tal como la presentamos, necesita responder a estos planteos. Más que el "rescate del deseo" o "la sublimación", la cura consiste en la recuperación de la libertad y la creación humanas. La poesía encuentra *un sentido* (a través de la imaginación creativa) antes que un significado ("cuanto menos significado más sentido"), lo que permite rescatar nuestra ubicación activa en el mundo y la *sociedad*. Una vertiente lúdica que crea realidades al poder transformar el azar y la necesidad en alteridades, de donde emerge la decisión de elegir en libertad. Toda aproximación a esta elección creativa es una aproximación a la cura.

> *¿Saben?*
> *todo es decisión*
> *decidir no decidir*
> *es decisión*
> *estamos invitados*
> *a nuestra libertad*
>
> *Que amanecer sea pesadumbre o alegría*
> *es decisión.*
> *Acaso*
> *ante el dolor*
> *¿no puedo decidir*
> *desgracia o desafío?*

Si decido ser fiel
es que puedo no serlo.
Decidí no perder
el placer de la fidelidad.

Somos libres
¿la diferencia?
o gozarla
o padecerla
o peor aún
confundirla con esclavitud.

LA CREACIÓN COMO RITO PERDURABLE

Una *mariposa* se echó a volar en el momento en que el cálculo predictivo se iniciaba esperando una respuesta, pero todo se desbarató por ese vuelo imprevisto. El presente acontecimiento nos ilustra acerca de los límites de nuestros "horizontes predictivos" (Reeves, 1992). Cuando se despliega un espacio de libertad, convivimos con las inclemencias del destino.

"Una golondrina no hace verano", tal es el caso de Van Gogh, pues la creación no supone necesariamente una vida saludable, un camino hacia la cura. Así, pues, es fundamental que nuestros actos creativos sean respuestas saludables surgidas de un "ritual" perdurable, al que yo pueda apelar en cada crisis vital. [11]

La cura por la creación implica el desarrollo de un espacio ético de libertad, tanto en el "interior" de uno mismo como en el "interior" de los vínculos, grupos o comunidades. En el modelo de crisis vital lo denominamos

[11] Es decir, el rito como espacio simbólico, fuera de toda medida, donde transita "el poder" creativo.

campo participativo de valores y, en desarrollos posteriores, lo conceptualizamos como "la alteridad", ya sea entre
opuestos o en la paradoja.

El acto ritual significa un "corte" que genera "desapego" [12] como lo existente en cada crisis vital. No es una
diferenciación que opone, sino que singulariza participativamente la alteridad. No existe la tensión entre opuestos. Ningún término desaparece como en la castración
simbólica; todo lo contrario, se trata de vivenciar cálida
y regocijadamente la riqueza infinita de que todo es diferente, múltiple, heterogéneo.

Distinguimos dicho acto ritual de la castración como
corte que diferencia, opone y genera símbolos lingüísticos.
Este ritual lógicamente (no cronológicamente) es previo,
y lo hemos llamado "originario". Tampoco consiste en un
caos, ni conlleva concepto alguno de uniformidad entrópica. Lo importante es que la tensión generada produce
un enorme "poder creativo" y no, por el contrario, identificación. Por más dinámica que sea una estructura narcisista, se encuentra destinada a elegir una parte: por lo
pulsional, por el inconsciente reprimido y por los ideales
socioculturales.

En este "corte" no seleccionamos entre los opuestos
(diferencias y singularidades), sino que asumimos el deseo
vital de crear libremente con la imaginación. Es, pues,
el espacio del "juego creativo" que desarrollamos en el
capítulo precedente. Esta experiencia, poco a poco, elabora
un "vacío" interior creativo y confiable, dador de "identidad grupal" al cual el yo puede recurrir en cada crisis
vital , intensificando cada vez más la influencia orientadora del tiempo vital ("la flecha del tiempo").

[12] El desapego es una actitud de libertad ante todo, incluso de
la propia imagen, para poder participar vívidamente sin elegir identificarse con parte alguna. (Véase este concepto en Fernández Mouján,
O., *Identidad y lo mítico*, ob. cit.).

354

Robert Blay (1993) relata el mito pelásgico de la creación del mundo: "Érase una vez un huevo flotando en el océano y una espada se aproxima hasta que lo corta en dos. Encontró a Eros en su interior", y Blay agrega, a modo de colofón: "Sin espada no hay Eros" (no existe el amor). Es un mito de la discriminación, de las permanentes desidentificaciones, de los cortes diminutos que hoy realizan los aceleradores atómicos hasta llegar a un mundo participativo. Dos partículas en permanente movimiento y autogeneración.

Si el corte es bueno, sabremos desapegarnos y participar sin la urgencia —un apremio que linda con la desesperación, la angustia y el desarraigo— de buscar una pronta identificación al unir y separar las partes. No hay urgencia para el yo de sostenerse narcisísticamente, más bien "vivimos entre opuestos" (coparticipamos) reconociéndolos y regocijándonos de su existencia, gracias a la resonancia simpática que entre los opuestos se genera. Esta angustia existencial (no por la castración) nos permite abrirnos (no defendernos) "al vacío" [13] indeterminado, donde "elegimos" sin identificarnos.

No obstante, alguien puede plantear el interrogante de ¿cómo elegimos sin identificarnos? Precisamente eso es el núcleo del acto creador: elegimos "lo único" surgido del deseo vital, de poder "jugar" en plena libertad, sin descartar por ello ningún opuesto; "unimos las tensiones del mundo" en la plenitud beatífica del acto creador.

Robert Blay sostiene que nuestro "guerrero" interior es aquel que opone una tenaz defensa a la invasión o alienación de ese interior, al que acudimos en cada prueba trascendente. Él propone rescatar nuestro hombre o

---

[13] Vacío, contexto de creación, "silencio", lo indeterminado, misterio, futuro, campo de in-formación o morfogénico, lo originario, para nosotros todos ellos son sinónimos.

mujer interior, como expresión de amor a uno mismo, a los vínculos, grupos o comunidades en los que participamos. Este guerrero sabrá orientarnos y dejar a un lado las ilusiones y las ingenuidades. Pero, ante todo, nos llevará a "pelear bien" (productivamente). Para ello, Blay nos ilustra con el siguiente ejemplo: "Cuando gritamos de rabia es que han entrado dentro de mí y no supe defender mi interior".

También Castaneda, citando a don Juan, nos habla del guerrero "inaccesible" en un texto memorable, *Viaje a Ixtlan*: "Ser inaccesible significa tocar lo menos posible el mundo que te rodea. No comas cinco perdices, come una. No dañes las plantas sino para hacer una fosa para barbacoa... No uses ni exprimas a la gente hasta dejarla en nada [...] Tiene trato íntimo con su mundo y sin embargo es inaccesible para ese mismo mundo [...] Lo toca levemente, se queda cuanto necesita quedarse y luego se aleja raudo, casi sin dejar señal alguna".

La cura por la creación tiene como objetivo rescatar el interior silencioso, defenderlo y expandirlo. Se trata de un espacio previo al narcisismo y, por lo tanto, a cualquier identificación que nos tranquilice de la tensión entre opuestos. Si vivimos entre los opuestos, si moramos entre ellos, es una forma de asumir la alteridad como campo de poder creador. Y así, con plena libertad, podemos usar nuestra imaginación creativa, que enraizada desde las diferencias disfruta de los mensajes que provienen de todos lados. Sólo de este modo el acto creador y "la autoridad moral" [14] coinciden en un gesto auténtico, más que verdadero. Somos, por consiguiente, los "transmisores"

---

[14] "Autoridad moral", es decir, aquella palabra, gesto, imagen, vector..., que proviene de "la identidad grupal". Un consenso participativo (no determinado por necesidades o propaganda) de valores culturales ("lo interior") donde la autoridad no corre peligro de convertirse en autoritaria.

del poder de la vida en pos de la auto y heterosuperación.

Antes de iniciar nuestro proceso identificatorio que nos hace de puente con lo exterior (sería "el cobre" de R. Blay) es necesario vivir lo que "somos", abiertos al juego de la libertad. Para R. Blay sería "incorporar hierro", metal mitológico que nos mantiene "cortados".

Al recuperar este vacío como "espacio virtual" ante los indicios de una crisis vital, la creación como cura, lenta pero vigorosamente, se fortalecerá. Entonces "la golondrina" aislada del contexto de la identidad grupal, no "hará un verano" saludable, más bien será el "guerrero inaccesible" de Don Juan que garantizará, desde "el interior" de las personas o los grupos, la decisión de elegir-uniendo en el acto creativo. Esto es lo que hemos llamado, en reiteradas oportunidades, "símbolo vivo", es decir, aquel que representa en una parte sin dejar el resto.

En nuestra experiencia clínica consideramos fundamental el hecho de saber "pelear" un lugar propio sin discriminar ni adaptarnos. Las ilusiones y relaciones que a posteriori realizamos nos tranquilizan y equilibran hasta que las nuevas estructuras relacionales, tanto interiores como exteriores, pierdan su vigencia y, por ende, tengamos el coraje de llevarlas nuevamente a una "crisis vital", una forma de salir a guerrear por la búsqueda permanente de identidad.

Gozar de este "espacio ritual" se convierte en un anhelo [15] de silencio e intimidad, los cuales prenuncian el acto creativo. Es que hemos alcanzado la capacidad de experimentar "la levedad" [16] que despiertan los deseos capaces de posponer satisfacciones para el momento de decisión libre.

[15] Cita de Erik Erikson, en la revista *Gente*.
[16] "Levedad del ser" tal como lo denomina M. Kundera, en el artículo "Un sabio de la vida", revista *Gente*, febrero de 1988.

A esta situación nos place llamarla "la inocencia del desapego", fenómeno nuevo que nos permite "jugar" antes que tener relaciones sexuales consoladoras, dominar a dejarse dominar por la fuerza o el miedo, opinar comprometidamente antes que recitar textos de moda, ser fiel pudiendo ser infiel, esperar frente a consumir. En fin, enfrentar en libertad, no identificarse o adaptarse. Es como un rito sin utilidad, donde priva "la belleza" del juego, los anhelos, el buen humor, el gozo placentero y desinteresado antes que la mera satisfacción de la acción. Una acción que no obstante se presentará en algún momento, sin rigidizarnos en idealizaciones gracias a la creatividad.

Convertir a la creatividad en un acto saludable en la vida cotidiana es poder alcanzar la capacidad de apelar a este "espacio ritual" cuando elegimos sin descartar nada de los opuestos. Es decir, crear algo nuevo y auténtico más allá de toda utilidad.

"Cuando elegimos 'eso único' —afirma R. Blay—, el rey interior se despierta", expresión que traduce una manera de emprender el camino de la identidad. Esto es, una tarea irrenunciable, creativa, y que nos hace "reyes", es decir, dueños de nosotros mismos. Alcanzar el camino de la identidad implica un cambio de estructuras, tanto en el nivel individual como social, que hace la vida más gozosa.

La bella frase de W. Blake, "El orgullo del pavo real es la gloria de Dios", nos brinda la posibilidad de meditar acerca de su relación con la idea del juego creador, en el que los conflictos ceden energía para la creación. También es factible sostener un "orgullo del hombre", cuando puede decir "no" con autoridad. Es decir, con "la espada" divide sin oponer, pues genera "espacios vacíos", intimidades donde vivimos los opuestos sin tomar partido (identificarnos). Sin embargo, esta tarea sólo es posible gracias a la participación.

Nos referimos, pues, a un rito simbólico que se presenta en la vida cotidiana o en ámbitos terapéuticos cuando podemos tolerar primero y alcanzar luego lo desconocido como posibilidad creativa y no como amenaza "castratoria". En la teoría psicoanalítica no existe este "espacio vacío"; es fácil confundirlo con el inconsciente dinámico, que "ignora la negación". El espacio vacío es el resultado del corte (crisis vital) que divide sin oponer. Su misión consiste en construir los espacios participativos, o sea, aquellos que dan identidad grupal desde un inconsciente cultural.

Este corte nos libera de la vergüenza de nuestras debilidades, lo cual nos llevará a sentir nuestra fortaleza. Además, nos expurga de la culpa por nuestras imperfecciones que nos arranca el perdón. También es un agente liberador del temor infundado a la desilusión, que nos da oportunidad de construir nuevas ilusiones. En suma, nos hace tolerantes, desprejuiciados; nos gesta amorosamente y nos brinda el don del buen humor, propio del que puede jugar y reírse de sí mismo con ternura y piedad.

PEDRO, CAROLINA Y LA PAREJA VIVA

El pasado de ambos los marcaba como dos "abandónicos" cuyos padres los utilizaron a modo de consuelo, sin reconocerlos. La madre de Carolina siempre procuró separarla de la figura paterna, haciéndose la víctima. Y el padre manifestaba una acuciante vergüenza a presentarla como su hija. En cuanto a Pedro, la situación era similar. Los padres lo veían como un hijo no intelectual, por lo tanto tendían a desvalorizarlo. Es decir, tanto Carolina como Pedro eran marginados en sus propios hogares.

Ambos tendieron a construir "puentes" que los identificaran con algún objeto ideal que obstruyera el vacío interior y, secundariamente, esta situación se trasladó a la pareja que formaron.

Siempre había "terceros" que los protegían del supuesto abandono del otro; en Pedro, el "hijo" de otra pareja y, en Carolina, su "madre".

Las peleas periódicas eran porque él involucraba a su hijo en la vida interior de la pareja, descalificándola a Carolina. Por otra parte, ella hacía lo mismo con su madre, la que siempre permanecía a su lado en cada querella.

El tercero no los diferenciaba, pues no existía el "corte" que los hiciera copartícipes de un vínculo que es de nadie, por eso es de los dos. Vínculo que no podía hacerse "alteridad" con fuerza propia.

Las peleas se sucedieron durante varios años, hasta que arribaron a una crisis profunda en la que nada permaneció sin cuestionar. Comenzaron los gritos, los ataques de nervios, las separaciones intempestivas, la desesperación, etcétera. El terapeuta constantemente se siente forzado a elegir por alguno de los opuestos; o él o ella eran los dueños de la verdad. La situación, en este punto, se complicó aún más, pues aparentemente ambos tenían o no la razón.

Hasta que en una sesión "los terceros" que impedían diferenciarlos se convirtieron en símbolos. "Cortamos" lo que cada uno es; es decir, tomamos al hijo Carlos o a la madre Rosa y los separamos del "objeto" ideal que ambos usaban para no exponerse al vacío interior de la pareja (desapego). Entonces finalizaron las peleas cuya causa era un tercero, y ambos tuvieron que enfrentar el miedo a quedarse solos, enfrentados, como dos opuestos.

Poco tiempo después, en una sesión, Carolina se manifestó irritada porque Pedro la había marginado ante un empleado. Este acontecimiento se vivió como un verdadero drama. Yo no sabía cómo intervenir hasta que decidí transitar "entre" los opuestos (pese a la presión de ella a que me identificara con su causa). La alteridad es algo que, sin negar la oposición y el conflicto, se presenta como un juego de opuestos. "Vi" que jugaban a un padre que despreciaba a su hija y a una hija despreciada. Sólo en ese instante nos hallamos en condiciones de "oír" la interpretación que surgía de nuestra participación en la escena y dije: "¡Qué suerte que podemos nombrar esta pelea como simbolizando aquella de un papá despreciando a su hija! Pedro, Carolina te está pidiendo que cuando ella se 'ataque' así, no confundas a 'la hija con tu esposa' ".

Otra escena se solucionó de modo contrario. El que amenazaba con retirarse enojado era él, cuando nuevamente Carolina atacó a Carlos (el hijo de Pedro), diciendo que lo odiaba y que ya no quería vivir con él porque no respetaba los horarios de la casa. En esta disputa, tendíamos a identificarnos con Pedro. Nos abrimos paso, pues, viviendo a pleno la querella, sin pensar en lo que afirmaban. Entonces "oigo" la voz de una madre que desprecia a su hijo porque no es como ella deseaba. En este momento decimos lo siguiente: "Carolina, Pedro te está pidiendo que cuando se ofende así es porque confundes a Carlos con aquel chico (Pedro) rechazado por su madre por ser como es".

Así, pues, cada uno era para el otro como un espectador o actor de escenas que no querían revivir y, por consiguiente, funcionaban mutuamente como "puentes" al pasado y entre ellos, sin poder diferenciarse.

R. Blay formula la siguiente pregunta: "¿Cómo transformar el cobre ligador en el hierro que corta?", para contestarla luego con simplicidad: "Rescatando nuestro hombre o mujer interior". Pedro y Carolina cortan con su pasado y deciden pelearse entre ellos, confiando en que el terapeuta sabrá convertirlos en creadores de una pareja que no surge del tiempo de uno de los opuestos ni de la resolución de conflictos (que repetidas veces habíamos buscado), sino que emerge de la tensión de los opuestos. Esta situación permite nombrar el pedido que cada uno formulara desde su interior. Palabra con "autoridad moral", pues "portaba" la nueva elección de estar "unidos" —no "juntos"—, adaptándose cada uno a las necesidades del otro.

Una vez que "la pareja" se estableció como vacío potencial, fue posible reforzar su "reinado" como intimidad, un reinado que era menester defender de cualquier invasión (los terceros) que quisiera arrebatarles el espacio ritual del juego creativo.

ABRAHAM, CREADOR ENTRE LOS OPUESTOS

Si buscáramos un personaje bíblico que se vio en la cruel y no obstante paradójica disyuntiva de enfrentar opuestos, la elección de Abraham sería la más representativa. Como es sabido, Abraham tuvo que enfrentar el conflicto de tener que matar a su hijo. El relato bíblico nos cuenta que Dios, para probar su amor, lo compele a sacrificar a su propio hijo. Esta imagen llena de sentido nos invita a vivir los opuestos, no a pensar sobre ellos como observador que razona sobre el texto. Es necesario que nos "abramos" al misterio, antes que un prejuicio (identificación) nos impulse a tomar partido, juzgando moralmente la conducta de Abraham.

No obstante, Abraham deja de lado todo razonamiento moral y se entrega a la experiencia que prueba su capacidad creativa, al elegir transitando entre los opuestos con fe en una nueva respuesta. Con esta actitud de "desapego", asume su crisis y se lanza a convocar "el poder" que emana de la participación entre los opuestos, el cual trasciende el nivel conflictivo. Al vivir la paradoja —sin pensar en ella—, penetra "el vacío" más allá de toda explicación racional. Y así logra que el poder se manifieste con la figura del Ángel que detiene su mano anunciándole la paternidad de un pueblo innumerable como "la arena del mar". Se trata de una función paterna que "corta" con todo intento racional. De este modo, trascendiendo lo establecido, puede desprenderse de todo y unirse a todo sin dependencia, en libertad. Abraham significa "padre de los pueblos", antes se llamaba Avram.

El nombre del padre no proviene sólo de la figura paterna que representa lo ausente por primera vez, constituyéndose en sujeto de un lenguaje de representaciones simbólicas. Sino que "nombrar" también adviene de un "nosotros" cultural, que como la "voz de Dios" (valores) nos prueba interrogándonos sin llenar ningún vacío, pues más bien deja abierta la posibilidad al poder creativo, donde "jugamos" con el paso de la vida.

Abraham nos invita, desde la función de corte paterno, a ingresar en el misterio "jugando" en un campo de posibilidades. De este modo, es factible "escuchar" y "ver" el universo de una manera diferente. Es decir, al cambiar el sentido, pues el amor se prueba en el desprendimiento, lo mismo que la creación cuando se nutre del amor.

A MANERA DE EPÍLOGO

LA ACTIVIDAD ÉTICA
DE INTERPRETAR EN LIBERTAD

La sesión ya finalizaba. Un silencio enriquecedor impregnó el ambiente. De repente, antes que reanudáramos nuestra conversación, Catalina comentó: "Siento algo doloroso aquí en el pecho, cuando me dije a mí misma: 'No busqués compasión'. En ese momento le repliqué que se conectara con ese sentimiento, es decir, que intentara hacerlo suyo. Una nueva pausa, no tan extensa, y afirmó: "Siento como si algo se liberó". Luego se reacomodó en su sillón, adoptando mi posición con la mano en el mentón, y, algo sorprendida, agregó: "Qué extraño, recién me doy cuenta de que estamos en la misma postura".

Interpreté sus palabras: "Lo que antes eran opuestos entre nosotros (me refiero al comienzo de la sesión, pues sentía que la inhibía), ahora se ha convertido en 'doble', donde resonamos aunque sepamos que hay distancia". Entonces Catalina, antes de retirarse, comentó: "Esta distancia es el mismo 'no' que sentí hace un rato dentro de mí, ahora resuena entre nosotros. Me voy con ánimo de enfrentar la enfermedad de mi hijo".

Más que la cura como ideal a alcanzar, nos interesa, ante todo, el hecho de intentar trascenderla más allá en el campo de la ética. Allí no hay ideales determinados sino caminos, senderos en donde co-creamos los ideales en libertad.

Para ello, en cada crisis vital despertamos nuestra capacidad de abrirnos a vivir "lo cortado" y opuesto, como pura diferencia participativa que nos une en el inconsciente, el cual conoce la negación. Un "no" que abre campos para ser vividos, antes que pensados, a la espera del acontecimiento creador; el sendero donde nuestros personajes, como "dobles", generan la permanente auto-superación de la persona, los vínculos, los grupos y las comunidades; personajes amados y odiados de nuestra historia, que en "el vacío" de los opuestos se reconcilian, creando y recreando nuestra identidad.

La cura como el encuentro en la intimidad de cada uno y los grupos permite la participación de los valores de la cultura viva, y libera nuestro transitar "inaccesible" entre la unidad y la diferencia. Fortalecer este logro permitirá que las necesidades sociales e individuales, por añadidura, se logren satisfacer con una dosis menor de alienación.

En otros términos, "el respeto por el otro" abre un espacio que nos singulariza y nos une sin conflictos ni confusiones. Y, gracias a este coeficiente de libertad, aprovechamos plenamente el poder de generar acontecimientos. Así, pues, nos hallamos ante un acto creador que brinda confianza personal a nuestras acciones en la tarea de encarnarnos socialmente.

El proceso identificatorio ha flexibilizado el yo ante los ideales individuales y sociales. Éstos, por consiguiente, estarán siempre supeditados a "la autoridad" que emerge del campo de energía liberada en cada crisis (incluso las cotidianas), cuando éstas sean realmente vitales.

NO-SÍ

No es extravío
tampoco herida
ni nostalgia,
menos aún
vida cansada.

Sin embargo
por momentos
estar solo
añoro.

Alejado
asumiendo el No
garantizando
la visión de todo.
Sigo eligiéndome
eligiéndote
eligiéndolos,
Sí
en libertad.

OCTAVIO FERNÁNDEZ MOUJÁN

BIBLIOGRAFÍA

Alberoni, F.: *Las razones del bien y del mal*, Barcelona, Gedisa, 1986.

Atlan, H.: *Con razón o sin ella*, Barcelona, Tusquets, 1991.

Aulagnier, P.: *El aprendiz de historiador y el maestro brujo*, Buenos Aires, Amorrortu, 1986.

Bachelard, G.: *La poética de la ensoñación*, México, Fondo de Cultura Económica, 1980.

— *La poética del espacio*, México, Fondo de Cultura Económica, 1965.

Bajoanov, I.: *Dios y la ciencia*, Buenos Aires, Emecé, 1991.

Bateson, G.: *Pasos hacia una ecología de la mente*, Buenos Aires, Lolhé, 1976.

Baudrillard, J.: *La post-modernidad*, Barcelona, Kairós, 1985.

— *De la seducción*, Madrid, Cátedra, 1986.

Berdiaev, N.: *El sentido de la creación*, Buenos Aires, Lolhé, 1970.

Bernárdez, F. L.: *Poemas elementales*, Buenos Aires, Losada, 1942.

Blake, W.: *Obra poética completa*, Barcelona, Río Nuevo, 1983.

Blay, R.: *Hombres de hierro*, Buenos Aires, Planeta, 1993.

Bion, W. R.: *Aprendiendo de la experiencia*, Buenos Aires, Paidós, 1966.

— *Atención e interpretación*, Buenos Aires, Paidós, 1974.

Bohm, D.: *La totalidad y el orden implicado*, Barcelona, Kairós, 1987.

Briggs, J. y Peat, F. D.: *A través del maravilloso espejo del universo*, Barcelona, Gedisa, 1990.

369

Bronowsky, J.: *El ascenso del hombre*, Santiago, Fondo Educativo Interamericano, 1979.

Brown, N.: *El cuerpo del amor*, Buenos Aires, Sudamericana, 1972.

Buber, M.: *Yo y tú*, Buenos Aires, Nueva Visión, 1960.

Capra, F.: *El tao de la física*, Madrid, Cárcamo, 1984.

Castaneda, C.: *Relatos de poder*, México, Fondo de Cultura Económica, 1974.

— *Viaje a Ixtlan*, México, Fondo de Cultura Económica, 1971.

— *El conocimiento silencioso*, Buenos Aires, Emecé, 1988.

Ceriotto, C.: *Fenomenología y psicoanálisis*, Buenos Aires, Troquel, 1969.

Dahlke, R. y Dethlefsen, T.: *La enfermedad como camino*, Bogotá, Plaza y Janés, 1990.

Desoille, R.: *Lecciones sobre ensueño dirigido*, Buenos Aires, Amorrortu, 1973.

Dolto, F.: *La imagen inconsciente del cuerpo*, Buenos Aires, Paidós, 1986.

Eckardt, M.: *Los tratados*, Buenos Aires, Editorial del Peregrino, 1982.

Eliade, M.: *El chamanismo*, México, Fondo de Cultura Económica, 1978.

— *Mito y realidad*, Madrid, Guadarrama, 1973.

Erikson, E.: *Identidad, juventud y crisis*, Buenos Aires, Hormé, 1971.

Fernández Mouján, O.: *Crisis vital*, Buenos Aires, Nueva Visión, 1987a.

— *La identidad y lo mítico*, Buenos Aires, Kargieman, 1978.

— "La teoría y la práctica del mito familiar transformador", *Temario psicopatológico*, Buenos Aires, año 3, nº 16, noviembre de 1981, págs. 12-18.

"La identidad: fundamento del grupo humano", *Revista Cuestiones*, Buenos Aires, nº 1, 1984.

— "La poiesis interpretativa", trabajo presentado en APA, enero de 1987b.

— *Alegato por la vida, Poemas*, Buenos Aires, Argento, 1991.

— "Reflexiones sobre la angustia", *Clínica psicológica*, vol. 1, nº 1, 1992.

Ferrater Mora, J.: *Diccionario de filosofía*, Madrid, Alianza, 1979.

Feyerabend, P.: *Contra el método*, Buenos Aires, Hispamérica, 1984.

— *Adiós a la razón*, Madrid, Tecnos, 1987.

Fleck, L.: *La génesis y el desarrollo de un hecho científico*, Madrid, Alianza, 1986.

Freud, S.: *Obras completas*, Buenos Aires, Amorrortu, 1978-1985.

— *Un esquema del psicoanálisis* (1940), vol. 23.

— *Inhibición, síntoma y angustia* (1926), vol. 20.

— "La negación" (1925), vol. 19.

— "Lo inconsciente" (1915), vol. 14.

— *Más allá del principio de placer* (1920), vol. 18.

— *El yo y el ello* (1923), vol. 19.

— "Análisis terminable e interminable" (1937), vol. 23.

— *El malestar en la cultura* (1930), vol. 21.

— "Lo ominoso" (1919), vol. 17.

Freund, P.: *Información, sistemas y psicoanálisis*, México, Siglo XXI, 1976.

García Morente, M.: *Sobre la teoría de la relatividad*, Madrid, Encuentro, 1984.

Giqueaux, E. J.: *El mito y la cultura*, Buenos Aires, Castañeda, 1979.

Grimal, P.: *Diccionario de mitología*, Barcelona, Paidós, 1981.

Guiton, J.: *Dios y la ciencia*, Buenos Aires, Emecé, 1991.

Habermas, J.: *La post-modernidad*, Barcelona, Kairós, 1985.

— *Escritos sobre moralidad y eticidad*, Barcelona, Paidós, 1991.

Harman, W.: *Máxima creatividad*, Buenos Aires, Aletheia, 1984.

Hawking, S. W.: *Historias del tiempo*, Buenos Aires, Crítica, 1988.

Hegel, G.: *Fenomenología del espíritu*, México, Fondo de Cultura Económica, 1966.

Heidegger, M.: *Identidad y diferencia*, Barcelona, Anthropos, 1990.

— *Hölderlin y la esencia de la poesía*, Barcelona, Anthropos, 1989.

— *Ser y tiempo*, México, Fondo de Cultura Económica, 1946.

Herrigel, E.: *El camino del zen*, Barcelona, Paidós, 1980.

— *Zen en el arte del tiro con arco*, Buenos Aires, Kier, 1986.

Hornstein, L.: *Cura psicoanalítica y sublimación*, Buenos Aires, Nueva Visión, 1988.

— y otros: *Cuerpo, historia, interpretación*, Buenos Aires, Paidós, 1993.

Johnston, W.: *La música callada*, Buenos Aires, Paulina, 1980.

Jung, C.: *El hombre y sus símbolos*, Barcelona, Ed. Coralt, 1977.

— *Arquetipos e inconsciente colectivo*, Buenos Aires, Paidós, 1974.

Keeney, B. P.: *La estética del cambio*, Buenos Aires, Paidós, 1987.

Klein, M. y Riviere, J.: *Las emociones básicas del hombre*, Buenos Aires, Nova, 1960.

Kuhn, T.: *La estructura de las revoluciones científicas*, México, Fondo de Cultura Económica, 1988.

Lacan, J.: *Escritos 2*, México, Siglo XXI, 1979, 5ª ed.

— *El seminario, Libro 2. El yo y la teoría de Freud*, Barcelona, Paidós, 1983.

— *Las formaciones del inconsciente*, Buenos Aires, Nueva Visión, 1982.

Laplanche, J.: *Interpretación freudiana y psicoanálisis*, Buenos Aires, Paidós, 1972.

Laplanche, J. y Pontalis, J. B.: *Diccionario de psicoanálisis*, Madrid, Labor, 1971.

Lawrence, D. H.: *Poemas*, Buenos Aires, Argonauta, 1990.

Leenhardt, M.: *Do Kamo*, Buenos Aires, Eudeba, 1961.

Lévi-Strauss, C.: *El pensamiento salvaje*, México, Fondo de Cultura Económica, 1964.

— *Antropología estructural*, Buenos Aires, Eudeba, 1973.

López Ibor y López Ibor Aliño, .J.J.L.: *El cuerpo y la corporidad*, Madrid, Gredos, 1974.

Masota, O.: *Ensayos lacanianos*, Barcelona, Anagrama, 1976.

Massuh, V.: *La flecha del tiempo*, Buenos Aires, Sudamericana, 1990.

Maturana, H. y Varela, F.: *El árbol del conocimiento*, Santiago de Chile, Ed. Universitaria, 1984.

Mayer, H.: *Narcisismo*, Buenos Aires, Kargieman, 1982.

Merea, C.: "Sobre la cura", *Rev. de la Escuela de Psicoterapia para graduados*, nº 11, 1985.

Monod, J.: *El azar y la necesidad*, Caracas, Monte Avila, 1971.

Morrison, P.; Morrison, P. y The Office of Charles and Ray Eames: *Potencias de diez*, Barcelona, Editorial Labor, 1984, 2ª ed.

Mugica, H.: *Origen y destino*, Buenos Aires, Lohlé, 1987.

Nietzsche, F.: *Ecce homo*, Buenos Aires, Siglo XX, 1984.

— *El origen de la tragedia*, Buenos Aires, Siglo XX, 1990.

— *Más allá del bien y del mal*, Madrid, Alianza, 1980.

— *Así habló Zaratustra*, Madrid, Sarpe, 1983.

Ornstein, R.: *El cerebro que cura*, Buenos Aires, Granica, 1988.

Paniker, S.: *Ensayos retroprogresivos*, Barcelona, Kairós, 1987.

— *Aproximación al origen*, Barcelona, Kairós, 1983.

Paz, O.: *El arco y la lira*, México, Fondo de Cultura Económica, 1955.

— "Hablar en lenguas: 4. El sentido es hijo del sonido", *La Nación*, 2 de mayo de 1982.

— "Hablar en lenguas: 5. Leer, comprender, contemplar", *La Nación*, 2 de mayo de 1982.

Prigogine, J.: *¿Tan sólo una ilusión?*, Barcelona Tusquets, 1982.

— *El nacimiento del tiempo*, Barcelona, Tusquets, 1991.

Reeves, H.: *El sentido del universo*, Buenos Aires, Emecé, 1986.

— *Reflexiones de un observador de la naturaleza*, Buenos Aires, Emecé, 1991.

—*Malicorne*, Buenos Aires, Emecé, 1992.

Ricoeur, P.: *Introducción a la simbólica del mal*, Buenos Aires, Megalópolis, 1976.

— *Hermenéutica y estructuralismo*, Buenos Aires, Megalópolis, 1987.

Roszak, T.: *Personas y planeta*, Barcelona, Kairós, 1985.

Scheller, M.: *Esencia y formas de la simpatía*, Buenos Aires, Siglo XX, 1972.

— *Amor y conocimiento*, Buenos Aires, Sur, 1960.

Schrolinger, E.: *¿Qué es la vida?*, Barcelona, Tusquets, 1988.

— *Mente y materia*, Barcelona, Tusquets, 1989.

Springer, S. y Deutsch, G.: *Cerebro derecho y cerebro izquierdo*, Barcelona, Gedisa, 1985.

Talbot, M.: *Misticismo y física moderna*, Barcelona, Kairós, 1986.

— *Más allá de la teoría cuántica*, Barcelona, Gedisa, 1991.

Teilhard de Chardin: *El fenómeno humano*, Madrid, Taurus, 1954.

— *La energía humana*, Madrid, Taurus, 1963.

Thibon, G.: *Nietzsche o el declinar del espíritu*, Buenos Aires, Desclée, 1951.

Thoreau, H. D.: *Elogio de la vida salvaje*, Buenos Aires, 1989.

Trillas, E.: *Conjuntos borrosos*, Barcelona, Vicens Universidad, 1980.

Varela, F.: "Biología de la libertad y otras confesiones", *Mutantia*, nº 13, abril de 1983, págs. 29-31.

Varela, F. y Maturana, H.: "Sistemas autopoiéticos: una caracterización de la organización viviente", *Cuadernos del Grupo de Estudio de Sistemas Integrados*. Instituto de Cibernética de la Sociedad Científica Argentina, nº 4, 1982, págs. 17-74.

Vattimo, G.: *Introducción a Heidegger*, México, Gedisa, 1990.

Whitman, W.: *Poemas*, Montevideo, La bolsa de los libros, 1912.

Wilden, O.: *Sistema y estructura*, Madrid, Alianza, 1972.

Winnicott, D. W.: *Realidad y juego*, Barcelona, Granica, 1972.

Wittgenstein, L.: *Conferencias sobre ética*, Barcelona, Paidós, 1989.

Biblioteca de PSICOLOGIA PROFUNDA
Últimos títulos publicados:

Se terminó de imprimir en el mes de
julio de 1994 en Imprenta de los
Buenos Ayres S.A.I.C., Carlos Berg 3449
Buenos Aires - Argentina